iCourse · 教材

国家精品资源共享课程教材

北京高校"优质本科教材课件"

高等学校公共管理类专业基础课程教材

U0690514

社会保障学

（第二版）

主编 张 琪 江 华

中国教育出版传媒集团

高等教育出版社·北京

内容简介

本书吸纳了国内外最新社会保障研究成果,在结合多位编写者教学经验和改革探索的基础上精心打造而成。本书在理论体系上注重体现系统性和成熟性,在内容上注重凸显延展性和能力训练,并在编写体例上设计了引例、案例分析、本章实训、小链接、视频讲解、即测即评等来提高读者阅读兴趣、开阔视野,增强可读性。

全书共十章,具体包括:社会保障概述、社会保障制度发展与变迁、社会保障理论、社会保障基金与管理、养老保险制度、医疗保险制度、失业保险制度、其他保险制度、社会救助制度与社会福利制度。

本书既可作为公共管理类专业的教学用书,也可供政府各级公务员培训使用及有关人员阅读。

图书在版编目(CIP)数据

社会保障学 / 张琪,江华主编. --2 版. --北京:高等教育出版社,2023.2
ISBN 978-7-04-058506-3

Ⅰ.①社… Ⅱ.①张… ②江… Ⅲ.①社会保障-高等学校-教材 Ⅳ.①C913.7

中国版本图书馆 CIP 数据核字(2022)第 055027 号

Shehuibaozhangxue

策划编辑	王 威	责任编辑 王 威	封面设计 马天驰	版式设计	杜微言
插图绘制	李沛蓉	责任校对 刘俊艳 刘丽娟	责任印制 赵义民		

出版发行 高等教育出版社
社 址 北京市西城区德外大街 4 号
邮政编码 100120
印 刷 北京中科印刷有限公司
开 本 787 mm× 1092 mm 1/16
印 张 15
字 数 350 千字
购书热线 010-58581118
咨询电话 400-810-0598

网 址 http://www.hep.edu.cn
http://www.hep.com.cn
网上订购 http://www.hepmall.com.cn
http://www.hepmall.com
http://www.hepmall.cn

版 次 2016 年 7 月第 1 版
2023 年 2 月第 2 版
印 次 2023 年 7 月第 2 次印刷
定 价 49.00 元

本书如有缺页、倒页、脱页等质量问题,请到所购图书销售部门联系调换

高等学校公共管理类专业精品开放课程系列教材编写委员会

总　序

公共管理学科，是一门具有较强实践性特征的社会科学。改革开放以来，公共管理学科建设取得了重大成就，培养了一大批具有现代管理理念和公共管理精神、掌握公共管理技能和方法的人才，为推进我国的行政体制改革、促进国民经济社会发展做出了重要贡献。党的十八大报告指出："必须更加尊重市场规律、更好发挥政府作用。"党的十八届三中全会决定强调："科学的宏观调控，有效的政府治理，是发挥社会主义市场经济体制优势的内在要求。"这既为中国公共管理实践的发展提供了巨大的空间，也对公共管理的教学与研究提出了更高的要求，中国公共管理学科的建设与发展面临前所未有的历史机遇。面对新形势、新常态，如何在公共管理教育中体现中国立场、中国观点、中国表达，反映我国公共管理学科建设的成果与水平，反映改革开放以来人才培养质量的提升，是公共管理教育工作者必须解决的重大课题。

人才培养的关键环节离不开优质的教学资源配套辅助。在"互联网+"时代，开放、互动、参与成了教学资源配置新的主题。2012年起，以"高等学校本科教学质量与教学改革工程"的深入贯彻和落实为契机，上千门精品资源共享课和视频公开课的上线、开放，为推动优质课程资源的广泛传播和共享、深化教学改革提供了丰富的蓝本。互联网使我们突破了原有的教学时空限制，赋予学生个性化学习的自主权，使得更多社会学习者可以免费接受优质高等教育，促进教育公平成为可能。可以预见，互联网重塑教学的内容、方法、模式的时代已经到来，新的教学管理体制改革正在进行。

在这一背景下，应全国广大师生要求，在高等教育出版社的组织协调下，我们联合编写了"国家精品开放课程"系列教材。所有编者希望通过移动互联的新方式，将纸质教材与网络资源联系起来，从而及时共享优质教学成果，推进教学改革与教学成果传播。

本系列教材的选题来自2012年以来转型升级为"国家精品开放课程"并上线的课程，由课程主持人负责编写，集中展现了我国公共管理类专业课程建设的风貌与水平。这批课程前期由主讲人精心准备、中间由课程专家严格把关，后期经过了严格的编辑审核以及严谨的技术剪辑，并配有案例、习题解答、延伸阅读等辅学资源，具有很好的基础。这一系列教材的建设，也将是与课程相互促进、检验的过程。经过了网络的检验、反馈、回归，我们也从学习者的反馈中提炼出了教材编写的重点，由此判断、摸索下一轮课程建设的方向。

经过充分研讨、征求相关专家的意见，本系列教材力求体现以下特点：

第一，坚持以辩证唯物主义和历史唯物主义为指导，立足国情，回应现实，体现中国立场、中国观点、中国表达，传播中国公共管理学界的声音。

第二，与精品开放课程高度一致，深度嵌套，互相促进，鼓励读者借助信息技术平台，真正共享优质课程资源。

第三，提核心、讲要义，深入浅出，图文并茂，用精炼、通俗易懂的方式实现知识的传播。

第四，注重学以致用。所有教材通过二维码关联在线案例、本章习题等项目，鼓励学习者使用互联网资源，检验学习效果。

国家精品开放课程系列教材的建设是一项复杂的系统工程，也是一次新的尝试。在这一过程中，难免有疏漏或不妥之处，敬请广大读者批评指正。

娄成武

2016 年 1 月

第二版前言

社会保障是保障和改善民生、维护社会公平、增进人民福祉的基本制度保障，是促进经济社会发展、实现广大人民群众共享改革发展成果的重要制度安排，发挥着民生保障安全网、收入分配调节器、经济运行减震器的作用，是治国安邦的大问题。

我国历来高度重视民生改善和社会保障制度建设，社会保障虽然起步较晚，但我国社会保障制度的建设发展迅速，并在不断改革和完善中取得了重大进展。因此，在系统总结社会保障制度基本理论和改革成就的基础上，编写反映新时代中国特色社会主义的社会保障制度发展，且具有很强的理论性、启发性和实用性的教材十分必要。

首都经济贸易大学是国内首批招生劳动与社会保障专业的8家院校之一，为了适应社会保障教学的需求，我们陆续编写出版了系列相关教材，并开展了精品课程建设工作。本教材配套的国家精品资源共享课程，是在吸纳国内外最新社会保障研究成果、结合多位编写者教学经验和改革探索的基础上精心打造而成的；同时，本书配套的教学课件获得"北京高校优质本科课件"。我们在第一版的基础上，尽可能吸收社会保障理论发展的最新成果，以及体现社会保障制度建设最新成就的资料，对引例、小链接、案例分析等内容也做了更新，同时扩充了部分章节内容。此外，增加了数字化内容。学生通过扫描二维码观看知识点的视频讲解，通过在线测评，可以了解自身对知识点的掌握程度。

本书由张琪、江华主编。参与本次教材修订的人员有张琪（统稿）、江华（第三、四章）、刘潇（第九、十章）、张立龙（第六、八章）、李慧（第五、七章）、赵羚雅（第一、二章）。此次修订重点在我国社会保障制度部分，编写体例和内容均做了较大变动，另外，本书在编写过程中还参阅了大量国内外专家、学者的文献，在此向文献的作者表示由衷的感谢。

本书虽几经修改，难免有疏漏之处，敬请使用本书的专家、学者和各位读者提出宝贵的意见和建议。同时，由于我国社会保障制度具有属地化特点，各地社会保障具体实施办法存在差异，建议学生在学习过程中，将教材内容与本地相关社会保障政策规定相结合，以便更加准确、深入地了解我国的社会保障制度。

张琪

2022 年 12 月

没有社会安定，就没有社会发展；没有社会保障，就没有社会安定。社会保障制度在整个社会安定与发展中具有重要作用。社会保障制度是维护社会公平正义、化解国民生活风险、共享社会发展成果的不可替代的基本制度安排，是社会运行的"安全网"和"稳定器"。在今天，社会保障比过去任何时期都更加受到社会的广泛关注。

我国的社会保障起步较晚，发展过程比较艰辛，尽管我国社会保障制度的建设取得了长足进展，社会保障制度框架基本确立并处在不断完善当中，仍需不断探索。因此，在系统总结社会保障制度基本理论和改革成就的基础上，编写符合时代性，且具有很强的理论性、启发性和实用性的教材十分必要。

本教材配套国家精品资源共享课程，是在吸纳国内外最新社会保障研究成果、结合多位编写者教学经验和改革探索的基础上精心打造而成的。教材内容将呈现以下特点。

首先，理论体系的系统性和成熟性。教材的内容必须是成熟的理论和方法，而不能只是"一家之言"。本书的设计注重内容的完整性、成熟性，同时注重对社会保障理论体系的构建，力求做到系统而不琐碎，重点突出。

其次，内容设计凸显延展性和能力训练。本书对知识点的介绍力求准确、精练，深入浅出，使学生在阅读的过程中能够更加轻松、有效地把握主要内容，也为教师的讲授预留了更多的延展空间。同时，在每一章后设计案例分析和实训内容，有助于学生将所学知识学以致用，尤其通过小组讨论、辩论赛、角色扮演等实训形式，在提高学生参与度的同时强化了学生的实践能力。

最后，结构形式更注重学生需求。本教材适用于普通高等院校本科生，因此在编写过程中充分考虑"90后"善于捕捉新事物新观点的特点，在文字表述中辅以数据、图表，图文并茂以增强可读性、可理解性。同时，摆脱传统教材单调的文字讲述模式，加以引例、案例、小链接等来吸引学生阅读兴趣、开阔学生视野。

本书由张琪教授主编。参加编写的人员有陈红、吕学静、蒯小明、刘苓玲、李燕荣、左春玲、孙博、刘潇等高校教师，首都经济贸易大学劳动经济学院研究生张琳、李飞翔、孙玉伟、李晓琳、范硕、姚梦影等同学也参与了教材的编写与修订，尤其在小链接、引例、案例、实训等部分做了大量工作，同时也从读者的角度为本书的编写提供了有益的意见与建议。本书在编写过程中还参阅了大量国内外专家、学者的文献，在此向文献的作者表示由衷的感谢。

本书虽几经修改，难免有疏漏之处，敬请使用本书的专家、学者和各位读者提出宝贵的意见和建议。同时，由于我国社会保障制度具有属地化特点，各地社会保障具体实施办法存在差异，建议学生在学习过程中，将教材内容与本地相关社会保障政策规定相结合，以便更加准确、深入地了解我国的社会保障制度。

张琪

2016 年 5 月

目　录

引例

法国大罢工的背后

2007 年 11 月 13 日，法国国铁公司举行"无限期大罢工"，大罢工持续了 10 天，地铁只有 1/4 正常行驶，地面公交基本处于瘫痪状态。法国财政部资料显示，仅巴黎地区一天的罢工，就损失了约 1.5 亿欧元。大罢工的导火索就是当时政府力推的"特殊退休体制"改革。

法国作为老牌资本主义国家，经过多年的改革，逐渐形成了由四大制度构成的基本养老制度格局：现行的覆盖私人部门工薪阶层的"普通制度"；覆盖农业经营者和劳动者的"农业制度"；覆盖公务员、军人以及公共部门人员的"特殊制度"；覆盖自由职业者的"自由职业制度"。按照改革目标，铁路、电力、天然气等 16 个部门的职工，将不再享有之前"只需缴纳退休集纳金 37.5 年（比其他行业的大部分人少 2.5 年）便可退休领取退休金"的优待，因而引发了地铁、公交等公营部门的大罢工。

在这之后的 2010 年，法国当地时间 10 月 12 日，再次爆发全国性的大罢工。在此之前的 9 月，工会就已经组织了 4 次全国大罢工，目的是抗议萨科齐政府计划将退休年龄从 60 岁提高到 62 岁；领取全额政府退休金的年龄从 65 岁提高到 67 岁并提高缴费比例。随后罢工迅速恶化升级，在 10 月 19 日到达新一轮高潮，据法国工会统计，全法国约 350 万人参加游行，这也是法国政府提出退休改革法案后爆发的第六次大规模示威，且抗议方式不再是和平游行、和平罢工，而是激化为暴力对抗。

评价：

社会保障与民众利益息息相关，牵一发而动全身。在目前利益格局与政府福利危机中，如何在各方利益博弈中取得均衡，改革该如何兼顾民意，如何才能不走老路、弯路，诸如此类的问题，我们都能从法国大罢工中得到关于社会保障发展的启发。

本章知识结构图

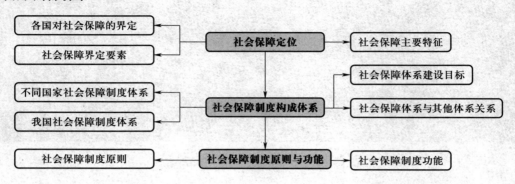

第一节　社会保障定位

"社会保障"一词源于英文"Social Security",原意是指"社会安全"。1935年美国制定了《社会保障法》,首先使用了"社会保障"(Social Security)一词。此后,"社会保障"这一概念相继被其他国家和一些国际组织所接受,并逐渐演变为政府和社会责任主体建立福利保障制度的统称,成为一种世界性的社会制度。

一、各国对社会保障的界定

作为社会制度,社会保障受到政治、经济、社会、伦理道德等因素的影响,再加之各国的不同国情又使得社会保障在具体的制度实践中出现很大差异,世界各国理论界对社会保障的界定都有着不同的解释,甚至在同一个国家不同的时期、不同的学者也有不同的看法(见表1-1)。

(一)美国

美国的社会保障是根据《社会保障法》制定的社会保险计划,为因年老、长期残疾、死亡或失业而失去工资收入者提供保障;同时为老年和残疾期间的医疗费用提供保障,《社会保障法》将社会保障视为社会安全网。

(二)德国

德国的社会保障旨在使竞争中失败的人不致遭受灭顶之灾,并能获得重新参与社会竞争的机会;为那些失去劳动能力或遭受意外困难而不能参加竞争的人提供生活保障,具有互助性质。德国学者认为，自由放任的市场经济不能保证公正的收入分配。因此，社会市场经济应包括两个不可分割的领域：一是能带来经济效益的市场，二是能带来社会"公正""安全"的社会保障制度。

（三）英国

英国的社会保障是一项以国家为主体的公共福利计划。它是国民收入再分配的一种手段，它遵循普遍性原则，对全体国民实施"从摇篮到坟墓"的全面的安全保障。英国著名经济学家贝弗里奇首次提出社会保障具有普遍性原则和类别原则，其目标被界定为消除贫困，并将其概括为国民在失业、疾病、伤害、老年以及家庭收入锐减、生活贫困时被给予的生活保障。

（四）日本

日本将社会保障制度视为国家救济国民生活"缺损"的制度。国民在生活上蒙受诸如失业、伤病、高龄等各种风险，通过社会保障机制进行国民收入再分配，保障其最低收入。

表1-1 四国对社会保障界定的比较

国家	侧重点	共性
美国	强调社会安全，视社会保障为社会安全网，强调自助性	强调国家或政府在实施中的主体责任；当社会成员遭遇各种风险时为其提供帮助
德国	强调社会公平，主张各行各业互助共济，国家承担有限责任	
英国	强调公共福利和全民福利，是国家的经济保障	
日本	强调收入保障，是国家救济国民生活"缺损"的制度	

二、社会保障界定要素

由于社会保障制度的建立必须考虑社会经济发展、历史文化因素和价值观念等多种因素，因此社会保障制度的具体内容也会有很大的差别。不同的国家不可能按照某种概念的要求而建立完全统一的社会保障制度，它们只能从本国的实际出发，建立起符合国情的社会保障制度。另外，一个国家的社会保障制度也并非一成不变，而是随着社会经济的发展而不断改革与完善的。

综上所述，本书对社会保障的定义是：**社会保障是国家和社会通过立法实施的、通过国民**

收入再分配，对社会成员的基本生活权利提供安全保障的社会行为及其机制、制度和事业的总称。

（一）首要责任主体是政府

政府是社会保障的首要责任主体，其体现在：一方面在市场经济条件下，社会保障作为一项重要的社会公共需要、公民的基本权利，不能依靠市场机制来有效提供，而必然成为政府不可推卸的职责；另一方面社会保障必须以公共财政作为保障的后盾，政府在社会保障中的主要功能是筹资功能，对社会保障财务负有最后的责任。但这并不意味着社会保障就是政府保障，在社会保障发展的不同阶段，政府责任的介入程度应有所不同，责任也应有所区别。

（二）实施依据是国家立法规定

国家立法和行政措施是社会保障得以进行的重要条件，以法律的形式确定国家、企业和个人在社会保障中的权利和义务，规范社会保障的行政管理、基金管理等事务，才能保证社会保障制度的顺利进行，使其作为社会再分配制度以保证社会公平公正的功能得以实现。政府要以法律的形式制定社会保障制度，包括社会保障职能机构的设置、编制、职能、责任与工作程序，各项社会保障税（费）缴纳比例及保障津贴给付标准，社会保障基金的管理与投资运营，等等。

（三）实施手段是对收入进行再分配

市场初次分配以生产要素所有权的分配为前提，按照商品交易和市场价格的方式进行，这种分配必然导致社会成员之间分配不公，造成两极分化，其结果会引起社会的动荡不安。

社会保障是国民收入再分配的手段，从政府、单位、个人等多方面筹集资金，对低收入阶层给予生活所需要的给付，或在年老、失业、伤病等情况发生时给予必要的收入给付，对市场经济活动所造成的收入分配不公进行了再分配，以缩小贫富差距，弥补市场分配的缺陷。

（四）目标是满足公民的基本生活需要

社会保障以保障和改善国民生活、增进国民福利为宗旨，以保障基本生活为目标，它既是国家对全体社会成员承担的社会责任，也是全体公民根据宪法应该享受的基本权利之一。社会保障按照一定时期的生产力水平，对年老、失业、生病、伤残等生存发生困难的社会成员的基本生活需要给予物质帮助，以避免其因基本生活得不到保障而陷入生存危机，严重的将影响社会安定。

社会保障在宏观上是以政府干预来消除市场失灵所产生的社会不安定因素及其所产生的社会风险，保证经济社会的协调发展；在微观上是为全体社会成员的基本生活权利提供安全保护，以保障社会成员基本生活需求为目标，以确保社会成员遇到暂时或永久的困难时不会陷入孤立无援的境地。

三、社会保障主要特征

社会保障的特征从不同的角度可以做不同的概括，但综合各国社会保障制度与实践来分析，主要有以下几点：

（一）保障性

社会保障作为社会的"安全网"，适时有效地向社会成员提供物质帮助和服务，以保障其基本生活需要，因而具有保障性。社会保障的层次可划分为三个方面：

- 经济保障，通过现金给付或援助的方式解决国民遭遇生活困难时的经济来源问题；
- 服务保障，通过提供服务的方式满足国民对个人生活照料的需求，以适应家庭结构及自我保障功能的变化；
- 精神保障，为人们提供相应的心理慰藉以保证其健康生活，体现社会保障人性化要求。

（二）社会性

社会保障是国家在全社会范围内统一实施的社会制度，其保障对象是全社会所有符合保障条件的公民；社会保障资金来源于政府、单位、个人及其他渠道，通过社会化筹资，其抵御风险的能力更强；社会保障制度的具体实践除政府主导外，还要依赖各种社会组织；此外，社会保障制度的运行关系民生，关乎每个人的利益，所以对社会保障制度本身应具有开放性，即接受社会的评价和监督。

（三）公平性

社会保障天然追求公平，社会保障制度依据再分配的手段，保证社会成员起点和过程的公平，努力缩小结果的不公平。从社会保障制度覆盖范围和获得待遇情况来看，全体国民不论地位、身份的差别均有权享受平等的社会保障待遇，这一点在社会保障的社会救助和社会福利项目上尤为突出。对于基于权利义务相对应的社会保险项目而言，只要履行了缴费义务，公民就能在风险发生时享受相对应的公平的保险待遇。

（四）互济性

在现代社会保障网中，社会保障按照社会成员共担风险的原理组织进行，通过国民收入的再分配来筹集和分配社会保障基金，每个人在能够创造财富的时候缴纳一定的费用，为他人提供物质帮助，并在自己需要帮助的时候从中受益，充分体现了社会成员在经济上的互助互济。

（五）福利性

社会保障的福利性表现为它不以营利为目的，由于政府、企业和社会各界在一定程度上分担着个人生活保障的责任，使得社会成员个人在社会保障方面的支出要小于社会保障方面的收入。此外，福利还具有水平刚性、需求没有办法完全满足等特点。

（六）强制性

社会成员是否参与社会保障体系不取决于他们的自由选择，而是由法律做出明确规定，强制执行；社会保障的各类主体在制度中的职责和义务都是由法律规定的，且必须依法履行，具有强制性；社会保障对象享受保障权利时也不是随意的，即社会保障待遇不随个人意愿而更改，同样必须依法行使；社会保障的管理及运作程序由法律明确规定，受法规强制性约束。

小链接 1-1

社会保障——用经济手段解决社会问题达成政治目标

社会保障起于社会问题并止于社会问题的解决。综观我国的民生问题：就业、医疗、养老、住房、教育等，国家都在用相应的社会保障制度安排给予解决。但不同的社会问题在不同的社会发展阶段有着不同的侧重，社会保障会优先解决该发展阶段的焦点问题。

社会保障的经济手段最主要解决三个核心问题，即钱从哪儿来、怎么管钱、如何花钱。综观每一个社会保障问题的解决，其首要涉及的问题都是资金的问题，资金从收取到管理再到发放不能出现任何差错，最终才能保证保障目标的实现。

最后社会保障所要实现的政治目标包括维护社会稳定、促进社会公平。

（资料来源：郑功成. 社会保障学. 北京：中国劳动社会保障出版社，2005；杨燕绥. 社保制度安排要解决找钱、管钱、发钱. 第一财经日报，2012-11-15.）

链接1-1：
视频讲解

第二节　社会保障制度构成体系

社会保障体系是指一个国家或地区法定的社会保障制度所覆盖的全部内容、范围和项目构成的整体，是一个有着复杂内容的系统工程。任何社会保障制度都不能孤立产生和发展，都必须以解决某种社会问题为出发点，以采取某种经济手段为途径，以实现某种政治目的为目标，社会保障制度构成体系既有共性，也有差异。

一、不同国家社会保障制度体系

由于各国的政治制度、社会背景、经济水平、文化观念、价值取向以及实行社会保障制度的时间长短不同，各国社会保障构成体系存在很大的差异，所涉及的内容和范围也不尽相同。国际劳工组织认为，社会保障主要承担九个方面的风险：疾病、生育、老年、残疾、死亡、失业、工伤、职业病和家庭。1952—1982 年，国际劳工组织归并到社会保障制度中的内容包括：社会保险（Social Insurance）、社会救助（Social Assistance）、福利补贴（Benefits）、家属补助金（Family Benefits）、储备基金（Provident Funds）、补充保障（Supplemental Security）等。

（一）美国社会保障制度体系

美国的社会保障制度体系主要由社会福利系统和社会保险系统两大块构成。

1. 社会福利系统

社会福利主要是指一系列对低收入阶层和贫困的社会成员进行救助的项目，主要可以分为现金发放和利益转让两大类。现金发放的福利政策是指通过直接提供资金来支持和补贴贫困或低收入家庭及个人的基本生活。目前这类社会福利项目主要有两种：有子女困难家庭的资助和养老及困难补贴。利益转让形式的福利政策是指政府以提供物资或服务，而不是以直接发放货币的形式来缓解低收入家庭与个人的生存和发展的困难。主要包括免费医疗、购粮券、儿童营养项目、安居计划、教育项目和就业培训项目等，其中免费医疗项目政府耗资最大。

2. 社会保险系统

社会保险是通过替代机制来减缓或补偿非福利阶层因不可控外力造成的收入损失。美国的社会保险主要被划分为养老及残障保险、失业保险和医疗保险。

美国官方界定的养老及残障保险以覆盖丧失劳动能力的老年人为主，也包括灾害幸存者和残障人员。对现行退休者而言，他们依然可从未退休者的产值中获得退休支付；而对未来退休者而言，他们的退休金一部分来自下一代未退休者，另一部分来自养老及残障基金。养老及残障保险的参保者获益的程度主要取决于他们一向的收入、年龄和其他个人情况。

失业保险目的是补偿职工因失业造成的收入损失。目前这项保险覆盖了大约97%的工薪职工。失业保险的筹资也是通过征收工资代扣税，与养老及残障保险制度不同的是，缴税者为雇主，而不是雇主与雇员平摊。

美国的医疗保险体系分为两大部分，第一部分是由政府举办的社会医疗保障（包括医疗照顾制度、医疗救助制度和少数民族免费医疗制度）。政府专门为65岁以上老年人和残疾人提供医疗照顾，为低收入家庭提供医疗救助。第二部分是以私立医疗机构为主的营利及非营利的商业保险。商业保险多种多样，有为学生设置的学生医疗保险，也有为富人设置的无限制实报实销的私人保险。政府通过联邦所得税税制对私人保险给予隐含补贴。

需要指出的是，美国并非是西欧、北欧型的福利国家，美国社会保障制度体系的一个重要特点就是私人保险的作用突出，保险公司在寿险、医疗保险等领域提供的商业服务在很大程度上受到欢迎，各种非营利机构也发挥着重要作用。这一从效率角度出发的社会保障制度既有其自身优势，但也存在着某些问题。

（二）英国社会保障制度体系

英国作为福利国家型社会保障制度的典型代表，具有一套从摇篮到坟墓、无所不包的社会保障制度体系，主要由以下三大系统组成：

1. 社会保险系统

社会保险系统主要包括养老金、退休金、失业救济、工伤津贴、疾病津贴、病弱者抚恤金、残疾及死亡津贴、孕产妇补贴、儿童津贴、幼儿津贴、儿童特别津贴、入学后的各种补贴和附加补助等。社会保险系统是英国社会保障体系中最大的系统，其宗旨是使国民在遭遇困难或不幸事故时能够获得基本生活保障。其资金来源于雇主、雇员和自由职业者缴纳的保险费与政府提供的保险基金。每年，英国政府还根据实际开支的状况从税收中抽取一部分补足实际开支所需的金额。

2. 国民健康服务系统

国民健康服务系统的宗旨是改进国民的健康状况并提高其身体素质，经费来自国家财政资助和所有纳税人的缴费，60%的经费用于儿童、老年人、生活失去自理能力的人和精神失常的人。这是一个根据《国民保健事业法》建立起来的，并为英国公民提供免费或低价医疗服务的社会保障系统。

3. 个人生活照料系统

个人生活照料系统主要是为那些有特殊需要的个人提供个别服务，服务对象包括丧失生活自理能力者、老年人、儿童和精神失常者等。

英国"从摇篮到坟墓"的社会保障体系保证了每一个英国公民一生都能过上一种不低于国民最低生活标准的、较为安全的生活。但它并没有彻底地解决英国的贫困问题，而且随着社会保障支出规模日益膨胀，已经损害到了国民经济的持续发展。

（三）新加坡社会保障制度体系

新加坡社会保障制度是储蓄保险型社会保障制度的典型代表，其显著的特色就在于政府尽可能不直接或较少地承担社会保障责任。国家立法强制所有雇主、雇员依法按工资收入的一定比例向中央公积金局缴纳公积金，加上每月应付的利息，一并记入每个公积金会员的账户。新加坡的社会保障构成体系比较简单，主要由公积金制度、公务员社会保障、雇主责任制和其他保障计划四个部分构成。其中最有代表性的是中央公积金制度。

新加坡中央公积金分设四个账户：普通账户（Ordinary Account）、专门账户（Special Account）、退休账户（Retirement Account）和医疗储蓄账户（Medisave Account）。普通账户的公积金可用于购置政府组合房屋、人寿保险、子女教育支出等；专门账户用于为公积金成员积累退休金，提供养老保障；退休账户资金来源于专门账户，在成员年满55岁时建立，年满62岁时开始支付养老金；医疗储蓄账户为公积金成员及其直系亲属支付住院、门诊医疗服务费用，缴纳疾病保险费等。

二、我国社会保障制度体系

从当代世界各国社会保障的实践来看，社会救助是社会保障的最低层次，其对象是社会中的最困难群体。社会保险是工业化的产物，它根据大数法则的原理分担风险，其主要对象是劳动者。社会福利是社会保障的最高层次，其对象是全体公民。社会福利所涉及的范围比较广，不同经济发展水平的不同国家之间有很大的差别。

国内多数专家和学者认为，我国社会保障的主要内容包括社会救助、社会保险、社会福利、社会优抚。

（一）社会救助

社会救助是指国家通过国民收入再分配，对因自然灾害或其他经济、社会原因而无法维持最低生活水平的社会成员给予救助。社会救助是最低层次的社会保障，通常被称为"社会安全的最后一道防线"。

社会救助的目标是帮助社会弱势群体摆脱生存危机，以维护社会秩序的稳定。因此，社会救助与其他社会保障项目不同，它不要求权利与义务的对等；其保障水平低于社会保险，只是提供相对于全体公民平均生活标准的最低生活保障。社会救助主要包括灾害救济、贫困救济和其他针对社会弱势群体的辅助措施。

（二）社会保险

社会保险是以劳动者为保障对象，以劳动者的年老、疾病、伤残、失业、死亡等特殊事件为保障内容的一项生活保障政策。社会保险所占用的资金是社会保障基金中的最大部分，因此是一项基本保障。

社会保险强调受保障者权利和义务相结合，采取的是受益者与雇用单位等共同供款和强制实施的方式，目的是解除劳动者的后顾之忧，维护社会安定。[①] 社会保险主要包括以下项目：养老保险、失业保险、医疗保险、工伤保险和生育保险。

（三）社会福利

社会福利是指国家和社会通过有关政策或立法向全体社会成员提供的，旨在改善生活质量的福利措施和社会服务的社会保障制度。社会福利是在劳动报酬和其他社会保障项目之外的给付和服务，是社会保障的最高层次。

社会福利是为立法或政策范围内的所有公民普遍提供的，带有普遍性原则。其目的是提高受益者的生活质量。其主要内容有老年人福利、残疾人福利、妇女儿童福利、其他福利。

（四）社会优抚

社会优抚是一种特殊性质的社会保障，也是我国社会保障制度中一个重要的组成部分。**社**

---

① 郑功成. 社会保障学——理念、制度、实践与思辨. 北京：商务印书馆，2000.

会优抚是以法定的形式和方式，通过政府行为，对社会有特殊贡献者及其眷属实行的具有褒扬和优待赈恤性质的社会保障措施。[①] 世界上许多国家都通过立法，对现役军人、因公牺牲的烈士和他们的亲属给予优待和抚恤。

就社会优抚的性质来说，它兼有社会救助、社会保险和社会福利的多重性质，是一种综合性的、面向特殊人群的社会保障制度。我国社会优抚的内容主要包括死亡抚恤、伤残抚恤、社会优待和退役安置。

小链接 1-2

我国的社会保障体系

党的十七大报告提到，我国社会保障体系以社会保险、社会救助、社会福利为基础，以基本养老、基本医疗、低保制度为重点，以慈善事业、商业保险为补充，加快完善社会保障体系。

党的十八大报告对社会保障又有了新的要求：从过去的"广覆盖"变成"全覆盖"；从过去的"加快完善社会保障体系"变成"全面建成社会保障体系"；提出"整合城乡居民基本养老保险和基本医疗保险制度"；提出"健全社会保障经办管理体制，建立更加便民快捷的服务体系"。

党的十九大报告提到，为提高保障和改善民生水平，应按照兜底线、织密网、建机制的要求，全面建成覆盖全民、城乡统筹、权责清晰、保障适度、可持续的多层次社会保障体系。

党的二十大报告提到，健全覆盖全民、统筹城乡、公平统一、安全规范、可持续的多层次社会保障体系。

三、社会保障体系建设目标

社会保障体系的建设是一个逐渐完善的过程，从各国的实践发展来看，无论它的社会保障体系是否完备，均是寻求在机会均等、平等分配以及适度保障原则的指导下，建立完整性、协调性和层次性的社会保障体系。

（一）完整性

只有建立完整的社会保障体系，才能真正全面解决各种需要国家和社会运用社会保障手段来解决的现实社会问题。在市场经济条件下，个人的生活风险加大，更加需要较为完备的社会保障体系。这包括社会保障项目的齐全化、保障内容的完整化，若干个性质相近的社会保障项目构成一个完整的社会保障子系统，若干个社会保障子系统共同构成一个完整的社会保障体系。

（二）协调性

完善的社会保障体系，需要社会保障制度各子系统或项目之间的协调发展。首先，社会保障各子系统与各项目之间的发展水平要相互协调；其次，社会保障各子系统与各项目在分工负责的同时应当具有一定功能上的互补性；最后，在实行各社会保障项目与子系统之间的协调发

---

① 孙光德，董克用，唐昭. 社会保障概论. 4 版. 北京：中国人民大学出版社，2012.

展时要避免留下遗漏。

（三）层次性

尽管社会保障天然地追求公平，但完备的社会保障体系并不等于制度安排或项目设定的绝对统一。一方面，社会成员对社会保障的需求既有共性的一面，又有个性的一面，不同社会阶层的收入水平、生活状况以及对社会保障的要求会不一致；另一方面，针对不同人群的需要，单个社会保障项目的目标定位及作用也不尽相同，即使在解决一项社会问题的社会保障制度中，它的项目构成也是多层次的。

四、社会保障体系与其他体系关系

社会保障制度不是一种孤立的制度安排，它在实践中很自然地与本国的社会经济基础、社会进步有着密切联系，并与其他社会经济政策相互关联、相互影响。

（一）社会保障与收入分配的关系

国民收入分配是指一国在一定时期内经济活动成果在各经济主体之间的分配。收入分配分为初次分配和再分配，社会保障属于收入分配的再分配环节，但它与国民收入的初次分配存在着密切的关系。

合理的初次分配格局是社会保障制度运行的重要基础。例如，劳动者收入水平的提高既可以扩充社会保险基金的来源，也有利于政府切实承担社会保障财政责任。规范的初次分配结果，可以避免名义工资与实际工资差别给社会保险制度特别是养老保险制度带来的巨大财务风险。

社会保障正是通过国民收入再分配的手段，从全社会筹集资金，对遭遇各种风险的社会成员提供基本生活保障，以缩小贫富差距，弥补市场分配的缺陷，达到初次分配注重效率、再分配实现公平的目的。

（二）社会保障与公共财政的关系

公共财政是指国家（政府）集中一部分社会资源，用于为市场提供公共物品和服务，满足社会公共需要的分配活动或经济行为，并以此构建政府的财政收支体系。这种为满足社会公共需要而构建的政府收支活动模式或财政运行机制模式，被称为公共财政。

社会保障已经成为公共财政的重要职能之一。财政资金是社会保障资金的重要来源，是整个社会保障制度的重要物质基础，是政府承担公共责任、主导社会保障制度的具体体现。公共财政具有公共性、公平性、非营利性和法制性等基本特征，其核心是满足包括社会保障在内的社会公共需要。在国际上，各国财政的公共性、公平性，主要通过建立健全的社会保障制度、促进国民教育与医疗卫生事业发展等来体现。为国民提供相应的生活援助、福利补贴并支持社会保障制度的发展，是政府公共财政的重要责任。

（三）社会保障与经济体制的关系

社会保障制度往往离不开经济体制的制约或影响。尽管经济体制是经济发展的手段，但它事实上直接影响着一个国家或地区的政治、社会乃至道德与文化。不断完善和发展的经济体制不仅能够推动各个领域的创新，而且能够推动各领域的质量变革、效率变革，使之适应社会经济的总体发展趋势。当代社会经济体制与社会保障的关系，基本上是市场经济体制与社会保障之间的关系。市场经济体制奠定了社会保障体制的基础，而社会保障体制又构成了市场经济的安全保障系统。

小链接1-3

2019年我国社会保障参保人数情况

人力资源和社会保障部的统计公报显示，2019年年末，我国基本养老保险的参保人数达29.68亿人，比上年年末增长2.86%。其中城镇职工基本养老保险参保人数达到4.35亿人、城乡居民基本养老保险参保人数达到5.33亿人；其他社会保险的参保人数分别为：工伤2.55亿人、失业2.05亿人，比上年年末分别增长6.7%、4.6%。国家医疗保障局的统计公报显示，2019年，我国基本医疗保险的参保人数达13.54亿人，参保率稳定在95%以上，其中职工基本医疗保险参保人数达3.29亿人、城乡居民基本医疗保险参保人数达10.25亿人；全国参加生育保险2.14亿人，比上年增长4.8%。

链接1-2：
视频讲解

（资料来源：人力资源和社会保障部. 2019年度人力资源和社会保障事业发展统计公报；
国家医疗保障局. 2019年全国医疗保障事业发展统计公报.）

第三节 社会保障制度原则与功能

一、社会保障制度应遵循的原则

（一）保障水平适度的原则

保障水平适度，是指社会保障应与经济发展水平相适应，保障项目的设置、支付标准等应与国家的经济发展水平和承受能力相适应。社会保障水平过高和过低，都会对国民经济和社会保障自身产生负面影响。

社会保障水平超前，会造成企业乃至国家的负担过重，影响产品的国际市场竞争力，从而影响一国经济的发展，最终又影响社会保障制度的运转。社会保障水平滞后，不能很好地实现社会保障应有的功能，挫伤劳动者的劳动积极性，也会制约经济发展，甚至影响社会稳定。因此只有社会保障水平适度才能够实现社会保障制度的良性运转。

（二）公平与效率兼顾的原则

公平是社会保障的本质属性，也是社会保障制度所要遵循的首要原则。对社会保障制度而言，不但要实现社会成员享有社会保障机会和权利的公平，更要达到主体各方负担的公平；不仅要确保起点的公平，而且要努力维护过程的公平并力图解决或缩小结果的不公平。

效率是指通过资源的有效配置和使用，达到社会福利的最大化。效率分为经济社会效率和社会保障管理效率。社会保障的经济社会效率调节收入差距，向社会成员提供基本生活保障，降低个人风险；社会保障基金为经济建设提供了丰厚的资金来源等。社会保障管理效率包括社会保障机构的组织效率、社会保障基金的管理与运营效率等。

一个国家的社会保障制度必须妥善地处理好公平与效率的关系。如果只强调公平，势必会阻碍人们追求效率的积极性，损害社会经济发展；如果一味地追求效率，其结果必然是收入分配差距悬殊和社会成员间的不平等加剧。

（三）　权利与义务相对等的原则

社会保障中的权利和义务关系比较复杂，在不同的社会保障项目中有不同的体现。

社会保险涉及国家、企业和个人三个利益主体的权利义务关系。国家对社会保险立法、监管等负有不可推卸的义务和责任。企业必须按时足额为职工缴纳其所应该负担的那一部分保险费，但同时也有依法享受国家对此所提供的一些政策优惠的权利，比如税收优惠。个人只有按期足额缴费，才能在符合条件时享受社会保险所带来的保障待遇。

社会保障中权利义务的结合并不意味着二者的必然对等，在社会保障的具体实践中也有少部分项目明显具有权利义务的单向性，如灾害救助，为需要救助者提供生活保障是社会和国家的义务，接受救助是公民的基本权利，公民接受社会救助是不需要以缴费为享受条件的，这是最具有权利义务不对等性特征的社会保障项目。

二、社会保障制度的功能

社会保障制度的功能是指社会保障制度在运行过程中所发挥的实际效能和作用。社会保障的功能分为经济性功能、社会性功能和政治性功能等。

（一）　社会保障的经济性功能

经济发展是一国社会保障制度的财政基础，经济发展制约着社会保障的发展。反过来，社会保障通过营造稳定的社会环境促进着经济发展。此外，社会保障对劳动力再生产的保障与劳动力资源的维护，又促进着劳动力资源的高效配置和生产效率的提高。社会保障基金的运营也直接促进了资本市场的发展。社会保障的经济性功能表现在以下几点：

1. 调节国民收入分配与再分配

社会保障参与国民收入的初次分配。生产资料的价值决定劳动力的价值，而劳动者的工资收入必然来自劳动者的必要劳动，这其中包含了对劳动者社会保障费用的支出。

社会保障通过再分配弥补初次分配的不足。再分配以国家强制力和公权力为基础，社会保障通过收入补偿、互助共济，以社会保险、社会救助、社会福利等形式，调节经济资源在不同地区和社会阶层间的分配，进而缩小初次分配所造成的收入差距。

2. 影响国民经济发展

社会保障为市场经济的正常运行提供了必要保障。社会化大生产、市场经济以及经济全球化使得每个社会成员的生活风险进一步加大，严重的会阻碍社会经济的发展进程。而社会保障通过不同的项目设置，针对不同的保障对象，以避免其可能遭受的社会风险和危机。

社会保障基金的投资和支付影响社会储蓄、投资以及经济增长。社会保障基金的筹集会减少个人与企业的当期收入，影响消费与储蓄；储存的社会保障基金转化为投资，成为经济增长的直接推动力量；社会保障待遇的支付又会使社会成员手中的可用资金增多，刺激社会消费需求的增长。

3. 保证劳动力再生产

社会保障保证劳动力再生产的作用体现在以下几点：缓解了劳动者在疾病、工伤期间的医疗和生活困难，为其恢复健康重返工作岗位创造了条件；为暂时离开工作岗位的失业者提供基本生活保障，使其体力和智力得以维持和发展，为经济发展提供产业后备军；为失业人员提供技能培训，不断提高劳动者的劳动技能和择业能力，为其再就业创造了条件。

人们的社会保障待遇在一定范围内统筹，有利于解决局部保障所形成的不同地区、不同行业、不同部门、不同企业在保障待遇上的差别，使劳动者的保障待遇和其就业岗位分离开来，促进劳动力资源的合理流动和劳动力的优化配置。

4. 促进资本市场发展

适度规模的社会保障基金的积累和给付可以成为活跃资本市场的经济力量。近些年来，许多国家的社会保障基金都纷纷进入资本市场，有的甚至进入国际资本市场。这不仅大大提高了社会保障基金的收益率，实现了保值增值，同时，社会保障资金的长期性、规模性、稳定性，也有助于资本市场的平稳健康发展，社会保障资金与资本市场之间是互相促进、互相推动的关系。

（二）社会保障的社会性功能

社会发展是各种社会要素质量不断提高的过程，它从社会制度的不断完善、社会成员素质的不断提高、人的生存环境和生存条件的改善、社会公平的实现等方面来体现。社会发展离不开社会保障的发展，社会保障又是在适应社会发展。健全的社会保障制度是提高社会成员素质的重要手段，也是协调社会关系、缓解社会矛盾、实现社会公平的重要保证。社会保障的社会性功能最突出地表现在下面两个方面：

1. 维护社会稳定

社会的发展进步离不开稳定的社会秩序和社会环境。但自然灾害、工伤事故、疾病、年老及失业等特殊事件又是客观存在的。这些事件的发生就会导致个人收入和基本的生活保障的丧失，从而造成社会发展不稳定。而社会保障有效地化解了社会成员的这些风险，对其基本生活权利予以保障，使那些遭遇特殊事件的社会成员能重新适应社会，进而起到维护社会稳定的作用。

2. 缓和社会矛盾

社会保障作为国家和政府的一种再分配政策，对国民收入进行再分配，是调节收入、缩小贫富差距、保证社会公平的一个重要手段。社会保障制度通过收入再分配，对个人收入进行两种方式的转移：横向转移，即从高收入阶层向低收入阶层转移；纵向转移，即个人的收入从劳动时间向非劳动时间、从健康时间向疾病伤残时间转移。

（三）社会保障的政治性功能

社会保障是一国执政党必须承担的一项重要使命。各国政府在社会保障中发挥主导作用、承担社会保障事务，已是当今世界所公认的政府职能之一。现代社会保障在工业化国家已成为政党政治、民主竞选中的重要议题。

社会保障既是社会各种利益集团权力较量的结果，同时也是调整不同利益集团、群体或社会阶层利益的必要手段，并在不同的社会制度条件下表现出不同的政治功能。在资本主义社会，社会保障调节着不同社会阶层的政治冲突和促进政治秩序的长期稳定并维持其整体的正常运营。在社会主义社会，社会保障除具有巩固执政地位、提高执政水平、缓和社会矛盾等一般的政治功能外，还体现了社会成员在国家和社会生活中的主人翁地位。

小链接 1-4

社会保障是社会发展的"调节器"和"稳定器"

社会保障是世界各国首选的"稳定"机制。社会保障能够预先防范与及时化解社会成员因生存危机，如人口老龄化、自然灾害、工伤、失业等可能引起的社会成员对社会、政府的反叛心理和行为，进而有效地缓解乃至消除社会不稳定风险。

社会保障在政治、经济、社会等多领域发挥着"调节"的作用。在政治上调节不同社会阶层的政治冲突；在经济上调节公平与效率、收入分配与再分配的关系；在社会发展领域调节不同社会阶层的利益关系问题。

链接1-3：
视频讲解

本章小结

社会保障包括如下要点：

社会保障的首要责任主体是国家或政府；社会保障的实施依据是国家立法；社会保障的实施手段是对国民收入进行再分配；社会保障的保障目标是满足公民的基本生活需要；社会保障是社会行为、社会制度和社会政策。

由于各国的政治制度、社会背景、经济水平、文化观念、价值取向以及实行社会保障制度的时间长短不同，各国社会保障构成体系存在很大的差异。从当代世界各国社会保障的实践来看，各国社会保障体系所涉及的内容均包括社会救助、社会保险和社会福利三个方面。

社会保障制度的功能主要体现在经济性功能、社会性功能和政治性功能三大方面：

经济性功能体现为：调节国民收入分配与再分配；影响国民经济发展；保证劳动力再生产，优化劳动力配置和促进资本市场发展。

社会性功能表现为：维护社会稳定，促进社会良性发展；缓和社会矛盾，实现社会公平。

政治性功能表现为：各国政府在社会保障中发挥主导作用、承担社会保障事务。

关键名词

社会保障　社会救助　社会保险　社会福利　社会优抚　互济性　福利性

复习思考题

1. 如何理解社会保障的含义？
2. 谈谈你对社会保障多样性功能的认识。
3. 社会保障基本特征有哪些？如何理解社会保障的福利性特征？
4. 请结合不同国家对于社会保障的定位以及本书对社会保障的定位，谈谈你对社会保障的认识。

案例分析

如何推进我国社会保障的高质量发展？

中国的改革开放已经走过 40 多个年头，社会保障领域完成了制度转型，实现了快速扩展。进入新时代，社会保障要从快速扩展转向高质量发展。实现社会保障高质量发展，就是要依据十九大报告提出的，按照兜底线、织密网、建机制的要求，全面建成覆盖全民、统筹城乡、权责清晰、保障适度、可持续的多层次社会保障体系。

兜底线，即保持基本保障待遇水平的适度性，确保每个社会成员的基本风险都能够得到基本保障。当前突出的问题是基本保障的规模大，而补充性保障发展缓慢。事实上，近年来，基本保障项目不断增多，某些项目的保障待遇水平持续提高，在公众中形成了一种预期，而这种预期正在减弱社会成员参加补充性保障的内在动力。因此，"兜底线"就是要让基本保障回归保基本，从而形成理性的预期。某些基本保障项目的待遇水平过低，需要逐步提高，使之能够担当起"保基本"的职责。

织密网，即弄清楚老百姓需要保障的基本风险，建立适宜的社会保障项目，对于那些应由政府主导提供保障的风险，政府必须担当，以确保老百姓的基本生存、基本发展和基本尊严，并使社会保障项目覆盖全民，据此织就有效的社会保障网。

建机制，即形成有效的社会保障治理机制，包括建立社会保障待遇统筹协调机制，避免引起制度间、政策间和群体间的矛盾，严格控制、逐步缩小群体间的基本保障待遇差距；健全社会保障筹资机制，完善多渠道筹资，确认并处理社会保险制度转制成本，完善社会保险费征缴规则，确立社会保险基金"以支定收"机制，科学厘定社会保险费率；优化社会保障行政管理和经办服务体制机制；建立健全社会保障相关服务价格形成机制及合作机制；建立社会保障运行评估机制等。

党的十九大报告对社会保障体系建设的规划，是明确要求尽快健全社会保障体系，所要达到的目标正是真正解除城乡居民的生活后顾之忧并为全体人民提供稳定的安全预期。一方面，我国社会保障体系尚在完善之中，在一定程度上还滞后于经济发展水平，和人民群众的期望还存在着差距，从而需要加快健全这一体系的步伐，尽快兜住底线、织牢织密安全网并建立长久机制。另一方面，全面建成社会保障体系的要求是要促使社会保障制度尽快走向成熟、定型。全面建成的"六个关键词"均有很强针对性，可以视为对中国特色社会保障体系建设的基本定位。

其中，"覆盖全民"要求所有社会保障项目都能够覆盖到有需要的人身上。"统筹城乡"即打破城乡分割的格局，让全体人民在统一的制度安排下获得平等的社会保障权益。"权责清晰"的核心是坚持权利与义务有机结合。社会保障作为互助共济的风险分担机制，需要政府、个人、企业与社会各方依法自觉承担相应的责任。"保障适度"是指社会保障水平要与社会经济发展水平相适应，满足人民群众的起码需要，避免滋生"等靠要"福利依赖，造成负面的社会效应。"可持续"是指社会保障制度能够长久地正常运行和发展下去，它不仅要能够满足当代人的需求，还要努力维护代际公平与国家长治久安以及人民的世代福祉。"多层次"强调在政府主导的法定保障项目之外，还需充分调动市场与社会力量以及发挥家庭保障的传统优势，最大限度地动员各种资源，促使社会保障体系的物质基础不断壮大，这是确保这一制度更加全面地满足人民对美好生活需要并且永续发展的重要条件。如大力发展商业保险可以补充基本养老保险、医疗保险的不足，发展慈善事业可以弥补社会救助与社会福利服务的不足，等等。由此可见，党的十九大报告对我国社会保障体系建设的总体要求是明确的，其定位十分清晰，深化社会保障改革不能偏离这些要求与定位。

（资料来源：何文炯. 中国社会保障：从快速扩展到高质量发展. 中国人口科学，2019（1）；郑功成.
全面理解党的十九大报告与中国特色社会保障体系建设. 国家行政学院学报，2017（6）.）

案例思考：

1. 如何理解"兜底线、织密网、建机制"？

2. 国家为"兜底线、织密网、建机制"做了什么？ 还有哪些地方需要完善？

3. 如何理解和完善"多层次社会保障体系"？

本章实训

从社会保障十大事件看社会保障的发展

"社会保障十大事件"是自 2009 年以来我国社会保障学界每届年终时举行的一项例行学术活动，从学界视角对当年发生的重要社会保障事件进行评选，根据得票多少排序，力求全面、理性地反映我国社会保障领域的年度进展，留下社会保障事业发展的关键性痕迹。

对社会保障十大事件的研究和分析，有助于我们把握我国社会保障的发展变化特点和现阶段社会保障领域的重点、难点问题，同时也预示了社会保障未来的发展方向，清晰地掌握我国社会保障制度改革的进程，为研究者提供了一个不可忽视的聚焦视点。

查阅相关资料，你收集到的社会保障事件有哪些？这几年来的变化如何？你对中国目前社会保障的总体感受是什么？

一、实训目的

1. 了解我国社会保障制度的发展进程，明确每一项制度所涉及的内容和环节，结合自己的理解，对我国社会保障制度产生更深刻的认识。

2. 通过查找资料，锻炼收集与分析材料的能力；通过小组学习和汇报，锻炼团队合作、个人表达等能力。

二、实训组织

1. 通过"中国社会保障学会"网，收集近 10 年以来的"社会保障十大事件"。

2. 通过阅读"社会保障十大事件"，选择某一制度为切入点，如养老、医疗、福利、救助、基金等，以"从……制度变化看中国社会保障近年来的发展"为题，分组进行研究。

3. 班级同学自行进行分组，每组选出组长一名，由组长负责小组内部的具体分工。

4. 以小组为单位，通过书刊、网络等渠道收集材料，将某一制度的变化弄清楚。

5. 同学们可以以课堂讨论或小组 PPT 展示的形式进行学习成果的汇报。

即测即评

请扫描右侧二维码，进行在线测评。

第二章
社会保障制度发展与变迁

引例

罗斯福"新政"

1929 年 10 月 29 日，由股票市场狂泻引发的经济危机猛烈地袭击了美国，不久，危机迅速席卷了整个资本主义世界，成为资本主义发展史上最严重的一次世界性经济危机。1929—1932 年，美国的国民生产总值从 1 040 亿美元降到 410 亿美元，32 个州的银行全部倒闭，破产企业约 13 万家，失业人数达 1 700 万人，农业收入下降 60%，人们的生活陷入贫困无助的境地。

面对经济危机，美国民众开始认识到单靠个人努力无法解决贫困，贫困主要是社会原因造成的，因此把缓解贫困问题寄希望于联邦政府。然而，当时的胡佛政府坚持不干预的政策，使人们的不满情绪日益高涨。1932 年富兰克林·罗斯福（Franklin Roosevelt）以"新政"为口号赢得了大选，大刀阔斧地实施了一系列旨在克服危机的政策措施，史称"罗斯福新政"。

"新政"内容可以用"3R"来概括，即复兴（Recover）、改革（Reform）、救济（Relief）。在复兴方面，从整顿金融入手，通过《紧急银行法》《全国工业复兴法》，加强对工业的计划指导，防止盲目竞争引起生产过剩。在改革方面，通过《农业调整法》，为减耕减产农民提供补贴，以调整农产品结构，稳定农产品价格。在救济方面，实行"以工代赈"，由公共部门吸收身强力壮而失业率偏高的青年人从事植树护林、防治水患、道路建筑等工作，仅工程兴办署和全国青年总署二者雇佣人员就达到了全国劳动力的一半以上；通过《社会保障法》，以失业保险、养老保险和社会救济为主，旨在建立一个"增进社会福利的联邦老年救济金制度"，保障工人的基本权利。至此，罗斯福政府在美国开创了国家干预经济、社会生活的新模式。

评价：

经济危机使美国放弃了一度推崇的自由放任的经济政策，"新政"开创了国家干预经济的新模式，为其他国家提供借鉴，特别是影响了第二次世界大战后资本主义国家的经济调整，对社会改革产生了深远影响。同时这一政策的变革，也深刻地揭示了，在经济发展的不同时期，应该正确处理政府与市场的关系，保障社会、经济的稳定发展。

（资料来源：徐维民. 罗斯福"新政"与美国社会保障制度. 凤凰资讯，2014-04-01.）

本章知识结构图

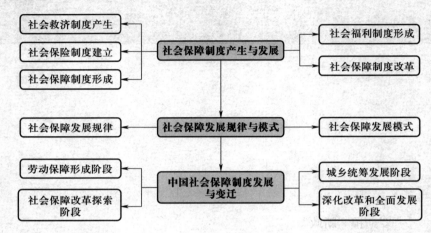

第一节　社会保障制度产生与发展

当今学者对社会保障发展阶段的划分主要分为两种。一种是以政府介入程度或制度化为依据，分为慈善事业时代或前社会保障阶段、济贫制度形成与发展阶段和现代社会保障阶段；另一种是以社会保障在不同时期的具体实践内容为依据，分为社会救助型发展阶段、社会保险型发展阶段和社会福利型发展阶段。综合考虑社会保障的立法和实践内容，现对它的发展阶段做如下划分：社会救济制度产生、社会保险制度建立、社会保障制度形成、社会福利制度形成和社会保障制度改革。

一、社会救济制度产生

（一）产生背景

社会救济的产生，可以追溯到古代的慈善事业。无论是由宗教行业主办，还是民间主办，或者是官方组织的慈善事业，在人类面对特殊风险时，给予衣食等方面的帮助，这与举办者意愿和财力有很大关系，是一种随机的、临时的救济活动。

英国16世纪开始的圈地运动，瓦解了农村的自然经济。大批失地农民进入城市，成为城市的第一批产业工人，而另一部分人则因为各种原因沦为城市乞丐和流浪者，造成了日益增多的贫困现象和社会问题，进而引发社会的动荡，危及政府的统治秩序，阻碍工业化的进程。

（二）主要标志

在工业化大背景下，为缓和社会矛盾和阶级矛盾，英国政府于1834年颁布新《济贫法》。新《济贫法》的主要原则是：政府有保障公民生存的义务。

而在此前，为了稳定社会秩序，消除失业、流浪和贫困现象，英国政府曾于1601年颁布了伊丽莎白《济贫法》（旧《济贫法》）。该法规定济贫事业属于教区的义务。新《济贫法》较旧《济贫法》在性质上有重大的区别，其规定受到社会救助属于公民的合法权利，对贫民实行救助是政府应尽的义务。这就等于承认，人人有生存的权利，政府负有保障公民生存的责任。

（三）历史贡献

新《济贫法》的实施使长期困扰英格兰东南部地区的劳动力过剩、农业工人普遍贫困等社会问题得到一定程度的解决。在管理上，由中央设置委员会管理济贫事宜，取消了一切济贫院外救济，建立联合教区的济贫院对贫民实行社会救济，稳定了当时英国的社会秩序。新《济贫法》把社会救助第一次以国家立法的形式确定下来，从而使社会救助成为一种社会制度。自英国颁布新《济贫法》后，欧洲其他国家也相继效仿，如瑞典、荷兰，以及仍处在殖民时代的北美。尽管新《济贫法》所确立的济贫制度与现代社会保障制度不能相提并论，但它毕竟为社会保障埋下了制度化的种子，是历史的进步。

小链接 2-1

英国早期"万恶"的济贫制度

世界上最早的关于济贫的法律是1601年英国颁布的伊丽莎白《济贫法》，又称旧《济贫法》。《济贫法》最初设立的目的是遏制乞讨、流浪等不体面行为，减轻社会的贫困现象，但其在执行上却出现了许多残害人的行为。例如法令规定：治安法官有权对流浪者当众鞭笞，在流浪者肩上烙印并强迫其从事繁重体力劳动，并有权判处流浪者死刑。法令还要求每个郡都必须建立感化院，院中必须有磨坊等必需的劳动场所及劳动设施，使得所谓的流浪者能够工作；地方官员有权对流浪者进行搜查，等等。这个《济贫法》后来遭到诸如亚当·斯密、马尔萨斯等自由主义思想家的批判。

（资料来源：丁建定. 论17世纪英国的济贫法制度. 社会工作，2011（4）.）

二、社会保险制度建立

（一）产生背景

欧洲国家实现工业化以后，为适应社会化大生产和市场经济需要，以社会保险为特征的社会保障制度于 19 世纪末在德国首先发展起来。

一方面，新历史学派在德国境内盛行，该学派主张国家直接干预经济生活的管理和负起文明与福利的职责，为社会保险制度的产生奠定了理论基础；另一方面，随着马克思主义的传播和社会主义政党的推动，德国工人运动日益高涨，以往作为家庭或个人风险的年老、疾病、工伤、失业等特定事件开始演变为社会性的群体风险，工人们强烈要求政府实施保护劳工的政策。当时德国正值"铁血宰相"俾斯麦执政，深知取得对内、对外胜利的关键在于安抚好工人。

（二）主要标志

1883—1889 年，德国相继通过几项法令，分别是：《疾病保险法》《工伤事故保险法》《老年和残障保险法》，标志着世界上第一个完整的社会保险体系的建立，社会保险制度由此产生。

从性质上看，德国社会保险制度通过立法的形式明确了保障对象的权利和义务；内容上涵盖了疾病、工伤和年老这三项劳动者所面临的最主要的社会风险；体制上明确了权利与义务的统一，以缴费作为享受保险的条件、保险费多方共同负担等内容。因此，这种社会保险制度比社会救济制度更具现代意义。

（三）历史贡献

德国的社会保险制度建立后，很快为各国所仿效。1890—1919 年，许多国家都分别建立起现代社会保险制度，其中建立养老保险的国家有丹麦、奥地利、英国等 16 国，实行疾病生育保险的国家有比利时、瑞士、英国等 9 国，实行失业保险的国家有英国、法国、西班牙等 9 国，实行工伤保险的国家有美国、波兰、南非等 37 国。

社会保险制度的确立，使得社会保险成为国家和社会的一项应尽职责，社会保险的提供者与享受者在法律上处于平等的地位。在社会保险的费用负担方面，政府和雇主虽然承担着社会保险的供款责任，但劳动者仍需承担相应的缴费义务，由此更能体现出制度的互助共济性。社会保险制度通过对劳动者遭遇特定事件时提供收入或费用的补偿，进而稳定了家庭和社会的中坚力量。

三、社会保障制度形成

（一）产生背景

1929 年经济危机席卷整个资本主义世界。当时的美国在"自由放任"的传统经济政策下有超过半数的银行倒闭，约 13 万家企业破产，失业人数达到了 1 700 万人。

罗斯福以反对自由放任，主张加强政府对经济干预的竞选宣言，赢得绝大多数选民的支持。他在施政改革中，逐步系统地提出"安全保障社会化"的理论，强调政府在社会保障中的职责。当时盛行的凯恩斯主义，强调通过国家干预刺激需求的增长，从而实现社会的充分就业，也成为美国建立现代社会保障制度的重要理论支柱。

（二）主要标志

罗斯福执政后推进了一系列大胆的改革。他的主要观点是：将以"普遍福利"为核心的社会保障制度作为建国方略；以初期的社会保障项目实现"家庭平安、生活保障、社会保险"；实行"以工代赈"的现代社会救助等。

1935 年颁布的《社会保障法》，是美国历史上第一部社会保障法。该法在理论上第一次提出了"社会保障"这一概念，社会保障从形式到内容都更加完整和统一，标志着现代社会保障制度的进一步完善。

（三）历史贡献

美国的《社会保障法》使现代社会保障制度由社会保险制度朝着综合性的社会保障发展跨进了一大步，不仅在实践中解决了美国社会的失业和老年问题，在项目上还从过去的分散、零星项目转向现代社会全面、系统的保障。该法是世界上第一部完整的社会保障法。

在现代社会保障制度的形成时期，与工业化发展相适应的社会保险制度逐渐成为社会保障体系中的主体内容，其中疾病、工伤与老年保险是工业化国家最早关注的领域，后来增加的失业保险进一步完善了社会保障体系。

小链接 2-2

各国人眼中的"社会保障"

　　Social Security 一词在各国的含义不尽相同。英式英语中该词包含的内容很广，比如教育、医疗、养老等；但美式英语里这个词仅指养老金。以比利时为例，在比利时南北部有明显的不同特征。南部讲法语，北部讲荷兰语。南部的人一般持有社会福利的观点，即我是这个国家的人，无论我有没有工作、有没有为社会服务，我都要得到社会福利；而北部的人一般持有工作福利的观点，即你之所以能向国家要求一些福利是因为你工作了，为社会做出了贡献。以失业救济为例，法国和德国的失业率高达 10%，而英国、美国的失业率只有 4%。人们在英国和美国几乎拿不到失业补助，而在法国或德国的人们可以拿到高额的失业补助。

（资料来源：钟心. 比利时经济学家帕斯蒂尔纵论中国社会保障. 商业名家，2006（2）.）

四、社会福利制度形成

（一）产生背景

第二次世界大战后的英国，生产力水平迅速提高，生产结构、技术结构和就业结构变化引发了社会观念的变革。1942 年 11 月，牛津大学教授贝弗里奇受政府委托，经过 18 个月的调查研究，向英国政府提交了《社会保险和相关服务》的报告（简称为贝弗里奇报告）。此报告建议政府要统一管理保障项目，通过国民收入再分配来实施社会保障措施，社会要保证使人民免遭贫困、疾病、愚昧和失业之苦。与此同时，20 世纪 30 年代以后的福利经济学进入了一个新的发展时期，针对旧福利经济学的不足提出修改、补充和发展，以帕累托、伯格森和萨缪尔森为代表，形成了一套新的福利经济学理论。

（二）主要标志

在贝弗里奇报告的基础上，英国首相克莱门特·艾德礼在执政期间先后颁布和实施了《国民保险法》（1944）、《家属津贴法》（1945）、《社会保险法》（1946）、《国民健康服务法》（1946）、《国民工业伤害法》（1946）和《国民救济计划》（1948）六部社会福利法，使英国成为当时世界上社会保障制度最完备的国家，并于1948年正式宣布第一个建成"福利国家"。

英国的社会福利制度有着保障项目全面化、保障制度全民化、政府主体地位强化和保障水平攀升化的特点。依次表现为：由过去的单项保障转变为总体保障；由对特定阶层劳动者提供的保障扩大到全体社会成员；政府作为福利国家的责任主体，提供财政支持并承担着实施、管理和监督责任；保障水平从保障基本生活上升到提高生活质量。

（三）历史贡献

贝弗里奇报告的产生对英国政府乃至西方各国实施"普遍福利"政策产生了巨大影响。各工业化国家在完善社会保险制度的同时，普遍重视社会福利制度建设，如西欧、北欧国家先后宣布建成了对国民"从摇篮到坟墓"的全面保障制度。与此同时，东欧和亚洲的社会主义国家则依照苏联模式，建立了以国家保障为特征的社会保障制度，世界上许多发展中国家也先后建立起自己的社会保障制度，社会保障成为全世界公认并为各国共同采用的社会政策。

在现代社会保障制度的发展进程中，福利国家开启了以促进国民福利合理增长为基本出发点，选择适宜的发展路径与方案，充分实现造福全体社会成员，促进社会经济稳定协调发展的目标。

五、社会保障制度改革

（一）产生背景

20世纪70年代，由石油危机引发的经济危机使世界经济出现了"滞胀"，福利国家先后陷入了困境。主要表现在如下几个方面：首先，社会保障只考虑国家责任，却未能平衡个人权利与义务，覆盖面过宽的保障项目助长了国民惰性，削弱了国家的竞争力；其次，由经济危机带来的经济增长缓慢和通货膨胀加剧使得政府收入下降，失业和贫困者增多，社会保障开支增加，而依旧过高的保障水平加重了国家财政负担。最后，20世纪70年代盛行的新自由主义经济学，大力宣扬自由化、私有化、市场化，并且主张经济全球化，也推动了社会保障制度的改革。

（二）主要措施

在社会保障制度改革中，最大的问题是要求削减福利开支与保护既得的福利权利之间的尖锐矛盾。因此，西欧各国政府在实际的改革中，并没有放弃"福利国家"的社会政策模式，而是采取现实主义的稳步推进策略，在原有的制度框架内"开源节流"。

其主要措施包括：提高（或取消）缴费上限，征收社会保障税，从退休金征收所得税等，扩大社会保障经费来源；改革社会保险给付制度，如提高领取养老金的年龄、改革养老金计发基数、改革养老金调整办法等，节约社会保障经费；扩大就业，如对青年进行技术培训、将工作重点从失业救济转向就业鼓励；改革养老保险制度，从政府负担养老保险逐步转向自我储蓄式的个人账户养老保险，个人账户多由私营机构经营，降低政府风险，等等。

（三）历史贡献

由于时代变化，现有社会保障模式尚存在一些不能令人满意的地方，因此完善现行的社会保障制度，调整社会保障结构，进一步增强对社会保障的调控能力，努力实现社会保障与整个社会经济长期稳定协调发展，是许多国家正在进行或准备进行的重要工作；而个人责任的回归、市场机制的适度引入将成为新的发展趋势，但政府的主导责任从根本上不会发生改变。

在社会保障管理体制上，许多发达国家改革的经验表明，单一的国家管理体制和单一的私营管理体制，可能都不是社会保障制度改革的良好模式，都无法实现社会保障的功能；而两者的结合，即政府承担的基本保障和企业或私营机构运作的补充保险是一种较好的解决模式。

小链接 2-3

对社会保障制度如何进行评价

纵观社会保障制度的发展史，如何客观、理性地看待一个国家的社会保障制度实施状况？如何有效地判定社会保障目标的实现程度？首先需要解决评价维度和指标等问题，以便准确反映发展成果和不足。有学者指出，对社会保障制度进行评估，可以从价值取向与建制理念、适应性、有效性和可持续性四个维度着手。社会保障从非正式制度的慈善事业发展到正式的制度安排，不同的价值取向与理念起着支配社会保障实践活动和制度建设的作用。社会保障制度既是时代的产物，也是主权国家的制度安排，不仅需要适应时代的发展变化，也要与国情相适应。同时，社会保障制度内部，如结构的合理性、运行的规范性、对需求的满足程度、资源的利用率等从很大程度上影响了社会保障制度的有效性。此外，社会保障不是应急之策，还必须考虑财政的可持续性，制度的稳定性、发展性等内容。

（资料来源：郑功成. 从国家—单位保障制走向国家—社会保障制——30 年来中国社会保障改革与制度变迁. 社会保障研究，2008（2）.）

链接 2-1：
视频讲解

第二节　社会保障发展规律与模式

一、社会保障发展规律[①]

（一）协调发展规律

国际上，各国社会保障制度确立需要相应的财政支撑，经济发展是各国社会保障制度发展的基础。依托各国不同的经济发展状况和社会结构状况，社会保障在各国的发展程度和状况均有所不同，一般呈现出与社会经济发展相协调的规律。社会保障制度内各保障项目缺一不可，虽然社会保障制度内各保障子系统承担风险不同，但各子系统应当协调发展，各子系统的保障对象、内容应相互配合，保障待遇水平差距不应过于悬殊，是维持社会保障制度整体发展的必要条件。

（二）阶梯式膨胀发展规律

社会保障发展在时间上表现为阶段性，在空间上表现为台阶性，二者合称为阶梯性。随着社会经济的发展，社会成员对社会保障需求刚性增长，社会保障项目不断增加。社会保障的膨胀发展体现为社会保障体系在社会经济发展过程中不断丰富和壮大。社会保险制度产生之前，社会保障水平和项目有限，缺乏必要的制度基础；保险制度产生之后，社会保障制度进入了第一个阶梯式膨胀发展阶段，在原有社会保障项目基础上加入了社会保险等项目；进入福利阶段，社会保障制度进入了第二个阶梯式膨胀发展时期，体现为社会福利或福利性社会服务项目的增长和社会保障水平的提高。

（三）多样化发展规律

现代社会保障制度在各国的发展实践决定了其多样化的发展规律。各国的政治、社会、经济、历史、文化乃至伦理因素都会对该国社会保障制度发展产生综合影响。经济全球化可能会对社会保障制度的发展产生一定的影响，但却无法同化各国的社会保障制度，各国社会保障制度都有与其国情相适应的特色。除此之外，各国社会保障制度管理也呈现多元化发展规律，结合各国国情，分别有政府机构统一管理、公众机构管理和私人机构管理等。

二、社会保障发展模式

社会保障，从世界范围来说，不论国家的制度如何，都有其共同点。然而，由于各国的政治经济制度和社会文化背景不同，经济发展水平不同，推行社会保障制度的时间有先后和长短

[①]　以下规律是根据郑功成老师主编的《社会保障学》（中国劳动社会保障出版社，2005 年版）中相关内容归纳而成。

的不同，因此确定的社会保障目标和保障水平与范围也存在差异。从各国社会保障体制的主要方面加以提炼和分析，总结出其社会保障体系中应用最广泛的手段和主要特色，即我们所界定的社会保障制度模式。目前，世界各国实施的社会保障制度大体上可以划分为三种模式，即投保资助模式、福利国家模式和储蓄保险模式。

（一）投保资助模式

投保资助模式是最早出现的社会保障模式，因此也被称为"传统型"社会保障模式。**投保资助模式的目标是为公民提供一系列的基本生活保障，使公民在失业、年老、伤残以及由于生育或死亡而需要特别支出的情况下，得到经济补偿和保障。**[①] 它起源于 19 世纪 80 年代的德国，在 20 世纪 30 年代的经济大萧条和第二次世界大战后，被许多国家采用，最终发展成为"以义务和权利对等"为条件的、以单位和个人投保为主的投保资助型社会保障制度。投保资助模式的典型国家是德国、美国、日本等。

投保资助模式主要有下列特点：

1. 责任分担

社会保险费用由国家、雇主和劳动者三方负担，以劳动者和雇主的社会保险缴费为主，国家财政予以适当支持，从而形成一种风险分担和责任分担的社会保障机制。

2. 以劳动者为核心

投保资助模式的保障对象是"有选择"的，而非"全民"的。该制度面向的主要是工薪劳动者，围绕着其在年老、疾病、工伤、失业等风险设置的保险项目，并由此来保障劳动者的基本生活水平。

3. 权利与义务相对统一

投保资助模式强调权利与义务的一致性，在一定程度上体现了效率原则。劳动者个人必须履行社会保险缴费的责任，才能够享受社会保险的权利，并且社会保险待遇水平与社会保险缴费多少和个人收入情况相联系。

4. 以保障基本生活水平为原则

投保资助模式是以保障劳动者在丧失劳动能力或失去工作机会时的基本生活需要为标准。保障水平要考虑劳动者原有的生活水平和社会平均水平，并随生产力的发展不断提高。

（二）福利国家模式

福利国家型社会保障制度是在经济比较发达、整个社会物质生活水平提高的情况下实行的一种比较全面的保障形式。**福利国家模式的目标不仅是对每个公民由生到死的一切生活及危险都给予安全保障，而且在于维护社会成员一定标准的生活质量，加强个人安全感。**福利国家型

---

① 穆怀中. 社会保障国际比较. 北京：中国劳动社会保障出版社，2002.

社会保障制度源于英国在 1948 年正式宣布建成的福利国家，此后，这种社会保障制度又广泛应用于北欧各国。福利国家曾在世界上风靡一时，20 世纪 60 年代达到鼎盛时期，其典型国家是英国、瑞典等。

福利国家模式主要有下列特点：

1. 政府负责与保障全面

在福利国家，政府是社会保障的责任主体。社会保障资金主要来源于工人和企业主共同负担的社会保障税，政府承担着实施、管理与监督社会保障的责任，为每个社会成员提供"从摇篮到坟墓"的一切福利需求。

2. 全民保障

福利国家型社会保障制度为全体社会成员提供保障。这种模式下的各种社会保障制度，不仅仅局限于被保险本人，而且推及其家属；不只限定于某一保险项目，而且推及凡维持合理生活水平有困难和经济不安定的所有事件，以最适当的方法给予保障。因此，福利国家模式是全民共享经济发展成果的保障制度模式。

3. 权利与义务的"不对等性"

在福利国家的公民看来，提供保障是国家的基本义务，而享有社会保障是公民的基本权利。福利国家模式按照统一标准缴纳和给付，政府积极参与社会保障事务管理，强调国家的主体地位，强调企业的社会责任，充分体现了社会保障的调剂互助功能，而忽略个人享有社会保障权利与应尽社会保障义务的对等性。

4. 高待遇与高税收

福利国家的社会保障项目众多，待遇标准也较高，为每个社会成员提供了"一揽子"预防性保障的完整的社会保障体系，其保障水平在世界上是最高的。同时，为维持福利国家高水平的福利支出，也必然需要高税收来支撑。因此，高税收不仅充当着福利国家的财政基础，而且构成了福利国家的重要特征。

（三）储蓄保险模式

储蓄保险模式是一种由国家强制推行的个人缴纳保险费的社会保险制度。**储蓄保险模式强调雇员的个人缴费和个人账户的积累，退休者的社会保障权益来自本人在工作期间的积累，且所积累的资金通过投资基金进行运作。**新加坡于 1955 年 7 月建立了一种强制性储蓄的中央公积金制度，以备解决年老、残疾或死亡等急难问题。后来，一些新兴工业化国家和发展中国家也陆续采取了储蓄保险模式。储蓄保险模式的典型国家是新加坡、智利等。

储蓄保险模式主要有下列特点：

1. 强调自我负责

储蓄保险模式以企业和雇员承担缴费为原则，建立个人账户，企业和雇员的缴费全部记入雇员的个人账户。政府进行社会保障立法，通常并不直接分担缴费责任，而是扮演着监督者的角色。

2. 以工薪劳动者为对象

所有公民只要拥有薪金收入，就必须依法按工资收入的一定比例缴纳社会保障费，并自动成为该制度所覆盖的会员。

3. 以养老保障为主

起初新加坡创建了中央公积金制度，仅是为退休的雇员提供养老金。后来随着社会经济的发展和收入水平的提高，中央公积金制度逐步发展成为综合的包括养老、医疗、住房在内的制度。会员除在达到退休年龄时才能领取养老金之外，退休前，还可在特准范围内用于购买住房，支付医疗、教育费用等。

4. 充分体现权利与义务的统一

储蓄保险模式是在国家立法的规范下，采取强制手段扣除劳动者的一部分工资存入其个人账户，完全用于劳动者自己的养老。个人账户积累的基金实行市场化的投资运营，投资回报率直接决定退休后的养老金水平。这种模式把个人享受的待遇和个人努力紧密地联系在一起，不存在劳动者之间互助共济功能。

5. 保障水平取决于个人积累

储蓄保险模式将个人享受的待遇与个人账户存款的多少联系起来，有利于树立职工自我保障的意识，具有很强的激励作用。但同时，每个劳动者从参加强制储蓄到领取相应待遇，往往间隔数十年，其间必然遭遇基金贬值的风险，这就要求积累基金与资本市场相结合。因此，给付水平的高低取决于账户的积累和投资收益。雇员所享受的待遇，也只能在其个人账户总金额以内支付。

链接2-2：
视频讲解

小链接 2-4

智利模式是否代表了新的改革趋势

1980 年智利政府公布《养老保险法》，因其在社会保障领域的独特性被人们称为"智利模式"。所谓智利模式，是指智利实行的由个人缴费、个人所有、完全积累、私人机构运营的养老金私有化模式。其最大的特点就是劳动者的养老问题完全由个人负责，同时将政府的管理责任转移给私人管理公司，利用资本市场进行有偿运营，投保者可以获得高收益，也面临高风险。智利模式摆脱了传统保障模式的负担，为广大拉丁美洲发展中国家提供了新的思路并使其纷纷效仿学习。但这种模式因缺乏互济性、投资风险高、管理隐蔽等问题，在国际上受到质疑。总之，智利模式的典型性和代表性是毋庸置疑的，但同时，保持理性与警醒仍然是必要的。

（资料来源：郑功成. 智利模式——养老保险私有化改革述评. 经济学动态，2001（02）.）

第三节　中国社会保障制度发展与变迁

我国社会保障制度发展阶段，可以按照不同经济时期的主要目标或重点工作划分为四个阶段，即以劳动保险为主的社会保障建立阶段、以社会保险为重点的社会保障改革探索阶段、以统筹城乡为目标的全面发展和创新阶段以及新时代社会保障深化改革和全面发展阶段。

一、以劳动保险为主的社会保障建立阶段（1949—1979 年）

新中国成立后，政府在推进国民经济发展的同时，开始了社会保障体系的建设工作。到 20 世纪 70 年代末，形成了与计划经济相适应的以劳动保险为主的社会保障制度。

（一）发展背景

新中国成立初期，我国政府面临的最紧迫任务是尽快医治战争创伤，解决遗留下来的严重的失业问题，保障人民基本生活。因此，尽快恢复和发展经济，建立独立的工业体系，创建社会保障制度，是党和政府在这一时期的重要历史使命。同时，如何建立与社会主义制度相适应的社会保障制度也是一项全新的工作。

（二）实践过程

新中国成立初期，党和政府对劳动者，尤其是职工的社会保障给予了很大关注，同时，对农村居民以及特殊人群的生活也提供了最基本的保障，范围覆盖和所涉及内容非常广泛，本书在此只选择几个重点透视这个过程。

1. 建立了城镇职工的劳动保险制度

1951 年颁布的《中华人民共和国劳动保险条例》（以下简称《劳动保险条例》），规定了职工老年、医疗、工伤、生育等项目的保险办法，同时规定职工供养的直系亲属也可享受一定的社会保险待遇，这是劳动保险制度的一大特色。《劳动保险条例》的实施范围包括城镇机关、事业单位之外的所有企业和职工，从而成为新中国社会保障制度中最重要的一项社会保障制度。经 1953 年、1956 年两次修订，劳动保险扩大了实施范围，提高了部分待遇标准。我国的劳动保险制度在当时有两个突出的特点：一是特殊的管理体制。当时，国家授权中华全国总工会为全国劳动保险事业的最高领导机关，各工业基层委员会为执行劳动保险业务的基层单位，规定中央人民政府劳动部为全国劳动保险业务的最高监督机关。二是尝试社会统筹。《劳动保险条例》规定劳保费用大部分由雇主按国家标准直接支付，但也规定按工资的 3% 筹集统筹基金，而且是全国统筹，逐级解缴到全国总工会，用于调剂。

但到了"文化大革命"时期，社会动乱导致各级工会解体，劳动行政部门也难以正常行使职责，这种统筹的尝试也自然无法继续实施。1969 年，财政部授权发布通知，停止执行劳保统筹，原在劳动保险金开支的劳动保险费用改在企业营业外列支，自此，劳动保险成为纯粹的单位自我保障。

2. 建立了农村的合作医疗制度

农村合作医疗制度是在当时农村经济发展水平低、政府基本没有投入的情况下，以农村居民为对象建立起来的一种低水平、广覆盖的集资医疗保健制度。

农村合作医疗第一次从制度上赋予集体介入农民疾病医疗的职责，始于 1956 年 6 月第一届全国人民代表大会第三次会议通过的《高级农业生产合作社示范章程》。章程规定，合作社对于因公负伤或因公致病的社员要负责医治，并且酌量给以劳动日作为补助。集体经济是农村合作医疗筹资的主要来源，政府通过间接方式为农村医疗保障提供支持。截至 1962 年年底，村覆盖率达到 46%。"小病不出大队，大病不出公社"的服务优势，初步满足了农民对医药的需求。到 20 世纪 60 年代中期，合作医疗制度一直处于实验和逐步推广阶段，并初见成效。

"文化大革命"爆发后，农村全面进入了"一大二公"的公社化时期，国家、集体、个人利益则进入高度"一致"的时期，使得农村合作医疗的建立与政治挂钩，人为地促成了合作医疗的高潮。到 1976 年年底，农村合作医疗村覆盖率上升至 90% 的顶峰。

3. 建立了社会救济和社会福利制度

新中国成立初期，社会救济的主要对象在城市的有贫民、无业游民、孤老幼残等，在农村的有饥饿乞讨的灾民、难民。随着社会的进步，到 20 世纪 50 年代中期，旧社会遗留下来的问题大部分得到基本解决，社会救济的对象中增加了年老体弱的摊贩、孤儿等特殊对象。这个时期的国家救济补助，分为长期的定期定量救济和临时救济。在城市是两种救济兼有，在农村则主要是临时救济，也有极少数的定量救济。《高级农业生产合作社示范章程》，确立了面向乡村孤老残幼的"五保"（保吃、保穿、保住、保医、保葬）制度。从此，中国农村以"五保"为内容、以社会救济为特征的社会保障制度初步形成。

新中国成立初期，中国社会福利的很大一部分内容包含在企事业单位和政府机关的职工福利中。在社会上，福利是和社会救济结合在一起的，统称救济福利事业。20 世纪 50 年代后期，社会福利事业与社会救济分别发展，逐步形成了以"三无"（无依无靠、无家可归、无生活来源）、老人、儿童、残疾人、病人、精神病患者为主要对象的社会福利体系，建立和发展了如老人、儿童、残疾人的福利院、福利工厂以及精神病人疗养院等福利机构。政府或社会团体还投资兴办了以全体公民为对象的教育、医疗、文化、住房等公共福利设施。

（三）重要意义

1951 年颁布的《劳动保险条例》开始了新中国社会保障制度的建设。经历了十年"文化大革命"，虽然社会保障制度建设有所停滞，但在这期间，我国已经初步建成了低水平的、覆盖广泛的、内容细致的社会保障制度。其内容不仅包括了社会保险层次，还有社会救助、社会福利层次，而且养老、医疗等主要项目都有所涵盖，城镇职工、农村居民等主要人群也都有所涉及，为今后社会保障的发展奠定了一定基础。

新中国成立初期，我国是城乡二元经济体制结构，在当时又以工业化大发展为目标，于是我国的社会保障制度在形成阶段，以城乡分治为理念，形成了以户籍身份为依托的二元保障体制。城镇居民在就业、教育和衣食住行等方面均由计划经济体制进行安排，农村居民则依靠集体经济得到最低限度的基本生活保障，这种在计划经济体制下板块分割的社会保障格局，通过最高限度的就业参与和最低限度的社会保障，保证了"人人有饭吃"，维护了社会稳定。

二、以社会保险为重点的社会保障改革探索阶段（1980—2002 年）

从 20 世纪 80 年代到 21 世纪初，是我国改革开放和经济体制改革的重要历史时期，也是我国以社会保险为重点的社会保障改革探索阶段。

（一）发展背景

20 世纪 80 年代以后，中国进入改革开放时代。1986 年 4 月 12 日，第六届全国人民代表大会第四次会议通过的《中华人民共和国国民经济和社会发展第七个五年计划》不仅首次提出社会保障的概念，而且单独设章阐述了社会保障的改革和社会化问题，社会保障社会化作为计划经济时代国家负责、单位包办保障制的对立物，被正式载入国家发展计划；同年 7 月 12 日，由国务院发布《国营企业实行劳动合同制暂行规定》和《国营企业职工待业保险暂行规定》，不仅明确规定国营企业用劳动合同制取代计划经济时代的"铁饭碗"，规定合同制工人的退休养老实行社会统筹并由企业与个人分担缴纳保险费的义务，而且构成了失业保险制度的初步框架，具有显著的制度创新象征；而同年 11 月 10 日，由劳动人事部颁发的《关于外商投资企业用人自主权和职工工资、保险福利费用的规定》，强调外资企业必须缴纳中方职工退休养老基金和待业保险基金，意味着国家在承认经济结构多元化的条件下对劳动者社会保障权益的维护，并开始消除社会保障单位化的烙印。至此，中国社会保障制度进入了制度重构时期。

（二）实践过程

1. 社会保险制度相继出台

随着改革开放的不断深入，我国的社会保障制度也随之进入改革阶段，特别是社会保险体制进行了一系列改革。从 1986 年开始，国务院先后颁布了《国营企业职工待业保险暂行规定》（1986）、《关于企业职工养老保险制度改革的决定》（1991）、《国有企业职工待业保险规定》（1993）、《关于职工医疗制度改革的试点意见》（1994）、《企业职工生育保险试行办法》（1994）、《企业职工工伤保险试行办法》（1996）、《国务院关于建立统一的企业职工基本养老保险制度的决定》（1997）、《关于建立城镇职工基本医疗保险制度的决定》（1998）、《失业保险条例》（1999）等制度，启动了各项社会保险制度的改革。在此基础上，开始试点，不断修订和完善制度，最终在 2000 年前后建立起具有中国特色的社会保险制度。

上述规定的颁布实施，标志着我国的社会保障制度已从过去的企业保障走向了社会统筹，标志着适应社会主义市场经济体制要求、覆盖范围逐步扩大、资金来源多渠道、保障方式多层次、公平与效率相结合、权利与义务相统一、管理服务社会化的社会保障体系基本框架初步建立。

2. 开展农村养老和医疗的新尝试

改革开放以后，农村的经济体制发生变革，家庭联产承包责任制使合作医疗的主要筹资来源——集体经济失去了继续支持的能力。再加上农村合作医疗本身固有的一些缺陷，统筹规模小、管理制度不规范等，随着市场经济的发展，农村合作医疗开始出现大面积滑坡。在此期间，虽然政府也一直强调支持农村合作医疗，但农村合作医疗还是大幅衰减，到1989年农村人口覆盖率降至最低，仅为4.8%。20世纪90年代开始，政府开始了"第二次合作医疗"建设，但由于各地经济发展水平不同，只有上海、苏南地区的农村合作医疗得到了良好的发展。

同时，伴随着家庭联产承包责任制和计划生育政策的实施，农民直接面对市场风险，家庭保障难以落实，亟待建立社会养老保险制度填补缺位的农民养老保障责任。1986年，国家"七五"计划提出探索研究建立农村社会保险制度，并根据各地经济发展情况，进行试点，逐步推行。1992年，民政部制定《县级农村社会养老保险基本方案（试行）》，规定了资金的筹集方式、待遇标准、责任主体等，第一次对解决农村养老问题给出了社会保险制度答案，具有开创性的历史意义。

3. 逐步扩大社会救助和福利事业

随着市场经济体制的确立，失业人员、下岗职工及部分退休人员因收入丧失或收入锐减而成为城市新贫困群体，原有的救济制度无法维护城市居民最起码的生活权益。1993年开始，政府决定改革城市社会救济制度，尝试建立最低生活保障制度。1997年，国务院发出《关于在全国建立城市居民最低生活保障制度的通知》，1999年9月，国务院颁布《城市居民最低生活保障条例》，为城市所有居民提供享受最基本的生活保障的平等保护机会。

1992年，《中共中央、国务院关于加快发展第三产业的决定》强调，将企业现有的后勤服务设施推向社会和市场。1994年，国务院颁布了《关于深化城镇住房制度改革的决定》，从企业职工福利、住房福利等各方面的改革可以看出，我国的福利事业逐步走向社会化，单位和企业的负担大大减轻。与此同时，国家和社会举办的福利事业迅速发展，不断满足不同社会成员对于福利项目的需求。

（三）重要意义

经过改革和创新，我国社会保障制度由部分试点到广泛实践，覆盖范围不断扩大，并且健全了我国的社会保障项目——养老、医疗、失业、工伤、生育保险和社会救助、社会福利，逐步形成了政府主导、责任共担的保障制度。国民的社会保障观念发生了巨大的变化，从单纯的依赖政府与单位转化到责任分担，最终形成了与社会主义市场经济体制相适应的社会保障体系框架。

然而，我国的社会保障制度改革并非只有成功和经验，它同时还存在着失误和需要吸取的教训，比如过分强调效率、统放不分等。尽管这些失误与教训大都因经济改革的渐进性等因素的影响而难以避免，但发现并逐步纠正这些失误对整个社会保障制度的改革与完善具有非常重要的意义。

小链接 2-5

从"国家—单位"保障制走向"国家—社会"保障制

对我国社会保障制度发展历史的划分，还可以根据两种不同的经济基础，分为"国家—单位"保障与"国家—社会"保障两个阶段。改革开放前，中国社会保障制度在强调国家—单位—个人利益高度一致的原则下，由国家和单位承担共同责任，扮演着社会保障供给的角色，而不同社会成员则被分割在城镇单位和农村集体中享受相关社会保障待遇，是一种典型的国家全面负责并由单位包办、群体间板块分割的国家—单位保障模式。改革开放以来，在利益多元化的条件下，虽然国家仍主导着社会保障制度建构，但各社会主体（包括政府、企业、社团与个人等）必须共同分担社会保障责任，国家通过立法凝聚全民共识来确立社会保障制度，之后通过社会化方式来加以实施，形成一种责任共担、互助共济的社会保障系统。

（资料来源：郑功成. 从国家—单位保障制走向国家—社会保障制. 社会保障研究，2008（2）.）

三、以统筹城乡为目标的全面发展和创新阶段（2003—2012 年）

2002 年，中国共产党第十六次全国代表大会召开，在邓小平理论和"三个代表"重要思想指导下，提出"2020 年，覆盖城乡居民的社会保障体系基本建立，人人享有基本社会保障"。社会保障制度被提升到前所未有的战略高度，开始进入统筹城乡发展和创新完善的新阶段。

（一）发展背景

我国自改革开放以来，逐步确立了建立社会主义市场经济体制的改革总目标；在发展工业化的思路上，也开始实行城乡结合、全面推进工业化战略。上亿农民开始脱离农业、乡村，进入城市务工。进城农民从事以第二、第三产业为主的建筑业、工商业以及服务性行业工作。显然，流动就业者和进城农民所面临的风险结构已经和传统的、与小农经济相联系的自然风险有了本质性的不同，他们所面临的风险已经是一种与市场经济相联系的、与工业化相适应的现代社会风险。只有建立统筹城乡的社会保障体系，才有可能为统一的劳动力市场的形成、城乡高效率的协调发展创造必要的条件。

（二）实践过程

1. 大力推动农村医疗、养老的发展

2003 年，国务院办公厅转发了卫生部等部门《关于建立新型农村合作医疗制度的意见》，该制度是由政府组织、引导、支持，农民自愿参加，个人、集体和政府多方筹资，以大病统筹为主的农民医疗互助供给制度（以下简称新农合）。

2006 年，国务院颁布了《关于解决农民工问题的若干意见》，国务院办公厅转发《劳动保障部关于做好被征地农民就业培训和社会保障工作指导意见的通知》，推进农民工和被征地人员社会保障制度建设；2009 年 6 月，国务院常务会议讨论并原则通过了《关于开展新型农村社会养老保险试点的指导意见》。新型农村社会养老保险（以下简称新农保）制度的基本原则是"保基本、广覆盖、有弹性、可持续"，要求与农村实际发展水平相适应，合理分担责任，引导农民普遍参保，先行试点，逐步推开。

2. 开始探讨城镇居民的医疗和养老问题

随着我国城镇职工医疗保险制度的全面实施和新型农村合作医疗试点工作的顺利进行，城镇学生、儿童等非从业城镇居民医疗问题日益突出，社会反响强烈。2004 年起，江苏镇江、广东佛山等地开始探索建立城镇居民医疗保险制度，通过社会医疗保险来解决少年儿童等非从业居民的医疗问题，取得较好的社会效果，积累了初步经验。2007 年，国务院印发《关于开展城镇居民基本医疗保险试点的指导意见》，采用个人自愿缴费与政府补助相结合的形式，对医疗费用进行补偿（以下简称城镇居民医保）。

个别地区针对无保障老年人，开始探索建立居民养老保障制度。如 2007 年，北京市政府颁布了《北京市城乡无社会保障老年居民养老保障办法》，将城乡无社会保障老年人纳入保障范围。2010 年，西安市也出台了《城镇居民社会养老保险试点实施办法》等。2011 年 6 月，国务院出台《关于开展城镇居民社会养老保险试点的指导意见》，决定从 2011 年 7 月 1 日起开展城镇居民社会养老保险（以下简称城居保）试点，实施范围与新农保试点基本一致，2012 年基本实现城镇居民养老保险制度全覆盖。

3. 全面建立农村最低生活保障和专项救助

2007 年，为贯彻落实党的十六届六中全会精神，国务院发布了《关于在全国建立农村最低生活保障制度的通知》。农村最低生活保障制度由地方人民政府负责，按属地进行管理。其保障对象是家庭年人均纯收入低于当地最低生活保障标准的农村居民，保障标准依据当地农村居民全年基本生活所必需的吃饭、穿衣、用水、用电等费用确定，并且，随着当地生活必需品价格变化和人民生活水平提高适时进行调整。

为了扩大救助范围，使更多的低保边缘群体融入社会保障的范围内，共享社会经济发展成果，民政部开展了专项救助，如医疗、教育、流浪乞讨人员救助等。出台的主要制度文件有：2003 年 6 月 20 日国务院公布施行的《城市生活无着的流浪乞讨人员救助管理办法》，2003 年民政部发布的《关于实施农村医疗救助的意见》，2004 年国务院及有关部门制定的《关于进一步做好城乡特殊困难未成年人教育救助工作的通知》等。

（三）重要意义

为了促进社会公平公正、增进人民福祉，我国的社会保障制度改革重点逐步从城镇职工转向农村居民和城镇居民，保障范围不断扩大，保障水平也稳步提升，实现了医疗、养老保障城乡居民的全覆盖。立足于中国的基本国情，逐步建立起来了多元化、多样化、多层次的，以满足中国各类群体需求的统筹城乡的社会保障制度框架。这既是社会保障制度自身发展完善的结果，也是整个国家民生问题发展战略转变的体现。

小链接 2-6

中国社会保障——从试验性改革状态走向成熟定型

  在我国 30 多年的改革历程中，"十二五"期间可以说是我国社保改革力度最大、投入规模空前、发展速度最快、惠及民生最广的时期。在这一时期，《社会保险法》《军人保险法》等专门的社保法律得以制定，同时强化了对社保监督的职能。社保改革与制度建设已经不再是政府部门的事情，而是伴随着立法机关越来越深的介入，已经进入了走向法制化时代的初级阶段。同时，普遍性养老金制度确立，全民医保体系基本建成，综合型社会救助制度得以形成，补充保障和社会福利事业不断发展，推动我国进入了全民社保的新时代。可以说"十二五"既是我国各项社保事业全面发展的时期，也是我国社保从长期试验性改革状态走向成熟定型的重要过渡时期。

  （资料来源：林小洁. 从试验性改革状态走向成熟定型——访全国人大常委会委员、中国人民大学教授郑功成. 中国劳动保障报，2015-12-25.）

四、新时代社会保障深化改革和全面发展阶段（2013 年以后）

  2017 年 10 月召开的党的十九大，把习近平新时代中国特色社会主义思想确立为党的行动指南。至此，中国特色社会主义进入新时代，中国社会保障踏上深化改革和全面发展的新征程。

（一）发展背景

  党的十八大报告首次提出，以增强公平性、适应流动性、保证可持续性为重点，全面建成覆盖城乡居民的社会保障体系，从中国国情和时代特征出发，为社会保障体系的长期发展指明了方向，对社会保险和其他社会保障项目，从改革制度、完善政策、健全机制、基金管理到经办服务，做出了全面部署。

  2013 年，党的十八届三中全会做出《中共中央关于全面深化改革若干重大问题的决定》，指出"建立更加公平可持续的社会保障制度"是重大改革命题，并部署了社会保障领域深化改革的主要任务。

  2016 年 3 月，"十三五"规划纲要提出，改革完善社会保障制度"的原则和目标是"坚持全民覆盖、保障适度、权责清晰、运行高效，稳步提高社会保障统筹层次和水平，建立健全更加公平、更可持续的社会保障制度，确定了一系列任务。

  2017 年 10 月，党的十九大报告指出，在"覆盖城乡居民的社会保障体系基本建立"成就的基础上，确定加强社会保障体系建设的总体目标是"按照兜底线、织密网、建机制的要求，全面建成覆盖全民、城乡统筹、权责清晰、保障适度、可持续的多层次社会保障体系"，并确定了多项改革发展任务。党的十八大以来，中央围绕社会保障体系建设树立的目标、确定的原则、提出的要求、部署的重大改革发展任务，是习近平新时代中国特色社会主义思想在社会保障领域的鲜明体现。

（二）实践过程

1. 机关事业单位养老保险制度改革

2015 年 1 月，国务院颁布《关于机关事业单位工作人员养老保险制度改革的决定》，决定从 2014 年 10 月 1 日起，将全国机关事业单位工作人员的退休保障制度改革为社会化的养老保险制度。这项改革的基本思路是"一个统一、五个同步"。"一个统一"，即机关事业单位与企业等城镇从业人员统一实行社会统筹与个人账户相结合的基本养老保险制度。"五个同步"：一是机关与事业单位同步改革；二是职业年金与基本养老保险制度同步建立；三是养老保险制度与完善工资制度同步推进，制定缴费和待遇标准更科学；四是待遇确定机制与调整机制同步完善，实行基础养老金加个人账户养老金的待遇结构，调整工作与企业退休人员统筹安排；五是改革在全国范围同步实施。这一改革实现了两个根本转变。一是根本转变了 60 年来机关事业单位自我保障本单位退休人员的"雇主责任"模式，实现了社会化的养老保险制度。二是根本转变了 20 世纪 50 年代以来企业劳动保险与机关事业单位退休养老制度分立的格局，结束了两类群体养老保险"双轨制"的漫长历史。

2. 城乡居民社会保险整合

在我国开展城镇居民医保和城居保试点时，就考虑要与新农合和新农保的基本制度和主要政策大体一致，以便将来依照社会保险法推进两项制度的统一。

2012 年党的十八大确定"统筹推进城乡社会保障体系建设"的目标，明确提出了"整合城乡居民基本养老保险"的任务。2014 年 2 月，国务院出台《关于建立统一的城乡居民基本养老保险制度的意见》，决定在实现新农保和城居保制度全覆盖的基础上，依照社会保险法的规定，将两项制度合并实施，在全国范围内建立统一的城乡居民基本养老保险制度（以下简称城乡居民养老保险）。截至 2019 年年底，全国城乡居民养老保险参保人数达 5.33 亿人，实际领取待遇人数达 1.6 亿人。

2016 年 1 月，国务院出台《关于整合城乡居民基本医疗保险制度的意见》，落实党的十八届三中全会"整合城乡居民基本医疗保险制度"和党的十八届五中全会"整合城乡居民医保政策和经办管理"的部署，在总结城镇居民医保和新农合运行情况以及地方探索实践经验的基础上，推进整合城镇居民医保和新农合两项制度，建立统一的城乡居民基本医疗保险制度（以下简称城乡居民医保），覆盖除职工基本医疗保险应参保人员以外的其他城乡居民。2019年，全国城乡居民医保参保人数达 10.25 亿人。

3. 社会救助功能日益彰显

2014 年 2 月，国务院颁布《社会救助暂行办法》，自当年 5 月 1 日起施行。这是个综合性的行政法规，包括已经实施的最低生活保障、特困人员供养、受灾人员救助、医疗救助、教育救助、住房救助、就业救助、临时救助八大类救助制度，统一规定了基本原则、运行体制、资金管理监督、信息系统建设和法律责任，分别规定了各项制度的适用群体、申请条件、管理责权和待遇项目。《社会救助暂行办法》的实施，推动了各项社会救助制度，尤其是城乡低保、特困人员救助供养、医疗救助制度等获得长足发展。2013—2019年，城乡居民享受低保待遇的总人数从 7 452.2 万人减少到 4 316.3 万人，印证了脱贫攻坚的效果，同期城乡低保待遇标准分别提高了 67% 和 119%。2013—2019 年，全国农村特困人员从 537.2 万人减少到 439.1 万人，但全年支出农村特困人员救助供养资金从 172.3 亿元增长到 346.0 亿元，表明供养待遇水平逐步提高。在医疗救助方面，政府对参保参合补助标准提高，接受住院和门诊费用直接救助人次从 2013 年的 2 126.4 万增长到 2019 年的 7 050 万，2019 年全国平均次均住院救助、门诊救助分别为 1 123 元、93 元，医疗救助托底功能日益彰显。

（三）重要意义

受我国特有的二元经济影响，城乡人口长期以来在诸多方面享受着差别待遇，即使是城镇人口内部，也由于其职业、身份的不同在保障水平上存在很大差异。机关事业单位养老保险制度改革结束了企业职工与机关事业单位工作人员养老保险"双轨制"历史。新农保、城居保合并为城乡居民基本养老保险制度，城镇居民医保和新农合整合为城乡居民基本医疗保险制度，使城乡之间的制度公平性进一步彰显。此外，这些改革与发展举措我国基本养老保险与基本医疗保险的体系结构简化为职工和居民两大制度板块，在解决社会保险制度"碎片化"矛盾方面迈进了一大步。《社会救助暂行办法》的颁布与实施，促进各项社会救助制度协调、规范运行，推动各项社会救助制度长足发展。

小链接 2-7

"十三五"时期我国建成世界上规模最大的社会保障体系

"十三五"时期，为了让更多应参保而未参保的城乡居民享受社会保障，我国开展了历史上规模最大、范围最广的全民参保登记工作，基本摸清了参保底数，建立了覆盖 13.9 亿人基础数据的全民参保数据库，精准推进重点群体参保，各项社会保险覆盖范围不断扩大。截至 2020 年年底，全国基本养老、失业、工伤保险参保人数分别为 9.99 亿人、2.15 亿人与 2.65 亿人，均提前完成了"十三五"规划目标，基本医疗保险更是覆盖超过 13 亿人口，我国建成世界上规模最大的社会保障体系。这一"世界之最"源于"全民共享改革发展成果的基本途径与制度保障"的正确定位，以及中国特色社会主义的制度优势。总体来看，"十三五"时期，我国社保制度体系日趋完善，覆盖范围不断扩展，保障水平稳步提高，管理服务优化规范，这一世界上规模最大的社会保障体系切实增强了人民群众的获得感、幸福感和安全感。

链接 2-3：
视频讲解

（资料来源：李济慈. 社会保障体系：不仅要规模最大，还要质量最高——专访全国人大常委会委员、中国社会保障学会会长、中华慈善总会专家委员会主任委员郑功成. 慈善公益报,2021-03-15.）

本章小结

英国新《济贫法》的颁布，第一次以国家立法的形式规定社会救助属于公民的合法权利，对贫民实行救助是政府应尽的义务。

19 世纪末在德国首先产生社会保险制度，为平衡社会各阶层利益，阻止劳资关系的进一步恶化起到了关键作用。

1935 年，美国《社会保障法》的颁布，在理论上第一次提出了"社会保障"这一概念，社会保障从形式到内容都实现了完整和统一。

1948 年，英国宣布福利国家建立，社会保障的项目逐渐全面化，社会保障水平不断提高，推动了西方国家的战后繁荣。

20 世纪 70 年代，由石油危机所引发的经济危机使世界经济出现了"滞胀"，福利国家先后陷入困境，社会保障制度进入改革时期。

社会保障发展规律呈现出与社会经济发展相适应、阶梯式膨胀发展、整体协调发展、多样化发展等规律。

投保资助模式、福利国家模式、储蓄保险模式是世界社会保障制度形成和发展过程中形成的几大模式，每一种模式都有其特点和典型国家的实际运行。

关键名词

发展阶段　济贫法　发展规律　投保资助模式　福利国家模式　储蓄保险模式

复习思考题

1. 从世界范围看，社会保障的发展经历了哪几个阶段？其最具代表性的国家、制度分别是什么？
2. 结合社会保障发展规律，谈谈你对中国社会保障未来发展的见解。
3. 为什么说社会保险的出现是现代社会保障制度建立的标志？
4. 社会保障制度主要模式有哪些？各自的特点是什么？
5. 社会保障制度为什么要改革？如何评价我国的社会保障改革？

案例分析

从"三步走"战略看我国社会保障未来发展

考察社会保障的发展现状，是为了更好地明确社会保障未来的发展思路和目标。然而，社会保障的未来发展，受制于政治、经济、社会环境等一系列复杂因素，需要立足现状、从战略性的高度进行全局规划。

在中央领导和相关部门的支持下，由郑功成教授担任总负责人，2007 年 5 月开展了"中国社会保障改革与发展战略研究"，数十位专家组成 1 个核心组和 30 多个子项目课题组，数百位学者和官员参与讨论，对我国社会保障战略作了全景式描绘，对我国社会保障的未来发展（2008—2049 年）提出了"三步走"战略。

第一步，2008—2012 年，目标任务是构建起"二免除一解除"的社会保障制度支架（社会救助、医疗保障、养老保障），为建设健全、完备的中国特色社会保障制度奠定坚实的基础。

第二步，2013—2020 年，目标任务是实现社会保障制度全面定型、稳定发展。这一阶段是社会保障体系全面建设时期，既要完善各项制度，又要推进各项社会福利事业及补充保障的发展，实现整个社会保障体系的良性运行。

第三步，2021—2049 年，目标任务是在进一步完善社会保障制度并实现可持续发展的同时，不断提高保障水平，确保国民的生活质量，全方位满足国民对社会保障及相关服务的需求，迈向中国特色社会主义福利社会。

郑功成教授认为，优化社会保障制度安排，关键在于优化社会救助、医疗保障与养老保障制度这三大基本保障制度，因为这三大制度是整个社会保障体系中承担免除人的生存危机、疾病恐惧和解除养老后顾之忧三大基本保障责任的支柱性制度安排。"三步走"战略的提出旨在从理论上为国家构建覆盖城乡居民的社会保障体系及未来发展提供战略蓝图，供有关决策部门参考。

对"三步走"战略，有学者认为，当前我国社会保障实际发展进程，契合了三步走战略，并在其指导下提前完成了第一步的战略目标并进入第二步战略阶段；但也有学者指出，按照"三步走"战略的改革任务，我国尚未完全实现第二步的基础条件，如全国基本养老保险的统筹层次依然很低，不利于进一步的衔接和整合。

从中央政策层面看，党的十七大指出要加快建立覆盖城乡居民的社会保障体系，党的十八大将社会保障的目标侧重于统筹发展，以增强公平性、适应流动性、保证可持续性为重点，"十三五"规划将更加公平更可持续的社会保障制度作为发展目标，强化政策衔接，推进制度整合；党的十九大指出要按照"兜底线、织密网、建机制"的要求，全面建成覆盖全民、城乡统筹、权责清晰、保障适度、可持续的多层次社会保障体系。

（本资料参考：专家提出中国社会保障四大任务和"三步走"战略　当务之急是建立"二免除一解除"基本保障体系. 光明日报，2008-11-05.）

案例思考：

1. 请查阅相关资料，谈谈对我国社保未来发展"三步走"战略的看法。

2. 请查阅相关资料，谈谈对"中国特色社会主义福利社会"的理解，你理想中的社会保障是怎样的。

3. 根据当前国内外的新形势，谈谈社会保障未来发展可能遇到的难题有哪些。

本章实训

如何评价我国的社会保障制度

纵观世界范围内，现代社会保障制度经历了英国新《济贫法》的颁布、德国社会保险制度的建立、美国《社会保障法》的颁布、英国福利国家的建立，以及各国社会保障制度的改革等一系列变化，社会保障的保障对象、保障项目、保障水平、社会保障的管理等内容都发生了很大的变化。中国的社会保障制度，虽然产生时间比较晚，发展时间短，但由于特定的政治、经济、文化背景，其制度形成以及改革过程不仅发生着由适应计划经济向适应市场经济的转变，而且改革力度大以及影响面广。这些变化以及改革是好是坏，可以说众说纷纭，不同的人站在不同的角度，对目前我国社会保障的改革和发展进行了不同的评价。

请你自我选择评价体系和指标，自行选择社保中的某项制度，从纵向发展视角对我国的社会保障制度进行评价。

一、实训目的

1. 了解我国社会保障的发展变化，对我国社会保障发展状况进行判定。

2. 了解社会保障制度评价体系与指标选择。

3. 通过查找资料，锻炼收集与分析材料的能力，培养发现、解决问题的能力。

二、实训组织

1. 班级同学自行分组，每组选出一名组长，由组长负责小组内部的具体分工。

2. 各组在收集资料的基础上，自报选题，各组之间选题不重复。

3. 确定选题后，以小组为单位，详细收集资料，组织研讨，把选题研究清楚。

4. 根据实际情况，同学们可以以课堂讨论或小组 PPT 展示的形式进行研究成果的汇报。

5. 展示过后各小组可以相互提问并发表看法。

即测即评

请扫描右侧二维码，进行在线测评。

引例

新自由主义对当代社会保障的影响

20 世纪 70 年代，西方资本主义国家普遍陷入了失业和通货膨胀并存的"滞胀"局面，凯恩斯主义无法解决这一问题。正是在这样的背景下，新自由主义学派兴起，他们主张市场自发的调节作用，反对政府干预，反对国家直接插手社会保障事业，抨击"福利国家"。

在新自由主义学派的影响下，各国社会保障出现了市场化、私人化、多元化等改革倾向，并出现了个人积累或自我保障论、管理私营化论、水平节制论、基金运用论等现阶段社会保障理论与实践。

个人积累或自我保障论是在西方发达国家尤其是西方福利国家所遇到的社会保障财政危机的背景下提出来的。该理论认为，政府过多包揽社会成员的福利会影响发展效率，主张社会保障走社会成员个人积累或自我保障的道路，在社会保障中更多地由社会成员与企业缴费，政府则不承担直接责任，像新加坡等国实行的公积金制度就是建立在这种理论基础之上的。

管理私营化论是基于政府管理社会保障效率不高等问题，认为将社会保障事务交由私营机构进行管理将会取得更好的效果，主张由私营机构独立自主地将社会保障基金进行各种投资，目的是使政府从日益沉重的社会保障压力中解脱出来，比如智利在 20 世纪 80 年代初期将一部分社会养老保险基金交由一些私营机构管理并运作。

水平节制论是在对社会保障水平过高所带来的负面影响进行反思后，认为需要对社会保障的规模与水平进行节制，即对社会保障支出进行削减。一些发达国家如美国、法国等，自 20 世纪 80 年代以来对社会保险等有关项目及其水平进行削减式改革。

基金运用论是基于以往各国的社会保障基金基本上由政府统一控制，不能自主运用并产生较好的收益率而提出的，其主要内容就是主张对社会保障基金独立运营，以基金运营的收益来弥补社会保障的亏损，并不断壮大社会保障基金。

评价：

现阶段的社会保障理论由过去的较为单一的理论逐渐向多样化、复杂化发展。这些现阶段新的社会保障理论是否适用仍需实践来验证，由于国情、历史、传统的差异，由一种或两种社会保障理论来左右全球社会保障实践的时代已经成为历史，任何国家在考察他国社会保障理论与实践的同时，要结合自己的国情来构建和完善适合自己的社会保障发展道路。

（资料来源：改编自郑功成. 论中国特色的社会保障道路. 北京：中国劳动社会保障出版社，2009.）

本章知识结构图

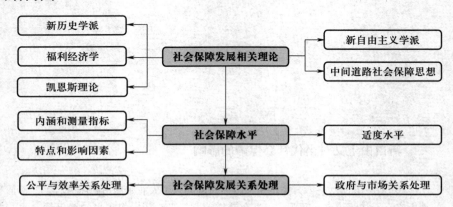

第一节　社会保障发展相关理论

纵观社会保障的发展历程，不难发现影响与制约社会保障的主要因素不外乎经济、社会、政治、道德等。其中经济是影响社会保障制度的重要因素，经济水平在客观上决定着社会保障的发展水平；社会是影响社会保障制度的基础性因素，任何社会保障实践活动都是伴随某种社会问题的客观存在而进行的；此外，社会保障制度从建立、发展到改革，无不体现出统治者的政治需要；互助互惠的人道主义精神，也一直影响着社会保障制度的发展。而在这一进程中，学术理论界的主要理念和观点，也直接影响和推动着社会保障制度的建立和完善。

对社会保障发展产生过重要影响的相关理论主要有：

一、新历史学派

（一）代表人物

19 世纪初期，德国的经济学家用"国家经济学"对抗古典学派的"世界主义经济学"，用旨在保护和发展德国民族经济的保护主义或国家干预主义对抗英法发达资本主义国家推行的经济自由主义理论和政策，德国历史学派得以应运而生。19 世纪 40 年代形成的旧历史学派到 70 年代演变为新历史学派。新历史学派又被称为"讲坛社会主义"，其主要代表人物是德国的经济学家古斯塔夫·冯·施穆勒（Gustav von Schmoller）。

（二）主要观点

新历史学派主张社会改良，崇尚国家的作用，强调精神和伦理在社会经济和生活中的重要地位。他们认为，资本主义经济组织形式的某些变化可以避免其经济发展中的某些弊端，从而为过渡到社会主义做好了准备，同时，他们还提倡社会改良，主张实施社会立法，促进社会福利事业的发展。新历史学派与旧历史学派相比，更强调伦理、道德因素以及国家和法律对经济的作用。

新历史学派提出了一系列增进社会福利、改善劳资矛盾的政策主张，包括：国家拥有直接干预和控制经济生活，即经济管理的职能；国家的法令、法规、法律至上，决定经济发展的进程；经济问题和伦理道德是密切相关的；劳工问题是德意志帝国面临的最严峻的问题；提倡社会改良，主张通过赋税政策实行财富再分配，促进社会福利事业发展，缓和社会矛盾，促进经济发展。

（三）历史价值

新历史学派的政策主张被俾斯麦政府所接受，从而成为德国率先实施社会保险制度的理论依据。正是在这种背景下，1883 年德国推出了世界上第一部疾病保险法，并随之颁布实施了工伤保险、养老保险等一系列重要的社会保险法律。新历史学派的主张，后来被制度学派加以吸收和发展，在美国及其他国家传播，成为西方国家初级社会保障的思想基础。

二、福利经济学

（一）代表人物

1920 年，英国经济学家庇古（Arthur Cecil Pigou），以阿尔弗雷德·马歇尔（Alfred Marshall）等人的一般经济理论为基础，构建出社会福利分析框架，建立了福利经济学的理论体系，并在此基础上提出了一系列重要的经济政策主张。

从 20 世纪 30 年代以后，福利经济学进入了一个新的发展时期，大批的经济学家扩展了福利经济学的研究领域与内容，于 1939 年前后形成新福利经济学。其主要代表人物有尼古拉斯·

卡尔多（Nicholas Kaldor）、约翰·希克斯（Hicks John Richard）、伯格森（A. Bergson）、保罗·萨缪尔森（Paul A. Samuelson）等。而庇古的福利经济学，相对于他以后的福利经济学来说，被称为"旧福利经济学"。

（二）主要观点

以庇古为代表的旧福利经济学家认为，福利是一个人获得的效用或感受到的满足。它包括两类：一类是广义的福利，即"社会福利"；另一类是狭义的福利，即"经济福利"。经济学只能研究社会福利中可以直接或间接用货币计量的那部分"社会福利"，即"经济福利"。经济福利虽然只是总福利中的一个部分，但却具有决定性的影响，它可以在一定程度上反映社会的状况。庇古依据基数效用论提出了两个基本的福利命题：国民收入总量越大，社会经济福利就越大；国民收入分配越均等化，社会经济福利就越大。因此他主张要增加经济福利，必须增大国民收入总量和消除国民收入分配的不均等。

针对旧福利经济学的不足，新福利经济学家提出修改、补充和发展，形成了一套自己的福利经济学理论，回应旧福利经济学难以回答的福利命题。新福利经济学起源于意大利经济学家维弗雷多·帕累托（Vilfredo Pareto）提出的帕累托最优。**帕累托最优是指资源分配的一种状态，在不使任何人境况变坏的情况下，不可能再使某些人的处境变好**。也就是说在不损害其他人效用的前提下无法再增加一个人的效用即为帕累托最优状态。帕累托认为：任何变革只要是使部分人受益而没有人受损，这就算是福利增大；否则，就无法判断福利是否增大。

但英国学者卡尔多和希克斯则认为这在事实上是做不到的，他们认为在一种变革中部分人受益难免使其他人受损，不过政府可运用适当政策使受损者得到补偿。而美国学者伯格森和萨缪尔森对补偿原理持有异议，他们着眼于个人的主观感受，认为补偿是否恰当，需在受益者接受后才能判断，事前无法测知，因而这种决策也是不科学的，伯格森和萨缪尔森把福利极大化寄托在最适度条件的选择上，认为生产与交换符合最适度条件未必就能获得福利极大化，必须同时将分配方面及其他所有支配福利的因素一并列入"社会福利函数"，当这个函数值最大时才算达到福利极大化。

（三）历史价值

庇古的理论与主张无疑对"福利国家"的形成产生了重要的推动作用。在他所构建的社会福利框架中，首次将社会福利与国民收入联系在一起，又将社会保障发展与国民经济发展联系在一起，从而使充分就业、经济安全等福利国家的目标具有了全社会的性质。他提出的"收入均等化"主张，尽管在资本主义制度下不可能真正实现，但他提出的转移支付以及一些改善社会福利的措施，却对后来英国等福利国家的建成产生了深远的影响。

自从福利经济学产生以来，其理论虽然经过了一些变化，但新旧福利经济学之间并没有本质的区别，它们都建立在边际效用价值论、消费者"自由选择"学说和自由竞争学说基础之上。它们认为人类的目的在于追求福利，为实现"最大社会福利"，国家必须干预经济生活，这种干预不仅包括分配领域，还应当包括生产领域。新旧福利经济学都包含两个方面的内容：一是竞争的市场注定是帕累托有效的；二是政府通过采取适合的收入分配政策能够有效地矫正"市场失灵"，实现社会福利的最大化或者帕累托最优。这些理论的产生和发展为福利国家社会保障的发展提供了理论依据，从而促进了社会保障事业的发展。

三、凯恩斯理论

（一）代表人物

20 世纪 30 年代，资本主义爆发了全球性的经济危机，西方主要资本主义国家工业凋敝，失业人数剧增，大批贫民流落街头，社会矛盾非常尖锐。在这种背景下，一些学者把摆脱经济、政治危机的措施和"福利国家"联系在一起。其代表人物是英国的经济学家约翰·梅纳德·凯恩斯（John Maynard Keynes），他是现代西方经济学最有影响力的经济学家之一，他创立的宏观经济学与弗洛伊德所创立的精神分析法和爱因斯坦发现的相对论一起，并称为 20 世纪人类知识界的三大革命。

（二）主要观点

凯恩斯于 1936 年发表了《就业、利息和货币通论》，书中提出通过国家干预、扩大公共福利支出和公共基础设施建设等措施刺激需求增长，实现充分就业，还提出了建立累进制和最低工资制等政策建议，形成了著名的凯恩斯主义。

凯恩斯认为，一个国家的总就业量取决于有效需求的大小，有效需求是指能够给资本家带来最大利润量的社会总需要，或是商品的供给价格与需求价格达到均衡状态时的总需求。在市场经济条件下，有效需求不足则是引起失业和经济危机的根本原因。有效需求的不足是由于消费和投资的不足。要想达到维持充分就业水平的有效需求量，就必须依靠国家对经济生活的直接干预。

凯恩斯主张由国家直接进行投资或消费来弥补私人消费和投资的不足；通过累进税和社会福利等办法重新调节国民收入的分配，由此提高整个社会的平均消费倾向。

（三）历史价值

凯恩斯主义是社会保障理论发展的一个新里程碑，成为第二次世界大战后西方国家制定社会政策和重建社会保障制度的理论依据，其国家干预理论是美国罗斯福政府建立社会保障制度的理论基础。它强调政府和国家积极参与，认为由国家承担起老年救济、失业保障等责任是一种有效的克服市场失灵和反危机的措施，也是有效的"经济稳定器"之一。在当时，其他资本主义国家政府也纷纷采用凯恩斯的需求管理政策，并将凯恩斯的理论及建议作为制定政府经济政策的指导思想。通过财政政策提高社会福利水平，增加社会总需求，实现宏观经济的均衡，从而实现充分就业，稳定社会发展。

小链接 3-1

在凯恩斯主义基础上建立的社会保障制度是"有限"保障

凯恩斯主义主张通过财政政策大幅度提高社会福利水平，其目的是增加社会总需求，主要是从生产的角度考虑的，最终维持再生产的顺利进行。他们所关心的问题是维持社会再生产的连续性，实施一系列的社会福利措施，只是为了刺激需求和保护生产，以实现充分就业，其政策并非出于对民众福利的真正关心。因此，在此基础上建立的社会保障制度是一种充分强调个人责任、国家承担有限责任的社会保障制度，提供的社会保障仅是"有限"保障。

（资料来源：李珍. 社会保障理论. 3 版. 北京：中国劳动社会保障出版社，2013.）

四、新自由主义经济学

（一）代表人物

新自由主义经济学是 20 世纪 70 年代盛行的西方经济思想，因其主张自由竞争，反对国家调节经济过程而得名。新自由主义内部又因理论观念和政策主张的个别差异，分为不同派别，除了以奥地利裔英国经济学家弗里德里希·哈耶克（Friedrich August Hayek）为代表的伦敦学派外，还包括以美国的经济学家米尔顿·弗里德曼（Milton Friedman）为代表的货币学派、詹姆斯·布坎南（James M. Buchanan, Jr.）为代表的公共选择学派、阿瑟·拉弗（Arthur Betz Laffer）和马丁·费尔德斯坦（Martin Feldstein）为代表的供给学派等。

（二）主要观点

新自由主义反对国家直接插手社会保障事业，认为那会束缚组织的手脚，不利于社会保障事业的发展。市场才是解决社会保障问题的最有效途径。若以市场为导向，人们在接受社会保障措施方面，不但会有更多的选择，而且自由程度也可大大增加。新自由主义学派认为人人都要建立自我保障的意识，家庭也必须对其成员的福利承担责任；它抨击了"福利国家"，因为国民对社会保障的要求是永无止境的，在不需要付出任何代价而获得社会保障权利的条件下，政府就会疲于奔命，并且永远满足不了对此项权利的要求。

其中，哈耶克的伦敦学派主张在法律面前人人平等，强调机会均等，坚决反对收入的均等化。他认为平等只能是机会平等，而非财富分配上的平等，任何缩小贫富差距的分配主张，都会对个人自由造成极大的危害；弗里德曼的货币学派主张通过"负所得税方案"来补助穷人，实现社会公平；布坎南的公共选择学派主张根据公共服务的类型选择适当的社会组织进行生产，即将公共服务类型与社会组织类型进行理性组合，以市场机制来选择；供给学派认为经济中的主要障碍是政府干预过多，而社会保障会加重贫困。

（三）历史价值

新自由主义在西方国家经济出现"滞胀"、凯恩斯理论经济政策的实效性渐渐丧失、福利国家财政危机的背景下兴起，很快对西方国家社会保障改革政策产生了重要的影响。新自由主义引发了社会保障的市场化、私人化、多元化等改革倾向，如 20 世纪 80 年代以来的美国、法国对社会保险等有关项目进行削减式改革的举措。新自由主义经济学的一些学派虽然以反对社会保障著称，但他们的观点对于社会保障的发展依然具有重要的推动作用。

哈耶克与诺贝尔经济学奖

1974 年诺贝尔经济学奖获奖名单一公布，所有人都大吃一惊：弗里德里希·哈耶克竟然获奖了！而且是跟瑞典福利国家的理论创始人之一贡纳尔·缪尔达尔一起获奖！哈耶克是现代福利国家最激烈的批评者，早在 20 世纪 40 年代他就指出，这是"通往奴役之路"。但瑞典皇家科学院的院士们还是决定让他们联袂获奖。他们觉得，诺贝尔奖是一项纯科学的奖项，所以政治立场上的对立不应该影响两人一起走上领奖台。不过，瑞典皇家科学院也承认，在所有分享同一年奖金的经济学家中，这两人确实是共同点最小的。因为哈耶克一辈子都在坚定地捍卫自由市场，他的获奖意味着坚持自由市场原则的经济学逐渐受到重视了。自 1969 年诺贝尔经济学奖开始评选以来，获奖的经济学家都普遍地信奉凯恩斯主义的分析框架，他们都相信，国家干预对于经济事务来说是至关重要的。哈耶克却是获得诺贝尔经济学奖的第一位自由市场经济学家。自此之后，不少倾心市场的经济学家陆续获奖。

（资料来源：改编自：秋风. 哈耶克与诺贝尔奖. 环球时报，2003-07-21.）

五、中间道路社会保障思想

（一）代表人物

中间道路是第二次世界大战后，西方资本主义经济社会政策发展变化的直接产物，是为了避免传统的左派和右派的极端化，而寻求的一种折中思想。20 世纪 80 年代以后，英国中间道路社会保障思想的发展和影响越发明显，安东尼·吉登斯（Anthony Giddens）则是当代英国著名的中间道路社会保障思想家。他认为，中间道路是一种超越左派社会民主主义和右派新自由主义的政治理论、意识形态。

（二）主要观点

吉登斯强调市场自由与国家干预之间以及经济政策与社会政策之间的平衡，从维护社会稳定出发支持再分配，倡导政府参与下的福利经济的多样化。在政治政策上，主张实行新的社会治理方式；在经济政策上，奉行"市场社会主义"信条，模糊所有制定位，摒弃国有化政策，主张走一条有别于自由放任和国家干预的新混合经济之路；在福利政策上，主张把社会福利国家改为社会投资国家，在社会投资国家中，作为积极福利的开支不再完全由政府来创造和分配，而是由政府和其他各种机构包括企业之间共同合作来提供。

此外，吉登斯主张"积极福利"，公民个人以及政府以外的其他机构也应当为这种福利做出贡献。主张放弃过去，削减或者扩大福利，变福利政策为投资政策。通过在经济、教育、培训等领域的政府投资和个人投资，提高接受福利者进入市场的能力，帮助他们适应就业，以防一些人滥用福利，变"授人以鱼"为"授人以渔"。吉登斯认为福利既是每个人的权利，也是每个人要尽的义务，"不承担责任就没有权利"，应该寻求"权利与义务""权利与职责"的平衡，建立一种既可以维护福利，享受者又具有相应的责任与风险的"积极福利"政策。

（三）历史价值

吉登斯的中间道路社会保障思想，对英国工党政府的社会保障政策与改革产生了直接的影响；同时，中间道路社会保障思想还在其他西方国家具有广泛影响。其理论还曾被一些政界人士所实践，在欧美形成一种社会思潮。他们在反思凯恩斯主义和新自由主义的基础上，提出了要使传统的社会民主主义与新自由主义相结合，扬利抑弊地采取兼顾国家与市场、供给与需求、公平与效率、权利与义务相平衡的原则，塑造新经济、构建新福利、推行新政策，谋求资本主义再发展。

链接3-1：
视频讲解

第二节　社会保障水平

社会保障是社会的"安全网"和"稳定器"，建立健全同经济社会发展水平相适应的社会保障体系是社会稳定和国家长治久安的重要保证，也是事关群众切身利益的重大民生问题。社会保障制度能否真正长期有效发挥"安全网"和"稳定器"的作用主要依赖于社会保障水平，因此，社会保障水平是社会保障理论与实践中的重要问题，是一个关系社会经济稳定发展、公民福利水平的切实问题。

一、社会保障水平内涵和测量指标

（一）社会保障水平内涵

社会保障水平是指一定时期内一国或地区社会成员享受社会保障的高低程度。社会保障水平关系到国家社会保障体系健全程度、制度的完善程度、社会保障管理到位程度、社会保障资金运作水平高低以及居民社会保障水平高低，直接反映着社会保障资金的供求关系，间接反映着社会保障体系的运行情况。

就社会保障水平的内涵而言，可分为微观和宏观两个层面。在微观层面上，社会保障水平是指社会成员享受社会保障经济待遇的高低程度，这可以用收益给付与社会工资水平之比来测量。从政府的角度看，社会保障水平是社会保障支出占政府财政支出的比重。在宏观层面上，社会保障水平是指社会保障支出总额占国内生产总值（GDP）的比重，它反映的是一国或地区社会保险发展的深度。由于社会保障支出总额与国内生产总值的比重这一指标能准确地反映一国或地区经济实力的总体状况，同时在做国际或地区比较具有较强的可比性，所以社会保障水平是国际社会通用的衡量社会保障水平的指标，学术界也广泛运用这一指标。

社会保障水平的划分，还可以从不同角度进行。社会保障水平可分为综合水平和分项水平。其中，分项水平是反映社会保障某个子系统或者子系统中的子项目发展水平的，如养老保险人均支出水平、医疗保险国内生产总值比重系数等；而综合水平则将反映社会保障各子系统和子项目发展状况的指标纳入一个有机的整体之中，全面地对社会保障系统或者区域社会保障水平进行解剖与分析。社会保障水平还可划分为绝对水平和相对水平。其中，绝对水平是指使用总量或均值等绝对数值反映的社会保障水平，如：社会保障总支出、每个独立个体所获得的人均社会保障支出等；相对水平是指社会保障领域中两个有联系的指标对比得到，其具体数值表现为相对数额的值，如社会保障国内生产总值比重系数、社会保障工资总额比重系数等。社会保障水平还可以划分为缴费水平和给付水平。

（二）社会保障水平测量指标

由于社会保障水平的内涵丰富，故社会保障水平的测量指标也随着其内涵界定而采用不同的指标。为了衡量社会保障水平，经常采用多个指标来描述，形成社会保障发展状态的一组指标。常用的指标有：

1. 社会保障国内生产总值比重系数

社会保障国内生产总值比重系数即指社会保障支出占国内生产总值（GDP）的比重，其计算公式为：

$$社会保障国内生产总值比重系数 = \frac{社会保障支出总额}{国内生产总值} \times 100\%$$

2. 社会保障财政支出比重系数

社会保障财政支出比重系数指标反映了国家财政对社会保障的投入程度，其计算公式为：

$$社会保障财政支出比重系数 = \frac{国家财政社会保障支出}{国家财政总支出} \times 100\%$$

3. 社会保障工资总额比重系数

社会保障工资总额比重系数指标反映了劳动生产要素分配从层次上的收入再分配项目及程度，其计算公式为：

$$社会保障工资总额比重系数 = \frac{社会保障支出总额}{工资总额} \times 100\%$$

4. 人均社会保障支出水平

人均社会保障支出反映社会保障绝对水平，是指每个独立个体所获得的社会保障给付量。

二、社会保障水平特点和影响因素

（一）社会保障水平特点

1. 刚性发展

社会保障水平缺乏弹性或者只有单向性，表现为社会保障规模只能扩大不能缩小，社会保障项目数只能增不能减，相对的待遇水平只能提高不能降低，呈现刚性增长的特点。

2. 动态性

社会保障水平会受社会保障供给和社会保障需求的影响，所以，社会保障水平会随着供给和需求的每一个条件变动而变动，社会保障水平与经济发展水平相适应，人口结构的变化、经济生产值以及制度的改革都会引起社会保障水平的变化。

3. 适度性

过高或过低的社会保障水平都不利于社会经济的发展，过高的社会保障水平可能会助长国民的惰性，财政支出超出经济承受能力，影响经济的运行，不利于社会生产发展，过低的社会保障水平会制约经济发展，导致国民消费能力不足，国内市场疲软，国民对未来预期储蓄增加，进而降低了对现阶段社会状况的幸福感。

（二）社会保障水平制约因素

不同国家的社会保障水平高低有别，主要是因为其制约因素不同。影响社会保障水平的因素主要有以下几个方面：

1. 经济因素

一国或地区所能提供的经济资源的总量，作为社会保障支出的最终来源，其规模必然从根本上制约着社会保障水平的高低。经济规模和经济发展水平主要通过生产力水平表现出来。社会保障的实践表明，经济与社会保障的相互关系十分复杂，但总体来说，经济因素决定社会保障的规模和水平。经济发展的规模为社会保障提供相应的财政基础，这是任何社会保障项目得以实施并达到其预定目标的前提。经济发展水平越高，社会保障的良性运转就越有保证。目前，一些发达国家以发达的经济为后盾，已经建立起健全、发达的社会保障体系，而一些发展中国家因经济落后、生产力水平低而没有健全的社会保障体系。在我国，由于区域经济发展水平的非均衡性，社会保障水平也存在着一定差异。经济发展水平决定社会保障水平，经济水平高，其社会保障水平也会相应提高，而且一国的经济政策也会影响社会保障方面的政策。

2. 政治和社会因素

政治因素对社会保障水平会产生影响。西方国家多党竞争的政治制度使得各党派为了争取选民的支持而承诺较高的社会保障水平，从而不可避免地导致社会保障水平的不断攀升。社会结构对社会保障水平也会产生影响，比如城乡结构的不同导致社会保障资金来源存在差异，进而产生社会保障水平的差异。

3. 人口结构因素

一国的人口结构与社会保障水平有着密切的关系。人口老龄化被国际社会视为衡量各国社会发展水平的重要指标，并对各国社会保障制度产生日益重大的影响，在人口老龄化背景下，老龄化程度影响着劳动人口和退休人口的代际利益关系，进而影响社会保障水平。目前发达国家和一部分发展中国家都已进入"老年型国家"。老年人口逐渐成为社会保障制度覆盖的庞大群体，国家和社会为老年人提供的保障资金将成为整个社会保障体系中比较庞大的开支项目。

4. 历史和文化因素

社会保障水平的高低会受到本国独特的历史、文化因素的影响。不同的社会保障模式对应不同的社会保障水平，同时，社会保障制度建立的时间越长，社会保障水平就越高。在社会保障制度的建立和发展过程中，伦理道德和传统文化的影响显而易见。

三、社会保障适度水平

（一）社会保障适度水平内涵

经济和社会协调发展的客观要求，使社会保障的实施成为必然。世界各国社会保障的实施促进了人口生活质量和文化教育素质的提高。然而，社会保障支出水平过高，又会给经济社会发展带来诸多不利影响，这就提出了一个世界性的课题：社会保障水平保持怎样一个度，才算合理？

社会保障水平是质与量的统一体。就整体看，社会保障水平的量是指社会保障费用支出占国内生产总值（或国民生产总值）的比重。社会保障水平的质是指它与国民经济发展相适应，既要保证公民的基本生活又要激励公民去积极劳动，推动经济社会健康、持续发展。体现社会保障水平质与量对立统一的是"度"。所谓度，就是一定事物保持自己质的数量界限。社会保障水平的度是指保持社会保障水平质和量的限度、幅度，即社会保障支出水平在多大限度内既能保障公民的基本生活又能激励公民去积极劳动，推动经济社会健康、持续发展，超过了这个限度就会对公民的劳动积极性和经济社会健康发展产生不利影响。

社会保障水平的度存在极限或界限，即关键点或临界点。社会保障水平的度，就是关键点范围内的幅度，在这个范围内社会保障将对经济社会发展起推动作用。超出了这个范围，社会保障就会制约经济社会健康发展。

适度保障水平的确立，从本质上说，它要与社会保障的基本功能相适应，在实践过程中有利于充分发挥社会保障的功能作用。

（二）社会保障适度水平的功能

对一个国家，在一定时期内，一定程度的社会保障水平对于经济、社会的发展和自身的要求是否"适当"，需要进行具体的分析判断。适度的社会保障水平应该具有下列功能：

第一，适度的社会保障水平，能够满足和保证大多数社会成员的基本生活需求，改善人们的生存环境和工作环境，不断提高全体社会成员的生活水平和生活质量。

第二，适度的社会保障水平，有助于构建一个相对稳定的社会，社会不安定因素减少，社会矛盾趋于缓和，社会更加和谐。

第三，适度的社会保障水平，能够为经济发展创造一个良好的环境，社会保障支出与国民经济、社会发展水平相适应，社会各方面的社会保障负担趋于合理，促进经济发展和用人单位市场竞争力。

第四，适度的社会保障水平，能够对社会保障制度发展具有积极作用，避免社会保障资源供给不足造成的危机，避免社会保障水平过高引发的资源浪费，既有利于社会公平，又有利于提高效率，既保障社会成员的基本生活需要，又有利于激励劳动者的积极性。

总之，社会保障水平适度与否的标准，概括起来就是：社会保障的给付水平在保证社会成员一定的生活水平的基础上，对国民经济发展起到积极的促进作用。同时能实现自身运行的周期平衡，维持社会保障制度的良性运转。

（三）社会保障水平适度与否的影响

社会保障水平适度或不适度对国民经济运行都会产生一定的影响。社会保障水平不可能总是适度状况，不适度的情况经常存在。社会保障水平的"不适度"是指社会保障水平过低或社会保障水平过高。这两种情况对国民经济、社会发展及社会保障自身都会产生负面影响。

社会保障水平过低，反映出社会保障程度不足，其必然结果是不能很好地体现社会保障应有的功能，不能保障公民的经济生活，不利于社会稳定和发展。许多发展中国家的实践证明，社会保障制度的缺位或水平低，会制约经济的总体发展，阻碍国民经济的发展。

社会保障水平过高，是指社会保障支出增长过快，超过国民经济所能承受的水平。社会保障水平过高也会带来一系列不良影响，具体表现在：

第一，社会保障水平过高最严重的后果是导致政府财政赤字。事实证明，西方工业化国家由于社会保障支出增长过快，导致社会保障的财务危机，危及社会保障制度的生存和发展。不少国家开始改革原有的社会保障制度，尤其是改革"从摇篮到坟墓"的全方位的社会保障制度。近些年来，这些国家开始压缩社会保障支出，进而减少财政赤字。

第二，社会保障和津贴标准高，导致企业产品成本上升，从而使产品的市场竞争力下降，影响了国家对外经济竞争能力，同时也影响了私人企业的再投资。

第三，社会保障水平过高，容易使一部分社会成员滋长懒惰情绪，坐享社会保障待遇，这样既不利于社会公平，又削弱了劳动者的生产积极性和主动性，从而影响经济效率的提高。

第四，社会保障支出水平过高，政府尤其是福利型国家为了筹措资金，除了实行投保制外，还实行高额累进税制，以及对一般收入开征所得税。结果由于税率过高，使投资者的资本收益受到限制，进而投资积极性减弱，导致投资者改变投资方向，把资金投向国外。资本大量外流，必然会对新技术的及时采用与固定资产的及时更新产生消极影响。

第五，社会保障水平过高还容易产生不利的政治后果。当政者和竞选者为了赢得公众的支持，宁愿扩大财政赤字，也不敢消减福利水平。同时，财政危机日益严重，政府大多束手无策。

链接3-2：
视频链接

第三节　社会保障发展关系处理

社会保障发展相关理论的演变以及社会保障在实践中的发展从本质上来说都离不开两个关系的处理：如何处理公平与效率的关系和如何处理政府与市场的关系。社会保障制度从头到尾贯穿着公平与效率的关系的平衡、政府与市场的关系的平衡。

一、公平与效率关系处理

（一）公平与效率的理解

公平是一个很宽泛的概念，一般人们所理解的公平就是公正、平等。不同学科对公平的理解也不同，社会保障作为一种收入再分配方式，其领域的公平主要是指与分配密切联系的经济公平。经济公平指的是在机会公平和过程公平的情况下，个人的贡献与其收入相一致。[1] 机会公平、过程公平和结果公平是经济公平的三大要素。机会公平，是指每个社会成员的成就是由其个人的努力和才能决定的，而不是由除了个人力量之外的如家庭背景、物质财富等因素所决定；过程公平，是指所有社会成员都按照同一规则来参与经济活动的竞争；结果公平，是指社会成员的收入与其贡献相一致。

效率简单理解是指资源配置效率，资源配置效率指的是资源的有效配置和使用，资源能够按照人们需求的重要性顺序来配置，各种资源能发挥最佳的作用。资源的稀缺性是经济学研究的前提，因为资源是稀缺的，被用于一个目标之后便不能用于其他目标，所以需要我们充分利用有限的资源。对于社会保障来说，资源配置效率是指在既定的资源配置格局下，如何通过合理使用，使产出最大或成本最小。

（二）公平与效率的关系

公平与效率的关系是对立统一的辩证关系，两者既相互矛盾又相互补充。

---

[1]　李珍. 社会保障理论. 3 版. 北京：中国劳动社会保障出版社，2013.

1. 公平与效率是对立的矛盾关系

公平与效率的矛盾关系体现在：公平或效率的增加，都要以对方一定的损失作为代价；增加效率就必然产生不公平，增加公平就要牺牲效率。目前学术界关于上述两者的矛盾体现为社会保障领域中存在公平优先论和效率优先论两种理论。

坚持公平优先的学者认为，社会保障作为社会的"减震器"和"安全网"，其本身就是社会追求公平的产物，公平是社会保障制度的内在需求，应当力求通过国民收入再分配，使得收入和消费更加公平以稳定社会秩序。约翰·罗尔斯（John Bordley Rawls）在《正义论》一书中提到了差别原则，他认为，所有社会价值都将被均等地分配，但针对每个人的优势而进行的各种不均等分配除外。除此之外，庇古也主张公平优先的理论，他认为国民收入分配越平均，福利就越大。一个人拥有的收入越多，收入效用就越低，因此，庇古认为具有收入再分配性质的社会保障政策可以扩大一国的经济福利，主张实行普遍养老金制度，或按最低收入进行普遍补贴的制度，通过有效的收入转移支付实现社会公平。

坚持效率优先的学者认为，公平必须以效率为前提，公平的实现必须依赖于一定的物质保证，而只有高效率才能创造更多的物质财富，才能为平等或公平分配提供可靠的物质基础。如果妨碍了效率的实现，社会公平的实现就失去了其物质基础。因此，对社会保障制度应当坚持效率优先。以美国经济学家米尔顿·弗里德曼为代表的货币主义学派认为，社会保障制度破坏了市场机制的功能，现存的多数福利项目降低了人们工作的积极性、妨碍了储蓄和革新、阻碍了资本积累、限制了自由，根本不应当实行。要使自由的市场经济获得效率，就不应当要求公平化。按照他的观点，我们应当取消诸如社会保险、农产品价格支持、失业补偿、公共房屋供给以及一整套的福利计划，因为这些措施不仅没有帮助穷人，反而使他们更穷。[1]

2. 公平与效率是相互补充的

公平与效率的相互补充体现在：效率是基础，只有效率不断提高，才有公平实质性的增进，损害效率终将损害公平。反过来，要提高效率，就必须有一个公平的社会环境。从目前来看，有将自由放任主义与国家干预主义结合起来的发展趋势，这就是寻求市场效率与社会公平相均衡的社会保障改革理论。

在国家的宏观层面上，无论是效率还是公平在资源配置中都发挥着不可替代的作用，效率主导的制度有利于发挥市场在优化资源配置上的天然优势，激发社会各主体的积极性，提高社会的经济效益，保障公平目标的实现；而公平主导的制度安排则能有效地解决效率带来的社会失衡问题，保障社会的可持续发展。社会中的大量问题只凭偏重两者中的任何一方，是无法妥善解决的。只有两者相互补充，相辅相成，才有利于社会各项机能的良性运转。

（三）社会保障领域中的公平与效率

1. 公平是主要目标

社会保障作为社会的公共资源在公共领域的分配，缓和社会不公平，创造并维护社会公

---

① 威廉·布雷特，罗杰·L. 兰塞姆. 经济学家的学术思想. 3 版. 孙琳，等，译. 北京：中国人民大学出版社，2004.

平，应当是社会保障制度自身安排的基本出发点，也应当是社会保障政策实践的基本归宿。在整个社会系统中，就公平与效率的一般性结构关系而言，社会公平既是促进社会、经济发展的基础，又是经济发展的最高目标，而效率则是实现这一目标的手段之一，效率的实现是为了服务于公平；尤其对于生产力迅速发展、经济快速增长、两极分化不断加剧的社会，通过社会保障制度对部分社会公共财富进行再分配以实现社会公平更具有现实意义。

公平是现代社会保障制度的核心价值诉求、基本价值理念，因此，社会保障制度设计中必须突出公平，任何时候都不能将社会保障制度中的目标与手段关系颠倒，维护社会保障制度的公平是前提。[①] 目前我国社会保障体系实现了从选择性制度安排向普惠性制度安排的转变，但普惠性不等于公平性，社会保障制度公平性依然不足，正影响着社会保障制度的健康发展。

2. 效率为次要目标

社会公平是社会保障制度的核心价值，并且与效率相辅相成。一方面，社会公平促进效率提高，效率提高反作用于社会公平，二者呈正相关关系，比如说当收入分配差距太大以至于影响有效需求时，通过税收和转移支付来提高有效需求，既是公平的又是有效率的；另一方面，社会保障制度实现公平还可能影响效率的提高，对效率产生负效应，比如说当社会保障税率过高以至于伤害资本和劳动的供给时，会损失配置效率。但不论是追求效率还是避免非效率，其根本目标都是实现保障社会公平，都只是实现公平的手段，只是社会保障制度次要的价值目标。

效率虽然是社会保障领域的次要目标，但是不能被忽视。社会保障的管理和运行需要努力提高效率才能发挥出更大的功能和效用，应该努力寻求在获得最大的社会公平时承受最小的效率损失。目前我国社会保障制度管理、运行成本较高，效率的提升还有很大的空间。

小链接 3-3

警惕"公平"旗帜下社会保障错误的观念

社会保障领域强调公平的思想成为共识，然而在"公平"的旗帜下，社会舆论中多多少少夹杂了一些民粹主义的东西。比如说一些舆论常常将经济不平等与经济不公平混为一谈，在反对经济不公平时可能将合理的经济差距也否定了，这就可能导致我们又回到平均主义的老路上去；又比如一些舆论在公平的旗帜下过多强调政府的责任，而忘记了政府履行责任是要以收税为前提的，税收和转移支付又是最容易损害效率的。

（资料来源：李珍. 社会保障理论. 3 版. 北京：中国劳动社会保障出版社，2013.）

二、政府与市场关系处理

（一）市场失灵与社会保障

1. 市场失灵的表现

市场失灵这一概念最早是由弗朗西斯·M. 巴托（Francis M. Bator）在其发表的《市场失

---

① 郑功成. 中国社会保障改革与发展战略——理念、目标与行动方案. 北京：人民出版社，2008.

灵的剖析》一文中提出的。市场失灵的概念有狭义和广义之分，狭义的市场失灵是指市场功能上的缺陷；广义的市场失灵不仅包括市场功能上的缺陷及实施范围上的限制，还包括市场分配制度上的不平等。市场失灵的原因主要有经济外部性、公共物品、垄断、信息不对称等方面。

市场失灵在收入分配中的表现是：在市场经济条件下，不同社会成员间的分配依据的是其拥有的生产要素市场的稀缺程度和要素价格，而收入的获得是由他进入市场前的财产状况、所受教育和训练程度以及遗传能力决定的。只有当这些初始条件完全相同时，自由竞争才能带来一个收入和财产基本公平的结果。但由于各社会成员拥有的要素数量和质量不同，支配地位也不同，收入也就不同，靠市场调节收入产生的财富聚集到了一部分人手中，还有一部分人却难以维持最低生活需要，穷者越穷，富者越富。这既不利于劳动力的再生产，又增加了社会的不安定因素。

同时，市场失灵也存在于商业保险，因为信息的不对称，会呈现"逆向选择"。如商业保险机构基于利润最大化的追求，肯定不愿为多病的人提供健康保险，如果商业保险机构事先知道实情的话，一定会对这部分人收取高额费率。由于每个人都比保险公司更了解自己的健康状况，所以当自愿投保时，身体健康的人就敢冒一定风险不去购买保险，只有身体不好的人才购买保险，这个逆向选择势必使保险费由于在高风险的人之间分摊而趋于升高。也就是说，单凭商业保险规避风险仍然达不到良好的效果。保障机制中需要政府机制的介入，通过政府建立社会保障制度、实施强制措施要求社会成员履行义务，以保证风险的有效分摊和保障的公平性。

2. 政府干预的作用

因为是介于私人物品和公共物品之间的优效品，所以即使社会保障本身也是市场失灵的产物。一开始人们就从理论和实践上纷纷论证政府的干预和介入是社会保障有效运作的保证。这也决定了政府必须承担起保障国民基本生活的职责，政府机制必须参与到社会保障制度的构建、管理、实施和监督之中。

政府可以运用社会保障对经济进行宏观调控。政府运用社会保障进行宏观经济调控主要表现在：一是在社会供给大于社会需求时，经济萧条、个人收入下降、收入在贫困线以下的人数增多，社会保障支出随之增加，社会需求增加，经济得以发展；反之，社会保障支出减少，社会需求减少，抑制了通货膨胀。二是指政府灵活运用社会保障来消除经济波动。三是社会保障基金额巨大，政府可以通过控制它的投资量和投资方向来调节社会的供求关系。

政府承担社会风险能力高于市场。政府本身所具有的强制力和控制力确保了政府可以在全社会范围内分散风险，主要表现在：政府有权征税以实现对社会风险的保险，并将其用于收入再分配，保障社会成员无法从市场获得满足的社会需要，实现与生产力水平相适应的社会公平，从而保持社会的稳定，解决社会的公平和逆向选择问题；政府可以通过代际转移，使几代人共担社会风险；政府可以使社会保障支出指数化，减轻通货膨胀对个人的威胁。与此同时，政府的介入还可以减少社会保障基金筹集和支付的成本。

社会保障是一个分配问题，也是一种政府行为。政府介入社会保障不仅可以提高社会保障的运作效率，使其得以完善和发展，还在一定程度上促进了经济的发展，为整个社会的发展起到了稳定作用。因此，政府在社会保障中的重要作用是无法取代的。

（二）政府失灵与社会保障

政府失灵是指政府克服市场失灵所导致的效率损失已超过市场失灵所导致的效率损失，即政府未能有效克服市场失灵，甚至阻碍和限制了市场功能的正常发挥，引起了经济关系的扭曲，加剧了市场缺陷和市场混乱，难以实现社会资源的优化配置；或者政府的干预效率低下，成本高昂。著名经济学家保罗·萨缪尔森曾这样对其定义：当政府政策或集体行动所采取的手段不能改善经济运行的效率或（导致）道德上可接受的收入分配时，政府失灵便产生了。政府失灵的原因主要有：职能定位不当、制度缺失和寻租等。

政府失灵在社会保障中表现为以下几点：

1. 无法反映消费者的偏好

在社会保障领域中，政府强制人们统一购买社会保险，任何企业和个人都不能根据自身的情况加以选择，这部分社会保险资金的机会成本使得整个社会资源配置未能达到最优化。此外，政府供给的数量越大，劳动收入中由社会保障替代的部分就越大，人们的工作积极性也越低。

2. 权利义务不对等

社会保障作为一种介于公共物品与私人物品之间的优效品，带有一定程度的均衡贫富的性质。对于缴纳费用者来说，缴纳的保险费越高，以后获得的待遇不一定越高，权利与义务被人为地割裂，这势必会打击人们缴纳社会保险费的积极性。

3. 社会保障运行机制的低效率

社会保障机构中不断增加的工作人员，逐年提高的管理费用，大量社会保障基金被挪用，都使得社会保障机构的办事效率每况愈下。在委托代理下，尤其是在缺乏相应有效的监督条件下，政府作为经济人，也会做出不理性的行为，损害了社会保障资源的配置效率。

此外，由政府主导建立的社会保障，独立从事着社会保障事业，没有其他机构与之竞争。这使得对社会保障基金的投入与产出效率无法进行横向比较，使得社会保障基金运营和管理经常处于低效率状态。

由以上分析我们可以得出：市场与政府都不是万能的，必须使两者有机结合起来，才能充分发挥它们的作用。一方面，在社会保障中引入市场机制，引入竞争，克服行政垄断的弊端，才能使政府更有效率；另一方面，政府在运用社会保障实现社会公平时，必然要参与对市场运行的调控，要保证市场调控的基础作用，寻找政府干预的适度点，努力使政府的干预程序化、法治化和科学化。

（三）社会保障领域中的政府与市场

社会保障作为一种准公共物品，最有效的方式是由政府和市场共同完成。提供公共服务是政府的重要职责之一，但是政府自身的不足使公共服务供给具有低效率与低质量的特点，因而需要引进市场的力量，将政府的权威性与市场的灵活性有机地结合，承担起更为艰巨的监督职责。政府对社会的干预以市场运行的需要为前提，其根本功能在于规划社会发展方向，协调社会组织和社会行为，保障公共权益，政府在其中的责任必须是有限和有效的。

1. 社会保障中的政府责任

任何一项政府职能都是社会发展客观要求的产物。随着经济体制和社会福利制度的变迁，政府职能也要随之进行准确的定位。

政府的有限性在社会保障领域表现为，为经济活动提供良好的外部环境，为社会保障提供一个发展的平衡点，即市场可以在何种程度上参与到社会保障领域，政府在社会保障领域中的责任有哪些。因而，政府对自身责任的认识与定位就决定了其在社会保障制度建设中角色的扮演，进而直接影响到社会保障改革的成功与否。

社会保障中的政府作为责任主体或行为主体，应当在构建、管理、实施和监督社会保障制度过程中采取相应的途径和方法。具体包括：

● 道德责任。制度建设与环境创造理应成为政府法定责任。市场经济体制建立或者说经济开放程度的扩大，并不会使社会自动生成和建立起全面社会保护机制，也不会使人均收入差距随着人均 GDP 增长而逐步缩小，尽管它在某种程度上提升了经济增长效率，但因劳动力所有权差异与资本资源所有权差异而伴生着巨大的贫富差距，要取得效率与公平之间的相对平衡，就需要引进有社会调节能力的政府行为。

● 政治责任。政府对社会保障事务的积极参与对实现政权来说是一个"双赢"策略，不仅使政府掌握了更大的经济权力，而且使民众也从中受益，从而有利于政权的巩固。"铁血宰相"俾斯麦极力主张制定社会保险法律的主要目的就是通过一定程度地满足工人提出的收入保障要求缓解社会矛盾，加强中央政府的实力，巩固政权。

● 法律责任。政府在社会保障事务中的作用主要表现为社会保障立法上。政府对各种相关的法律法规的建设将使社会公众对制度有一个全面和清晰的认知，其权威性可以赋予政府明确的法律职责；同时，政府应当按照公平、公正的原则，通过运用公共权力对社会资源的重新分配，给予弱势群体以特别的物质保障；或者运用公共权力，通过创造条件、排除妨碍等方式，给予弱势群体以特别的精神、道义保障。总之，无论是政府主导型的社会保障，还是市场主导型的社会保障，社会保障法律的存在将降低社会保障的运行成本。

● 管理责任。政府应当坚持集权与分权相结合、社会化管理、政事分开、法制化管理的原则，采用一定的方式、方法和手段，对各种社会保障事务进行计划组织协调控制与监督。这是政府的一项基本的社会管理职责。

● 监督责任。在公共服务市场化的同时，政府将一部分管理职责转交给私人机构，就应当承担起更为艰巨的监督职责。市场化并不等于完全私有化，政府作为社会保障事务中的立法者和参与主体，在社会保障政策的贯彻执行上，特别是社会保障基金的运营，必须发挥其强有力的监督作用。

2. 社会保障中的市场责任

市场在社会保障制度中起到的是基础调节作用和补充作用。主要包括：通过专业社会保障基金投资机构，发展适合社会保障基金投资的金融创新，以增加基金的投资收益；引入竞争机制，减少政府行为的低效率，提高管理质量，等等。

政府机制与市场机制是现代社会保障制度运行中的两个基本机制。市场机制存在市场失灵，决定了政府机制参与社会保障的必然性；政府机制存在政府失灵，决定了社会保障中市场机制回归的必然性。双重失灵的存在决定了必须对两种机制进行适度选择。

在社会保障中政府机制与市场机制应密切结合，依据社会经济发展的不同阶段、社会保障产品体系中不同保障项目和具体保障项目的不同环节，建立一种能够促进和改善对方的适度选择机制。所谓适度选择，即社会保障中政府机制与市场机制应密切结合，通过对其不同组合方式的选择，实现制度运行中资源配置效益最大化和交易成本最小化。

总之，现阶段政府在社会保障体制中最优的定位是通过适度选择机制，建立有效政府。有效政府具体就是指这样一种政府，它既能最大限度地校正市场失灵，又能最大限度地避免自身失灵和自身非效率。

链接3-3：
视频讲解

本章小结

社会保障发展的相关理论主要有新历史学派、福利经济学、凯恩斯理论、新自由主义经济学和中间道路社会保障思想，每个理论都有其重要的历史价值，直接影响和推动着社会保障制度的建立和完善。

社会保障水平具有刚性发展、动态性、适度性的特点，因受到经济、政治、社会、人口结构、历史和文化等因素制约而存在适度标准区间。

社会保障发展需要正确处理好公平与效率的关系、政府与市场的关系。公平与效率的关系是对立统一的辩证关系，两者既相互矛盾又相互补充，社会保障制度设计的价值取向，要以公平为主要目标、效率为次要目标。市场与政府都存在着失灵问题，在社会保障中政府机制与市场机制应密切结合，依据社会经济发展的不同阶段、社会保障产品体系中不同保障项目和具体保障项目的不同环节，建立一种能够促进和改善对方的适度选择机制。

关键名词

新历史学派　福利经济学　凯恩斯理论　新自由主义经济学　社会保障水平
公平与效率　政府失灵　市场失灵　社会保障适度水平

复习思考题

1. 简述新历史学派、福利经济学、凯恩斯理论、新自由主义经济学、中间道路的社会保障思想及其价值。
2. 简述社会保障水平的内涵和特点。
3. 简述社会保障水平适度的功能和影响。
4. 简述市场失灵和政府失灵在社会保障中的表现。
5. 社会保障领域如何处理公平与效率、政府与市场的关系？
6. 请描述贝弗里奇对社会保障制度发展的贡献。
7. 试分析现行中国社会保障制度的公平性与效率性。

案例分析

《贝弗里奇报告》是如何出台的

威廉·贝弗里奇是英国著名的经济学家，福利国家的理论建构者之一，1909—1916 年任劳工介绍所所长，1919 年任伦敦经济学院院长，担任这一职务近 20 年（1919—1937）。离开伦敦经济学院后，他回到早年就读的牛津大学，担任了一所学院的院长，毕生致力于社会保障制度的构建和发展。

1942 年 11 月时任牛津大学教授的贝弗里奇接受政府委托，经过 18 个月的调查研究，向英国政府提交了社会保险与相关服务问题的报告，这就是著名的《贝弗里奇报告》。《贝弗里奇报告》公布以后，引来英国社会的巨大反响，月销售总量为 63.5 万份，成为当时最畅销的出版物，对英国建成福利国家起到了举足轻重的作用。

《贝弗里奇报告》是在第二次世界大战的背景下应运而生的。第二次世界大战，激发了英国人民爱国热情的同时，也激起了他们对战后新生活的希望与要求。贫困、失业、养老等问题的严重化，以及民众的抱怨和担忧，推动着政府在战争尚未结束时开始思考战后的社会保障问题，于是在 1941 年 6 月成立了一个关于社会保障问题的委员会，即社会保险与相关服务委员会，由贝弗里奇担任委员会主席，着手制定战后社会保障计划。

《贝弗里奇报告》继承了新历史学派有关福利国家的思想，立足英国现实，旨在消除贫困、疾病、愚昧、肮脏和懒惰这五大影响英国社会进步的障碍。贝弗里奇在勾画社会保障计划时遵循了三条指导原则：第一，既充分运用过去积累的丰富经验，又不拘泥于这些经验，避免被经验积累过程中形成的部门利益所限制和驱动；第二，把社会保险作为提供收入保障、消除贫困的一项基本社会政策；第三，确定国家提供福利的原则是基于国家利益而不是某些群体的局部利益，明确社会保障必须由国家和个人共同承担责任，通过国家和个人共同的合作来实现。国家在承担相应责任的同时，不应扼杀和替代个人在社会保障中的责任；国家提供的基本生活保障水平不宜过高，应给个人参加自愿保险和储蓄留出一定的空间。

《贝弗里奇报告》是一个关于全方位福利问题的报告。它从人们的需要出发，提出相应的对策，从而形成一个完整的福利体系。报告设计了一整套"从摇篮到坟墓"的社会福利制度，提出国家将为每个公民提供九种社会保险待遇，提供全方位的医疗和康复服务，并根据个人经济状况提供国民救助。九种社会保险待遇分别为：失业、伤残和培训保险金、退休养老金、生育保险金、寡妇保险金、监护人保险金、抚养补贴、子女补贴、工伤养老金、一次性补助金（包括结婚、生育、丧葬和工亡四种补助金）。其中有许多为新的福利项目，如为儿童提供的子女补贴。这在福利制度发展过程中是一个根本性的突破，有的学者甚至认为它是福利国家的核心，打破了传统的家庭抚养职能，由国家直接代替家庭向非劳动人口承担部分抚养责任。报告的另一项重要突破是提出应建立全方位的医疗和康复服务。此外，报告还要求建立完整的社会保险制度，由国家强制实施。在这个制度下，不论收入多少，不论风险高低，所有国民都必须参加保险，每人每周缴费，费率相同，而且待遇实行统一标准。这些都突破了英国原有的失业保险和医疗保险只限于某些群体的限制。

报告指出，社会保障应遵循以下基本原则：一是普遍性原则，即社会保障应该满足全体居民不同的社会保障需求；二是保障基本生活原则，即社会保障只能确保每一个公民最基本的生活需要；三是统一原则，即社会保障的缴费标准、待遇支付和行政管理必须统一；四是权利和义务对等原则，即享受社会保障必须以劳动和缴纳社会保险费为条件。这些原则的提出和实施使社会保障理论更加丰富和趋于成熟。

《贝弗里奇报告》公布以后，英国各阶层的反映并不一致。对于普通民众来说，从摇篮到坟墓的社会保障政策无疑符合广大人民的心态和要求，他们拥护这项政策，并企图以实现政策与否为评价政党的标准；内阁首相丘吉尔反应冷淡，认为有关改革的内容应放在战争结束后，否则会导致社会不安；财政大臣则担心提出的一系列改革措施在战后英国的经济环境下能否实现；英国雇主联盟认为社会福利要与经济发展水平相适应，在战争还没结束时许下这样的诺言是危险的。

尽管英国社会对《贝弗里奇报告》反应不一，但普通民众的支持，使得英国政府不得不对报告采取接受的态度。丘吉尔在 1943 年时已改变态度，他指出，如果我们能展示一系列的社会计划，议会各党、全国人民、我们的士兵都将欣喜万分。1943 年 2 月，英国议会就《贝弗里奇报告》进行辩论，大家都改变了对其的态度。于是，英国下院终以 335 票赞成、119 票反对通过了《贝弗里奇报告》，使其成为一份官方的社会保障制度改革文件。

《贝弗里奇报告》的理论价值在于提出了构建福利国家的思想，它的实践价值在于根据报告的建议，英国第一个建成了福利国家，随后，瑞典、芬兰、法国和意大利等国也先后建立了福利国家，因此，《贝弗里奇报告》是社会保障发展历史上具有划时代意义的著作。

（资料来源：改编自：贝弗里奇. 贝弗里奇报告. 华迎放，等，译. 北京：中国劳动社会保障出版社，2008.）

案例思考：

1.《贝弗里奇报告》是在什么样的历史背景下出台的？

2.《贝弗里奇报告》对英国社会保障实践产生了什么样的作用？

3.《贝弗里奇报告》问世，各社会阶层态度不一。现在福利国家正面临国家负担过重的难题，请问当时的担心是否有意义？ 您觉得应该怎样面对福利国家目前的"福利陷阱"问题？

4.《贝弗里奇报告》对中国社会保障制度有何借鉴意义？

本章实训

如何让我国的社会保障更公平

我国社会保障体系建设在近几年取得了巨大进展，从选择性制度安排走向了普惠性制度安排，从长期自下而上的改革试验状态开始通过顶层设计与顶层推动走向逐渐成熟、定型的新发展阶段。然而也必须看到，我国社会保障制度事实上又面临着日益扩张的社会风险、制度风险与信用风险。

近些年，公平性不足导致社会矛盾与社会冲突加剧的社会风险在不断积累。社会保障虽已具有了普惠性，但并不等于实现了公平性，局部领域的差距还在扩大。从广受诟病的企业职工与机关事业单位职工养老金"双轨制"，到职工基本养老保险地区分割统筹情形下的缴费负担不公，以及城乡居民社保待遇的巨大差异，都表明城乡分割、地区分割、群体分割的制度安排有问题，造成的是社会保障资源配置失衡与社会保障权益不公，它在一定程度上导致了社会矛盾与社会冲突的加剧，正在成为影响社会安定和社会生态的日益重要的因素。这种风险最终会影响制度的健康、持续发展。①

不同学者关于社会保障公平性有哪些具体观点？你对社会保障公平性怎么理解？你认为我国社会保障目前还存在哪些不公平的表现？如何改进我国社会保障的公平性？请以"如何让我国的社会保障更公平"为主题，选择任何一项社会保障制度为切入点，结合我国社会保障实践，开展分组研究和讨论。

一、实训目的

1. 使同学们了解和掌握社会保障公平与效率的基本内涵及关系处理，了解目前我国社会保障中不公平的表现并提出自己的看法。

2. 通过分小组探究如何让我国社会保障更公平，锻炼同学们收集与分析材料、团队合作、个人表达、理论分析现实等能力。

二、实训组织

1. 以"如何让我国的社会保障更公平"为主题，以小组为单位分析我国各项社会保障制度（比如养老保

---

① 郑功成. 社会保障普惠性并不等于公平性. 北京日报，2014-03-24.

险、医疗保险、最低生活保障等）的现实状况、不公平的表现，看其未来发展。

2. 班级成员分为五组，成员可自由组合，每组选出组长一名，由组长负责小组内部的具体分工。

3. 以小组为单位，通过书刊、网络等渠道收集材料。对于收集的材料，小组内部先组织课外讨论。

4. 任课老师可组织课堂讨论或各小组在课上进行 PPT 展示。

5. 各组之间可相互提问题和点评。

即测即评

请扫描右侧二维码，进行在线测评。

第四章
社会保障基金与管理

引例

基本养老保险基金入市获准

《中国社会保险年度发展报告 2014》的数据显示，2014 年年末全国养老基金累计结余 3.56 万亿元，其中城镇职工养老基金累计结余 3.18 万亿元，城乡居民养老基金累计结余 3 845 亿元。人力资源和社会保障部社会保障研究所所长指出，长期以来为保障基金安全，国家有关政策规定养老基金只能存银行和购买国债，由于投资渠道的限制，养老基金的收益根本跑不赢 CPI，导致庞大的资金难以实现保值增值。

为规范基本养老保险基金投资管理行为，2015 年 8 月 17 日，国务院印发《基本养老保险基金投资管理办法》（以下简称《办法》），其中基本养老保险基金（以下简称养老基金），包括企业职工、机关事业单位工作人员和城乡居民养老基金。《办法》指出，基本养老保险基金可以投资不高于基金资产净值 30% 的股票、基金等权益类资产。

基本养老保险基金被称为老百姓的"保命钱"，养老基金入市，安全是第一位的。从投资策略的角度来考察资金安全问题，从静态来看，面对多元化的投资，对风险性最大的股市做了最高限额不能超过 30% 的规定，这个限额低于其他国家的投资上限，这样就把对风险的有限控制放到了首位，最大限度地使风险得到对冲；从动态来讲，养老基金与其他基金相比，是长期性的基金投资，它不是年年都用，要到几十年之后才用到自己头上。从如此长的周期来看，股票的价值投资、资产的配置需要是多元化的、混合型的，股票的短期波动可以用时间的长期性来弥合，从而保证养老基金的资金安全。

评价：

《办法》出台后，基本养老保险基金可以投资股票、股票基金、混合基金、股票型养老金产品。基本养老保险金入市，与先前已经进入股市投资的全国社保基金和企业年金一起，有利于维护股票市场稳定，促进国内资本市场发展。同时，养老基金入市有利于实现其自身的保值增值，增强支撑能力，促进我国社会保障制度的可持续发展。

（资料来源：改编自郑秉文. 养老金入市风险是可控的. 光明日报，2015-08-27.）

本章知识结构图

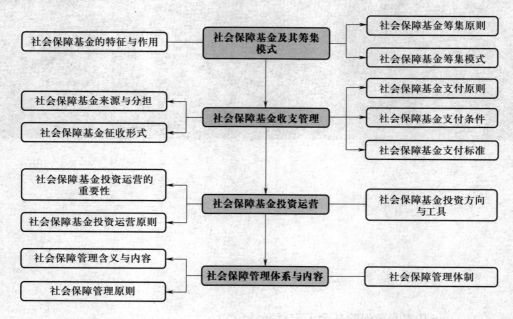

第一节　社会保障基金及其筹集模式

一、社会保障基金的特征与作用

（一）社会保障基金的含义及特征

社会保障基金是根据国家有关法律、法规和政策的规定，为实施社会保障制度而建立起来、专款专用的资金。 社会保障基金是国家为保障劳动者和公民的基本生存权利而建立的物质保障，具有如下特征：

1. 强制性

社会保障基金是根据国家有关法律、法规和政策的规定建立起来的专用资金。凡属法律规定范围内的成员都必须无条件参加基本社会保障制度，按规定履行缴纳社会保障税（费）的义务。同时基金的运营、发放也必须依法实施。

2. 储备性

社会保障制度的建立是一个国家对特定系统性、纯粹性风险进行管理的方式，风险的防范需要充足的资金储备。筹集到的社会保障基金除一部分用于当前社会成员的基本生活保障外，还有相当一部分需储备起来，以备将来开支，这部分基金需要实现基金的保值增值。

3. 互济性

社会保障制度作为针对特定风险的一种防范制度，决定了保障基金给付以特定风险为主要依据，而每个人发生风险的概率大不相同，因此在基金使用过程中，一般都是根据实际需要进行调剂，不是完全按照缴纳保险费的多少给付保险金。有些人的收益大于贡献，有些人的贡献大于收益，体现了社会保障基金的互济性特征。

（二）社会保障基金的构成

根据不同的标准，可以对社会保障基金进行分类。一般而言，有以下三种划分标准：

1. 按社会保障项目功能划分

按社会保障项目功能划分，社会保障基金可以分为社会保险基金、社会福利基金、社会救济基金和社会优抚基金，如图4-1所示。其中，社会保险基金又分为养老保险基金、失业保险基金、医疗保险基金、工伤保险基金和生育保险基金等；社会福利基金又分为老年人福利基金、残疾人福利基金、妇女儿童福利基金、教育福利基金、住宅福利基金和职工福利基金等；社会救济基金又分为贫困救济基金、扶贫基金、救灾基金等；社会优抚基金主要用于军人退休生活保障、退伍军人就业安置等。

图4-1 社会保障基金按项目功能划分

2. 按社会保障基金调剂范围划分

按基金的调剂范围，社会保障基金可以分为社会统筹基金和个人账户基金。社会统筹基金主要体现为社会成员之间的横向收入调剂和风险分担；个人账户基金主要体现为职工一生收入的纵向调剂和风险分担。

3. 按基金运营管理方式划分

按此标准，社会保障基金可以分为财政性基金、市场信托管理基金和公积金。财政性基金又分为预算内管理资金和预算外管理资金，各类社会保险基金中的社会统筹部分的基金一般按规定都要纳入国家预算外管理，建立财政专户。市场信托管理基金按契约或者章程由用人单位和职工缴纳，记入个人账户，由基金受托人按市场竞争原则选择基金管理机构负责具体运作。公积金是依法由用人单位和职工缴纳，记入个人账户，产权归个人所有，按规定用途和条件支付的基金。

（三）社会保障基金的作用

社会保障基金的作用主要表现在两个方面：① 为社会保障制度的实施提供资金支持有利于社会稳定；② 合理使用社会保障基金有利于促进国民经济发展。具体表现为：

1. 对全体公民提供基本生活保障，实现社会稳定

劳动者的老、弱、病、残、孕及丧失劳动能力，在任何时代和任何社会制度下都是普遍存在的客观现象。在为数众多的劳动者因各类风险和收入损失而陷入生计无着并得不到及时解决的时候，就会成为社会的一种不安定因素。社会保障基金的及时给付能保障劳动者及其家属的基本生活，消除这种不安定因素，使其顺利回归社会生活，有利于社会稳定。

2. 发挥基金资源要素功能，促进经济发展

社会保障基金作为一种货币形态的资源，通过各种资金融通渠道，不仅能实现自身的保值增值，而且对促进国民经济的发展具有重要作用。

小链接 4-1

个人账户制与名义账户制

　　个人账户制是指通过建立个人账户的方式，由企业和雇员定期按照一定比例缴纳保险费（其中雇员少缴费或不缴费），雇员退休时的职业年金水平取决于资金积累规模及其投资收益。名义账户制，也称名义缴费确定型模式，是集现收现付制与完全积累制、待遇确定型（DB）和缴费确定型（DC）于一体的一种混合模式，是欧亚部分国家在克服养老保险制度转型成本过程中开创的一种社会保障制度模式。顾名思义，虽然个人的缴费也记入个人账户，但账户上的资金依然采用现收现付的方式用于支付当前退休者的养老金，个人账户中的积累只是名义上的。名义账户制在欧亚 7 国进行了实践，但只在瑞典取得了较大的成功，部分国家甚至在经过多年发展之后放弃了该项制度实践，这就表明名义账户制需要结合本国的实际情况，而不能简单复制。

链接4-1：
视频讲解

（资料来源：改编自董克用，等. "名义账户制"是我国养老金改革的方向吗——瑞典"名义账户制"改革评估与借鉴，社会保障研究，2016（4）；刘晓雪，张熠. 名义账户制改革：争论与再思考——兼与李军教授商榷. 探索与争鸣，2018（05）：80-84，142.）

二、社会保障基金筹集原则

社会保障基金的筹集和管理是社会保障制度运行的基础和核心。通过筹集社会保障基金来保证社会保障制度的正常运行，在确保这一目标实现而又不对经济发展产生负面影响的情况下，社会保障基金的筹集应遵循一定的原则。

（一）确保社会保障制度正常运行

社会保障基金的筹集，必须确保社会保障制度的正常运行。因此，在基金筹集方式上应当与制度模式相适应。在基金来源渠道上应有多种准备，既要有在正常条件下的基金来

源，又要有在特殊情况下的基金来源；既要保持来源渠道的畅通，又要保持来源渠道的稳定。社会保障基金的收支平衡是保证社会保障制度正常运行的基本条件。在基金筹集的量上，要坚持"收支平衡，略有结余"，这里的收支平衡，既指短期的收支平衡，也指长期的收支平衡。

（二）妥善处理积累与消费的关系

社会保障基金最终属于消费基金，属于国民收入再分配。积累与消费基金比例的确定影响着国民经济的发展。当社会保障基金规模超出社会经济发展的承受能力时，会破坏社会经济的健康、稳定和可持续发展，导致社会保障体系无以为继。社会保障基金规模过低，则无法保障全体社会成员的基本生活。因此，要根据经济发展的不同阶段和宏观经济的形势，科学确定社会保障基金中积累部分的比重。

（三）支撑经济社会全面发展

社会保障基金的筹集，要保证社会经济运行的效率，不能对社会经济发展造成障碍。一方面，要协调好社会保障基金的国家、企业、个人的负担比例，兼顾三方面的"利益"；另一方面，暂时不用的积累部分基金的投资运营收益是社会保障基金的重要来源，不同的投资运营渠道具有不同的流动性、收益性与风险性特征，因此，在不同的投资运营渠道之间也存在有效配置的问题。在保证社会保障基金安全性的前提下，要实现其保值增值，同时支撑经济社会的全面发展。

三、社会保障基金筹集模式

考虑保障基金收支的平衡周期长短与对象范围的差别，一般将基金筹集分为三种不同的财务模式，即现收现付式、完全积累式和部分积累式。

（一）现收现付式

现收现付式是一种以近期横向收付平衡原则为指导的基金收付模式。这种模式是按照一个较短的时期（通常为一年）内收支平衡来确定费率，筹集社会保险基金，即完全依赖本期的收入满足本期的支出，以支定收，略有结余。

现收现付式要求首先对每年保障计划所需支付费用进行估算，然后按照一定比例分摊到所有参加该保障计划的单位和个人身上，并且做到保障缴费当年提取当年支付。由于这种管理方式通常预先不留储备金（只留大约1%的年度准备金），完全依靠当年的收入来满足当年的支出，每年所需保障开支的规模就会随着受保社会成员年龄结构、经济状况等的变动而变动，因此，每年都有可能对保障缴纳税（费）率进行调整，其实质是保障负担的代际转移。

现收现付式的优点在于：收支关系简单清楚、管理方便、成本低；没有过多的基金积累，免受通货膨胀的风险，同时没有基金保值增值压力；调节收入再分配，同时体现了养老保险的互济性与福利性。缺点在于：由于缺乏资金积累，在老龄化社会，随着老年人口抚养比的提高，现收现付制的收支平衡难以实现，从而产生巨大的财务困境；由于其本质是代际互济，易产生代际的矛盾。

（二）完全积累式

完全积累式是一种以远期纵向收付平衡原则为指导的基金管理方式。这种模式是指在任何时点上积累的社会保险费总和连同其投资收益，能够以现值偿清未来的社会保险金给付需要，也就是通过一定的积累来满足个人未来的保障需求。

完全积累式要求政府在对未来较长时间宏观经济发展的预测基础上，预计保障对象在保障期内所需享受的待遇总量，据此按照一定比例将预期所要支付的保障费用（成本）分摊到保障对象的整个投保期间。其实质是个体一生中的代内收入再分配。

这种筹资方式的主要特点是：社会保障缴纳费率在较长时间内保持相对稳定；筹资见效快，当年收入大于支出的部分自动形成储备基金，可以由有关管理当局通过投资活动予以保值、增值。这种筹款方式能否达到预期收支平衡的目的，主要取决于保障精算统计的准确度。这就要求必须事先估计到一些可变因素及其产生的具体影响，如死亡率、发病率、工资水平变化、受保人数变化以及物价变动等。由于这些因素的变化往往没有固定规律可循，长期有效的预测有较大难度。

完全积累制的优点在于：社会保险的支付水平与个人在职时的工资和缴费直接相关，具有较强的激励作用；强制储蓄，有利于个人实现自我保障，减少代际冲突与矛盾；大量的储备资金有利于预防人口老龄化的冲击。缺点在于：强调个人自我保障，缺乏社会保障的再分配和互济功能；大量储备资金易受通货膨胀的影响存在贬值风险，基金保值增值压力大，对一国的市场发育水平与基金管理水平有较高的要求；管理和运营成本较高。

（三）部分积累式

现收现付式与完全积累式各有自己的特点和长处，但在特定条件下也会产生一定的制度缺陷，因此，越来越多的国家采取兼具现收现付和完全积累两种筹资模式的混合筹资模式，即部分积累式。

部分积累式是以近期横向收支平衡原则与远期纵向收支平衡有机结合作为指导的基金管理方式。这种方式要求政府有关当局在满足当年一定规模的保障支出需要的前提下，留出一定的储备以适应未来的支出需求。在这种筹资方式下，保障费率一般是一旦确定则数年不变，过几年调整一次，收大于支的部分，形成积累，通过长期投资方式进行保值、增值。

部分积累式兼具现收现付和完全积累两种模式的特点。其优点在于具有较大的灵活性，既避免了完全积累式的较大风险，又可缓解现收现付模式缺乏储备和负担不均的问题。但这种模式操作起来难度较大，尤其在各种比率的掌握上，很难做到恰到好处。

在很长一段时间内，我国社会保障的筹资方式，并未考虑保障项目的特点而一律采取现收现付模式。但是，随着社会保障制度的改革和发展，社会保障范围和规模不断扩大，实行单一的现收现付制已经不能适应社会保障制度的发展。目前，我国社会保障基金筹资模式将社会保障项目划分为长期保障计划和短期保障计划，在筹资方式上采取了三种筹资方式的有机结合，例如，养老保险和医疗保险的筹资方式采用部分积累式；失业保险、生育保险和工伤保险的筹资采取现收现付式。

链接4-2:
视频讲解

第二节 社会保障基金收支管理

一、社会保障基金来源与分担

目前，世界各国社会保障基金的主要来源渠道有：国家财政资助、用人单位缴纳和劳动者个人缴纳。其中，社会保险是社会保障体系的主体，其基金来源多由几方面共同承担。

（一）国家财政资助

国家在整个社会保障中往往扮演着最后责任人的角色，是最终的资金支持者。国家财政资助实质上是将国家积累的财富进行二次分配，将资金用于缓解社会矛盾。国家财政资助主要分为直接资助和间接资助两种方式，其中前者往往采用财政直接拨款的形式，如社会救助基金、军人保障基金及有关公共福利基金；后者一般通过税收减免的方式提供，如国家允许社会保障机构强制地向企业和个人征收税前缴纳的社会保险费，国家对社会保障机构筹集的基金实行免税优待以及对社会保障对象享受的社会保障待遇不征税。

（二）用人单位缴纳

用人单位为保证劳动者获得社会保障权利，有必要为劳动者承担一部分缴纳保险费的义务。劳动者在工作期间有权要求用人单位为其向社会保险机构缴纳社会保险费。这样，一方面有利于解除劳动者的后顾之忧，稳定劳动者的工作情绪，调动劳动者的积极性；另一方面，有利于加强用人单位的社会责任感，使用人单位在获得劳动力、获得效益的同时承担一定的社会责任。此外，从扩大再生产角度看，社会保障是雇主期望健壮劳动者供给所不可缺少的。

（三）劳动者个人缴纳

劳动者既是社会保障的受益人，也是社会保障资金的负担主体，劳动者也应承担相应的责任和义务。劳动者缴纳社会保障税（费）主要表现在承担法定社会保险制度的缴费义务以及在享受有关社会福利时需承担的有限的付费义务。劳动者个人缴费机制不仅有利于减轻国家财政的负担，还能完整地体现社会保障权责结合与责任分担的原则，同时使每一位劳动者更加关心社会保障基金的积累、运用和管理，形成人人监督的格局，以利于社会保障基金的良好运行和社会保障互济功能的实现。

从理论上看，社会保障基金的三个主要来源主体之间可以形成不同的分担方式，主要包括：企业全部缴纳，政府全部资助，个人全部缴纳，企业与个人共同缴纳，企业缴纳与政府资助，个人缴纳与政府资助，企业、个人与政府三方共同负担等。在社会保障项目的不同大类中，社会救助一般以国家全部资助为主，在社会保险项目中，企业与个人共同缴纳方式是目前各国社会保险基金分担的主要方式，但在具体项目上，企业与个人的缴费比率往往会因保险项目的不同而有所不同，如工伤保险不要求个人承担缴费义务。

小链接 4-2

国有资本充实社保基金

2017 年 11 月，国务院下发《划转部分国有资本充实社保基金实施方案》，主要内容包括：一是划转范围、对象、比例和承接主体。将中央和地方国有及国有控股大中型企业、金融机构纳入划转范围。划转比例统一为企业国有股权的 10%。社保基金会和各省（区、市）国有独资公司等承接主体，作为财务投资者，不干预企业日常生产经营管理，其收益主要来源于股权分红。二是划转程序和划转步骤。按照试点先行、分级组织、稳步推进的原则完成划转工作。2017 年选择部分中央企业和部分省份开展试点；2018 年及以后，分批开展。三是划转配套措施。自本方案印发之日起，划转范围内企业涉及国有股权变动的改革事项，企业改革方案应与国有资本划转方案统筹考虑。探索建立对划转国有股权的合理分红机制。承接主体持有的国有资本收益，由同级财政部门适时实施收缴，专项用于弥补企业职工基本养老保险基金缺口。

二、社会保障基金的征收形式

社会保障基金的征收形式按其强制性程度可分为征税、征费和自由筹集三种形式。

（一）征税形式

通过征税来筹集社会保障基金，其强制性最强。税收是国家财政基本的、稳定的来源，其特点是标准统一、强制征收、统收统用。通过税收形式来形成社会保障基金是许多国家特别是西方国家的常用形式。征税对象可以是企业、个人，也可以通过特定税种的形式征收。

征税形式的好处在于强制性强，负担公平，有利于提升社会保障的社会化程度。不足之处在于税收形式形成财政资金只能通过年度财政预算来安排，且通常以年度收支平衡为基本目标，无法积累社会保障基金，无法抗拒周期性的社会保障风险。

（二）征费形式

征费形式是通过征收社会保障费的方式来形成社会保障基金，其强制性弱于征税形式。在社会保障制度体系中，通常只有社会保险才对应具体的收费对象，如企业和个人。因此，征费形式通常只适用于社会保险费的征收。

征费形式相对较弱的强制性也决定了其费率调整具有一定的灵活性，不通过年度财政预算也能形成积累基金，为抗拒周期性的社会保障风险提供可能。但同时，征费形式的强制性弱也为个别企业或个人逃费提供了可能，造成保险费征缴困难，不利于社会保障基金的筹集。

我国社会保险缴费率

社会保险缴费率是指雇员和雇主缴纳各项社会保险总额占个人工资的比例。2019 年 4 月，国务院办公厅印发《降低社会保险费率综合方案》，强调要以习近平新时代中国特色社会主义思想为指导，坚持稳中求进工作总基调，坚持新发展理念，统筹考虑降低社会保险费率、完善社会保险制度、稳步推进社会保险费征收体制改革。该方案降低社会保险费率，是减轻企业负担、优化营商环境、完善社会保险制度的重要举措。根据方案要求城镇职工基本养老保险（包括企业和机关事业单位基本养老保险，以下简称养老保险）单位缴费比例高于 16% 的，可降至 16%，低于 16% 的，研究并提出过渡办法。基本医疗保险、生育保险缴费率不变。失业保险总费率自 2015 年 3 月起经过三次调整，总费率由 3% 降至 1%。工伤保险实行行业差异基准费率，按照行业工伤风险类别对应一类至八类缴费约为 0.2%、0.4%、0.7%、0.9%、1.1%、1.3%、1.6%、1.9%。

（三）自由筹集形式

自由筹集形式采取非固定的、灵活的方式来征集社会保障基金，它来源于公众的自愿参与。与征税和征费形式不同的是，自由筹集形式对资金的供应者与接受者双方均无强制性，基金的规模取决于具体的筹资方式对公众的吸引力和社会偏好与公众意愿。发行福利彩票就是一种社会保障基金的自由筹集形式。

征税形式与征费形式是社会保障基金的主导筹集形式，自由筹集是一种补充形式。一个国家无论采用征税还是征费形式，大都以自由筹集形式作为补充。

链接 4-3：
视频讲解

三、社会保障基金支付原则

（一）相关性原则

社会保障基金支付总与一定的特征发生一定程度的相关性。社会保险项目中的养老保险、失业保险和医疗保险针对的是劳动者，面临的是未来可能发生的年老、失业和疾病的风险。社会保险项目通常采用企业、个人与国家共同缴费制，出于资金筹集、激励机制和其他方面考虑，养老、失业和医疗的保险金支付多与个人所承担的缴费义务或相关特征（如工龄等）相关。

（二）风险覆盖原则

社会保障基金支付通常与风险的范围及大小相关。风险覆盖原则，即尽可能帮助被保障者生活和其他方面恢复到风险发生前的状态。如社会保险中的工伤保险和生育保险是针对劳动者可能面临的职业伤害和生育风险，最低生活保障制度是针对所有公民的生活状况、保障其生活状况不低于一定水平的制度。

（三）公正性原则

社会保障基金的支付涉及所有公民的不同生活时期，社会保障对象情况复杂，所以，社会保障基金的支付必须按照公正性原则，依照法定的程序严格执行，以保证社会保障的公正、公平和公开性。

四、社会保障基金支付条件

社会保障基金支付的条件是指一系列要素的组合，满足要素组合的社会成员有资格获取相关社会保障项目待遇的给付。社会保障基金的支付条件在不同的国家、不同的项目上会有所差别，同一保障对象其待遇的获得有时也需要同时满足几个条件。

对于国家基本保障项目，一般需要具备国籍、年龄、居住年限等条件，实行全民津贴的国家只有居住年限条件的限制或本国公民资格条件的限制。以工资收入者为对象的社会保障项目，还需要考虑其工作年限、参保年限、缴纳社会保险费（税）的数额和就业状况等。一般而言，构成社会保障基金支付条件的要素主要包括：年龄、性别、保险金受益人身份、工龄与就业年限、缴费年限及金额、居住年限、供养直系亲属人数、工资以外的其他收入等。

例如，养老保险金的支付条件通常有三个。一是年龄，即达到法定退休年龄方可领取养老保险金。二是工龄与就业年限，标志着劳动者向社会保障基金或者为社会所做贡献的大小，一般均与所得保险金额呈正相关关系。三是缴费年限及金额，即满足一定的投保年限以及按期、足额缴纳保险费用，并以此决定养老金偿付的条件和数额。而失业保险金的支付条件通常包括失业确认证明和等待期，同时对支付的最长期限有规定。最低生活保障金的支付条件是共同生活的家庭成员按家庭收入计算，人均月收入应低于当地居民最低生活保障标准。

五、社会保障基金支付标准

社会保障基金的支付标准决定着社会保障对象的生活水平，确定合理的支付标准有利于在经济发展的基础上逐步提高社会成员的生活水平。社会保障体系庞大，社会保险项目众多，不同的社会保障类型和不同的社会保险项目其资金筹集方式与来源不同，基金支付标准也有区别。综观世界各国社会保障的支付标准，其主要可以分为两种形式：绝对金额制和薪资比例制。

绝对金额制，又称均一制。其保障金给付标准不以被保障对象停止工作前的工资收入为计算基数，而是规定某些统一的资格条件，凡符合规定条件者，可按同一的绝对额标准付给社会保障金。

薪资比例制，又称工资相关制。其保障金给付标准是以被保障对象在停止工作前某一时期的平均工资收入或在某一时点上的绝对工资收入为基数，根据被保障对象资格条件的不同，乘以一定的百分比后确定的。

绝对金额制和薪资比例制两种给付标准，在多数国家是同时存在的，不同性质的社会保障项目采用不同的方式，甚至同一项目上也可分别采取这两种方式，借以取长补短，满足不同方面的保障需求。

链接4-4：
视频讲解

第三节 社会保障基金投资运营

一、社会保障基金投资运营的重要性

社会保障基金投资运营的重要性主要体现在以下几个方面：

（一）投资运营是社会保障基金保值增值的需要

社会保障基金的保值增值是各国社会保障基金管理中的一个非常重要而又十分困难的问题。现代社会，通货膨胀是市场经济中的客观现象，社会保障基金不通过投资运营来获取高于通货膨胀率的收益就意味着社会保障基金的贬值，从而导致社会保障水平下降、社会保障费（税）率上升，使得企业、个人和国家财政负担加重，最终会影响社会保障体系的正常运行。

（二）投资收益是社会保障基金的重要来源

社会保障基金的投资运营收益是社会保障基金的一个重要来源，较高的投资运营收益意味着社会保障基金规模扩大，有利于减轻企业、个人和国家财政负担。新加坡的中央公积金制度由最初的养老保险发展扩充到其他社会保障项目（如医疗、住房等），得益于其社会保障基金投资运营的良好效果。

（三）社会保障基金促进资本市场乃至整个国民经济发展

庞大的社会保障基金是资本市场上一支重要的参与力量。社会保障基金通过购买政府和企业债券、股票以及其他金融产品，对金融和资本市场的发展起到非常重要的积极作用，同时支持整个国民经济的发展。但同时也应该意识到，资本市场的风险性会给社会保障基金的投资运营带来一定的风险，在资本市场不是非常成熟的国家与地区，政府会通过一系列的相关政策与法规对社会保障基金的投资运营方式、渠道、结构等方面加以限制，以保证社会保障基金的安全性。

二、社会保障基金投资运营原则

社会保障基金投资运营的原则主要有安全性原则、收益性原则和流动性原则。

（一）安全性原则

安全性原则是社会保障基金投资运营的最基本原则。安全性不仅仅包括其名义价值的不降低，更应该考虑实际价值的安全。安全性包括投资过程中的投资安全性及资金管理和使用过程中的安全性，前者主要取决于社会保障基金投资运营管理体系，后者主要是防范社会保障基金被挤占、挪用。

（二）收益性原则

收益性是指基金通过投资运营获得尽可能高的投资回报率。收益性原则是由投资行为本身的性质所决定的，社会保障储备基金投资是以自身价值保值增值为目的的投资行为，因此须遵循收益性原则。如果社会保障基金投资能够取得较大的收益，不仅可以使自身保值增值，而且还可以为社会保障支出提供可靠的资金来源，也有利于减轻国家、企业和个人的负担。同时，社会保障基金的投资在同等风险、同等收益的情况下，应该选择长期稳定的收益项目。

（三）流动性原则

流动性原则是指社会保障基金用于社会保障待遇支付资金需要时能应付自如。流动性的衡量标准是资产变为现金的能力。不同的资产由于其交易市场的成熟度不同而变现能力不同。出于社会保障待遇支付资金的需要，社会保障基金的一部分应该配置到流动性较强的资产上，以保证其流动性。

以上经典三原则是多年投资实践活动的理论总结，是任何理性的投资行为所必须遵守的。但是在通常情况下，一种投资工具不可能同时满足安全性、收益性、流动性三方面的需要，只具有其中一个方面或两个方面的特性，如一种投资工具收益率较低，但安全性较高，而另一种投资工具收益率较高，但安全性较低。如果选择多种具有不同安全性、收益性、流动性的投资工具，将基金进行分散的多元化投资，实现多种投资工具之间的优势互补，基金投资的安全性、收益性和流动性将会得到很大程度的保证。所以，拓宽基金投资渠道，实行多元化分散投资是社会保障基金投资实现投资三原则的唯一途径和必然选择。

三、社会保障基金投资方向与工具

从理论上讲，所有能产生可靠收益的投资方向与工具，社会保障基金都可以进行投资运营。但在实际运作中，由于不同国家或地区的经济环境和投资市场的成熟程度不同，社会保障基金实际选择的投资运营方向和工具也会有所不同。从安全性、收益性和流动性三个方面综合考虑，目前社会保障基金投资运营的方向和工具主要集中于银行存款、有价证券以及一部分实业，并且随着经济的不断发展又出现了一些新的投资方向。

（一）国债

国债是社会保障基金投资的一个主要工具。国债以国家信誉作为担保，其利率比同期银行存款利率略高。之所以选择国债，还因为其安全性最强、流动性较好，它已经成为各国社会保障基金投资的最安全和最普遍的项目。

（二）银行存款

将社会保障基金存入银行获取利息，存取方便，虽然收益率相对较低，但安全性较高。因此，银行存款也是社会保障基金投资的主要工具。

（三）有价证券

有价证券包括债券、股票及其他金融产品。债券包括政府债券和企业债券。政府债券安全性高、流动性强，但收益性比较低，它成为部分流动性偏好较强的社会保障基金的投资选择。企业债券、股票及其他金融产品风险较高，流动性强，通过加强投资管理也可以成为部分社会保障基金的投资选择。

（四）贷款

一般来说，贷款的风险较股票投资的要小，收益较债券投资的要稍高。将社会保障基金直接或通过金融机构作为信托贷款间接投入市场是世界上许多国家普遍的做法。

（五）股票

股票是金融市场中很重要的一种投资工具。多数国家为了保证养老保险基金的投资收益率，都允许其投资于股票市场，但有些国家会限制其投资比例。

（六）基础设施投资

基础设施也是社会保障基金投资的一个可选领域。将一定比例的社会保障基金投资于一些有稳定收益的基础设施，如高速公路、铁路、机场、供电工程、供气工程等，虽然投资回报率不是很高但比较稳定，投资风险性也不大。因此，社会保障基金进入有收益的基础设施投资领域，不仅可以有效增加中央和地方基础设施投资，加快现代化建设步伐，而且能够保证社会保障基金长期稳定的收益，实现保值增值，可谓"双赢"。

（七）国际投资

由于一个国家证券市场的投资回报与该国的政治状况、经济周期、现实经济增长率、财政货币政策、资本市场成熟程度等因素密切相关，而各个国家在上述因素中可能存在很大差异，因此，国际投资成为实现低风险、高收益的重要手段。

（八）投资基金

投资基金是集中不确定的众多投资者的零散资金，交由专门的投资机构进行投资，投资收益由原有出资者按出资比例分享的一种投资工具。鉴于投资基金"专家理财、分散投资"的特点，社会保障基金可以在实业投资和产业投资基金上继续拓宽投资渠道。

总之，实现社会保障基金的有效投资运营，确保基金的保值增值，是我国社会保障事业改革成功的关键，对于我国成功应对人口老龄化危机意义重大。拓宽投资渠道、丰富投资工具、科学组合和搭配多元化投资工具，是实现基金保值增值的最佳途径。

小链接 4-4

全国社会保障基金投资运营情况

全国社会保障基金是指中央政府集中并管理的社会保障基金，于 2000 年 8 月设立，是国家社会保障储备基金，由中央财政预算拨款、国有资本划转、基金投资收益和国务院批准的其他方式筹集的资金构成，主要用于满足今后人口老龄化高峰时期的社会保障需要。成立至今，全国社会保障基金管理规模逐步扩大，基金投资范围不断拓宽，已从初期主要投资银行贷款和国债逐步扩展到股票、债券和私募股权三大类，基本涵盖了养老金通常可投的产品。同时，形成了安全有效的投资决策体系和投资管理方式，获得了稳定性较好的投资收益。2019 年年末，社保基金资产总额 26 285.66 亿元。2019 年社保基金权益投资收益额 2 917.18 亿元，投资收益率 14.06%。社保基金自成立以来的年均投资收益率 8.14%，累计投资收益额 12 464.06 亿元。

链接4-5：
视频讲解

（资料来源：2019 年全国社会保障基金理事会社保基金年度报告.）

第四节　社会保障管理体系与内容

一、社会保障管理含义与内容

（一）社会保障管理含义

社会保障管理是指为了实现社会保障目标，由国家和政府成立专门的社会保障机构，组织社会保障的专业人员，对各项社会保障事务进行计划、组织、协调、控制和监督的过程。可以从以下几个方面理解社会保障管理的内涵：

- 社会保障管理是政府的一项基本社会管理职责，是政府提供公共服务和公共产品的一种社会事务和社会政策管理；
- 社会保障管理是国家上层建筑的重要组成部分，必须要由国家和政府成立专门的社会保障机构，由社会保障专业人员进行管理；
- 社会保障管理包括计划、组织、协调、控制和监督等过程，在具体手段上则包括制度、法律和行政三大手段。

（二）社会保障管理内容

社会保障管理主要包括三个方面的基本内容，即社会保障行政管理、社会保障基金管理和社会保障对象管理。

1. 社会保障行政管理

社会保障行政管理是指国家和政府通过制定社会保障的法律、法规和政策，对社会保障进行相关决策并监督实施的过程。社会保障管理的首要环节是制定社会保障法律和基本法规，以此来规定社会保障实施的范围、享受条件、资金来源、待遇支付标准与方式，并确定国家、单位和个人三者的责任、权利和义务。此外，社会保障行政管理的内容还包括：设置高效的社会保障管理机构；配备精干的社会保障管理人员；贯彻、组织和实施各项社会保障法律法规，并负责监督、检查；制定社会保障发展规划和计划，统筹协调社会保障政策，统筹地区以及人群间的利益和矛盾；受理社会保障方面的申诉、调解和仲裁等。

2. 社会保障基金管理

社会保障基金管理是指由专门的社会保障基金管理机构对社会保障基金的筹集、运营和支付进行规划和监督，以确保基金的完整、安全与保值，防止基金贬值和发生支付危机。社会保障的基金管理包括：筹集社会保障基金，一般由国家、单位和个人按一定比例缴纳以及社会捐助；支付社会保障待遇，如养老金、医疗费用报销、家庭补助等；运营社会保障基金，包括基金的日常财务和个人账户管理以及基金的投资运营等。社会保障基金是支撑社会保险制度的基础，一般由专门的社会保障管理机构进行管理，并接受社会监督。

3. 社会保障对象管理

社会保障对象管理是指对社会保障的享受对象提供一系列必要的服务。社会保障的对象主要是退休者、失业者、残疾者、生活困难者等。对他们所提供的服务包括向他们提供物质保障、日常生活和健康服务，提供参与社会活动和就业方面的机会以及提供精神和心理慰藉等。从性质上讲，社会保障对象管理属于群众性服务工作，除了专门的机构和配备专业人员外，还需要在社区化、社会化的前提下，通过政府组织和引导，依靠工会、各种社团、慈善协会以及家庭等社会力量来完成。

社会保障管理三个方面的内容是紧密相关的。社会保障行政管理是社会保障的立法系统，为社会保障管理提供了基本依据；社会保障基金管理是社会保障管理的执行系统，保证了社会保障管理工作的顺利进行；社会保障对象管理则是社会保障管理不可分割的服务系统，它使社会保障对象更充分地获得社会保障所提供的各项帮助。

二、社会保障管理原则

社会保障管理的原则是由社会保障管理的性质和内容决定的。社会保障管理在运行中需要遵循管理的一般原则，同时还应当考虑社会保障制度的特殊性而遵循某些特定的规则。主要包括法制性原则，公正、公开及效率原则以及属地管理原则。

（一）法制性原则

法制性原则要求社会保障制度在各个环节均须按照现行法律、法规与政策运行，并且接受社会的公开监督。参保人的义务与权利在相关法律、法规和制度的规范之下，参保人有依法缴纳有关费用的基本义务，而依法享受社会保障有关待遇，又是参保人的基本权利；社会保障管理机构及管理岗位的设置需要有相应的法律、法规作为依据，有关法律、法规对此应当有明确而具体的规范；同时，社会保障管理系统必须依法运行，即管理机构只能在既定的职责范围内行使权力，而不能越权行事。

（二）公开、公正及效率原则

现代社会保障是公共事务，它关系到全体社会成员的切身利益，而支撑社会保障制度运行的财政基础，无论是财政拨款形成的基金还是通过向企业和劳动者征缴社会保险税（费）形成的基金，也是社会公共基金，实质上属于全体社会成员共有。因此，社会保障制度的运行应该是透明的，社会保障管理也必然要遵循公开、公正与效率的原则。

（三）属地管理原则

社会保障管理应当奉行属地管理原则，即同一地区的社会保障事务适宜由该地区的管理机构统一管理，这是维护社会保障制度的公平性、互济性和社会性的内在要求。社会保障制度在运行中是一个开放化的社会系统，需要通过在区域内设置相应的实施机构来完成一定目标，实现的也主要是一定区域范围内社会成员之间的共济或者互济互助。因此，大部分国家的社会保障事务通常都是在国家法律、法规的统一规范下，由各地区组织实施并由各地区的社会保障管理机构负责管理和监督，实行属地化管理。

三、社会保障管理体制

社会保障管理体制的概念有广义与狭义之分。广义的社会保障管理体制是指国家为了管理社会保障事业而规定的各类社会保障管理机构、管理内容以及管理方法的总称，包括社会保障立法、社会保障的各项规章制度和方法、社会保障机构的设置以及职能权限的划分、社会保障基金的管理监督和社会保障业务的经办等。狭义的社会保障管理体制则主要是指社会保障机构的设置及其职能权限的划分，这里社会保障管理体制主要采用狭义上的概念。

2018 年整合社会保障管理体制

2018 年 3 月，中共中央印发《深化党和国家机构改革方案》，涉及社会保障管理体制整合的内容包括：将国家卫生和计划生育委员会、国务院深化医药卫生体制改革领导小组办公室、全国老龄工作委员会办公室的职责整合至新组建的国家卫生健康委员会；将民政部的退役军人优抚安置职责，人力资源和社会保障部的军官转业安置职责整合至新组建的退役军人事务部；将民政部的救灾职责，整合至新组建的应急管理部，负责灾害救助体系建设；将人力资源和社会保障部的城镇职工和城镇居民基本医疗保险、生育保险职责，国家卫生和计划生育委员会的新型农村合作医疗职责，国家发展和改革委员会的药品和医疗服务价格管理职责，民政部的医疗救助职责整合，组建国家医疗保障局；将全国社会保障基金理事会由国务院管理调整为由财政部管理；将基本养老保险费、基本医疗保险费、失业保险费等各项社会保险费逐步交由税务部门统一征收。

（资料来源：根据党的十九届三中全会通过的《深化党和国家机构改革方案》整理.）

（一）社会保障管理机构类型

社会保障管理机构，是社会保障事业的组织者、实施者和管理者。主要可以分为以下几个类型：

1. 决策机构

这一层次的机构主要是由政府机关构成。其主要任务是为立法机关提供必要的依据，帮助立法机关制定相关的法律，并可依法制定相应的法规、政策和规划，在对社会保障事务的管理和协调中拥有决策权。如在我国，人力资源和社会保障部是社会保障的最高决策机构，各省、自治区、直辖市的社会保障部门负责制定本地区社会保障发展规划，对执行机构的运作实施监督，并对社会保障工作中的重大事项予以协调处理。

2. 执行机构

这一层次的机构主要由政府职能部门或社会组织构成，其主要任务在于执行国家社会保障的方针政策，落实方案规划，通常要受到上级主管部门和当地政府的双重领导。我国在各省、自治区、直辖市社会保障部门下设社会保险基金管理中心，接受中央主管部门和地方政府的双重领导，负责经办各社会保险项目的征集、核算、发放和转账等业务。

3. 监督机构

这一层次的机构由社会保障监督委员会担任，其主要职责是监督检查社会保障法规、政策的实施情况以及社会保障基金的投资、运营和管理情况。监督机构由政府有关部门负责人和社会团体等人士组成。

（二）社会保障管理方式

1. 集权制管理

集权制管理也称集中管理，就是在建立统一的社会保障管理机构的基础上，把各个社会保障项目全部统一在一个管理体系中，集中对社会保障各项目基金的筹集、待遇给付以及运营监管等实施统一的管理。采取集权制管理方式的国家，一般从中央到地方都设立了专门的社会保障行政管理机构和业务机构，配备了专职的工作人员。

集权制管理的优点在于：第一，有利于进行统一的社会保障管理规划与实施，有利于统一监督与日常管理，避免由于多头管理带来的诸多矛盾与冲突；第二，有利于社会保障基金的集中管理；第三，有利于社会保障各项目和环节之间的协调；第四，有利于降低管理成本，提高管理效率。但是，集权制管理也有一些缺陷，由于这种管理往往以国家行政管理为主，受行政干预较多，并且集权制使中央与地方之间信息传递层次多，影响做出正确决策，也易滋生官僚主义和腐败。

集权制管理的代表有新加坡和英国。新加坡的中央公积金制度最初仅仅提供职工退休后的基本生活需求保障，以后逐步发展为提供养老、住房、医疗、教育等综合性的保障制度。英国的社会保障事业由一个机构进行统一管理，在内阁设有社会保障部，负责全国性的社会保障项目的管理工作。

2. 分权制管理

分权制管理也称分散管理，就是不同的社会保障项目由不同的政府主管部门负责管理，各自建立起一套执行机构、资金运营机构和监督机构，并且各机构间相互独立，资金不能相互融通。

分权制管理的优点在于：管理机构拥有较大的自主权，可以根据发展需要灵活地制定详细的规划；可以在规定的权限范围内自主决策和行使职能以及调整社会保障项目。但是，分权制管理也有缺陷，主要表现在：管理机构重复、人员冗余、工作重复、管理成本居高不下，以及各部门的利益难以协调，难以对社会保障进行统筹规划，容易导致权力的滥用。

分权制管理以德国最为典型，其社会保险机构的设置，实行以行业组织管理与地区管理相结合，社会保险机构由劳资双方共同参与，自治管理。除个别特殊行业外，养老保险机构是按地区设置的。法定医疗机构既有地区性的，也有行业性的。养老、医疗、工伤保险机构作为独立的法人，实行自治管理，不隶属于政府机构，政府不对社会保险进行直接管理，只是设立专门的机构对不同情况进行必要的财政平衡。

3. 统分结合管理

统分结合管理也称集散结合管理，就是将相关性较强的社会保障项目集中起来，实行统一管理，而将特殊性较强的项目单列出来，由专门的部门进行分散管理。这种管理方式最普遍的形式就是把养老保险、医疗保险和遗属补助等集中起来，而把失业保险、工伤保险交由劳动部门进行管理。

统分结合的管理方式兼具上面两种方式的优点，也在一定程度上避免了两者的缺点，其优势在于：既可体现社会保障社会化、规模化的发展要求，又可兼顾个别项目的特殊要求；有利于降低管理成本，提高管理效率。

美国和日本都采取了统分结合的管理方式。如美国的失业保险由劳动部门管理，养老和遗属保险、残疾保险、住院保险则由社会保障署实行统一管理，并在全国各地设置了 1 400 多个社会保障办事机构。日本的养老保险和医疗保险由厚生省负责，失业保险由劳动省负责，各个政府部门对社会保险实行分别管理、相互独立的原则。

链接4-6：
视频讲解

本章小结

社会保障基金是根据国家有关法律、法规和政策的规定，为实施社会保障制度而建立起来、专款专用的资金。它具有强制性、储备性、互济性等特征。

社会保障基金筹集模式主要包括：现收现付式、完全积累式、部分积累式。

社会保障基金的主要来源渠道是：国家财政资助、用人单位缴纳和劳动者个人缴纳。

社会保障基金的筹集形式有：征税形式、征费形式和自由筹集形式。

社会保障基金投资运营的原则：安全性原则、收益性原则和流动性原则。

社会保障管理是指为了实现社会保障目标，由国家和政府成立专门的社会保障机构，组织社会保障的专业人员，对各项社会保障事务进行计划、组织、协调、控制和监督的过程。

社会保障管理的原则主要有：法制性原则，公正、公开及效率原则，属地管理原则。

社会保障管理主要包括：社会保障的行政管理、社会保障的基金管理和社会保障对象的管理三个内容。

关键名词

社会保障基金　现收现付式　完全积累式　部分积累式　社会保障税（费）
社会保障管理

复习思考题

1. 社会保障基金的含义和特点是什么？它有什么作用？

2. 社会保障基金的筹集应该遵循哪些原则？

3. 试述社会保障基金的筹集模式以及各自的特点和优缺点，并将几种模式加以比较分析。为什么我国养老保险的筹集模式由现收现付制转为部分积累制？

4. 社会保障基金的来源与分担方式有哪些？为什么国家、用人单位和个人都有缴纳社会保障税（费）的义务？

5. 简述社会保障基金投资运营的原则。如何有效平衡这些原则？

6. 社会保障基金的筹集形式有哪些？如何看待社会保障费和社会保障税的差异？

7. 我国社会保障基金在征缴方面存在哪些问题？为什么？

8. 我国社会保障基金投资渠道与方向在未来的发展趋势怎样？

9. 如何理解社会保障管理？社会保障管理应当遵循哪些原则？

10. 社会保障有哪些管理方式？如何处理好社会保障管理中集权与分权的问题？

11. 社会保障管理的发展趋势是什么？如何看待我国社会保障管理的社会化问题？

案例分析

政府出台降低社会保险费率综合方案

2019 年 4 月，国务院办公厅印发《降低社会保险费率综合方案》（以下简称《方案》），强调要以习近平新时代中国特色社会主义思想为指导，坚持稳中求进工作总基调，坚持新发展理念，统筹考虑降低社会保险费率、完善社会保险制度、稳步推进社会保险费征收体制改革。《方案》的部分核心内容包括：

第一，降低养老保险单位缴费比例。自 2019 年 5 月 1 日起，降低城镇职工基本养老保险（包括企业和机关事业单位基本养老保险，以下简称养老保险）单位缴费比例。各省、自治区、直辖市及新疆生产建设兵团（以下统称省）养老保险单位缴费比例高于 16%的，可降至 16%；目前低于 16%的，要研究提出过渡办法。

第二，继续阶段性降低失业保险、工伤保险费率。自 2019 年 5 月 1 日起，实施失业保险总费率 1%的省，延长阶段性降低失业保险费率的期限至 2020 年 4 月 30 日。自 2019 年 5 月 1 日起，延长阶段性降低工伤保险费率的期限至 2020 年 4 月 30 日，工伤保险基金累计结余可支付月数在 18~23 个月的统筹地区可以现行费率为基础下调 20%，累计结余可支付月数在 24 个月以上的统筹地区可以现行费率为基础下调 50%。

第三，调整社保缴费基数政策。调整就业人员平均工资计算口径。各省应以本省城镇非私营单位就业人员平均工资和城镇私营单位就业人员平均工资加权计算的全口径城镇单位就业人员平均工资，核定社保个人缴费基数上下限，合理降低部分参保人员和企业的社保缴费基数。

第四，提高养老保险基金中央调剂比例。加大企业职工基本养老保险基金中央调剂力度，2019 年基金中央调剂比例提高至 3.5%。

案例思考：

1. 国家提出降低社会保险费率的背景是什么？

2. 你认为降低社会保险费率是否会影响社会保险基金收支平衡和参保人员的权益？

3. 养老保险基金中央调剂金制度设立的背景和目的是什么？

本章实训

个人账户如何发展

在世界范围内的社会保障改革浪潮中，实行现收现付制的欧美国家纷纷向积累制模式转型。但是在转型过程中它们无一不遇到了难以克服的转型成本问题。1995 年以来，欧亚六国经过研究和探索，找到了一个较好的过渡性办法：名义账户制。几年的实践证明，名义账户制基本上是成功的，它被称为是社会保障一项重要的制度创新。

《中共中央关于全面深化改革若干重大问题的决定》提出，养老保险改革的基本方针是"坚持社会统筹和个人账户相结合的基本养老保险制度，完善个人账户"。中国社科院世界社保研究中心主任郑秉文表示，"完善个人账户制度"是对统账结合制度的重新定位，它取代了 2001 年以来始终如一的"继续做实个人账户试点"的传统表述，意味着个人账户功能定位的重大改变。

我国自 1997 年开始就一直实行统筹账户与个人账户"混账管理"的财务管理制度，使养老保险出现"空账"问题。人社部数据显示，2013 年养老保险个人账户的"空账"已经达到了 3.1 万亿元。郑秉文指出，长达

14年的做实个人账户试点难以为继，进退维谷，空账规模逐年扩大，严重影响养老保障制度乃至政府的公信力，以做实账户和统账结合为实现形式的部分积累制几乎走到尽头，在全面深化改革的背景下，社会养老保险"做实个人账户"向"名义账户"转型应同时成为改革的主要内容。

当前我国养老金"空账"是否应做实？何为"名义账户"制？你是否赞同向"名义账户"制转型？你认为我国养老金改革应何去何从？请以"个人账户如何发展"为主题开展课堂讨论。

（本资料参考：郑秉文. 从做实账户到名义账户——可持续性与激励性.开发研究，2015（3）；
郑秉文. 社会保障制度创新："名义账户"制（上）. 中国社会报，2005-04-12.）

一、实训目的

1. 从理论层面了解世界范围内各地账户制的设计和实施情况。
2. 深入了解当前我国个人账户制特点、名义账户制的设计初衷及可能存在的问题。
3. 锻炼收集与分析材料、团队合作、个人表达等能力。

二、实训组织

1. 将全班同学按4~6人一组，分为若干组，查阅1995年以来欧亚六国养老金制度改革的具体内容，了解名义账户制，查阅当前我国养老保险个人账户制的具体内容，分析其成因、发展、现状与未来改革趋势。
2. 将资料及自身体会与想法通过PPT的形式在课堂上展示。
3. 每组派一名代表对本次讨论的内容做总结发言。

即测即评

请扫描右侧二维码，进行在线测评。

引例

企业和机关事业单位退休人员基本养老金"N 连涨"

经国务院批准，人力资源和社会保障部、财政部印发《关于 2021 年调整退休人员基本养老金的通知》，文件明确指出，从 2021 年 1 月 1 日起，企业和机关事业单位退休人员养老金全国总体调整比例按照 2020 年退休人员月人均基本养老金的 4.5% 确定。这是 2005 年以来国家连续第 17 年调整企业退休人员基本养老金，预计将有超过 1.23 亿退休人员受益。

到 2020 年年底，经过 16 年的连续调整，城镇职工基本养老金水平由 2005 年的月人均 700 元提高到近 4 000 元，增加了近五倍。连续提高基本养老金，对改善退休人员生活、促进社会公平发挥了积极作用。但与此同时，虽然养老金绝对水平在提高，但食物、生活日用品等退休人员的生活必需品价格涨幅较大，在一定程度上抵消了养老金上涨的福祉。

衡量退休人员生活水平通行的指标是养老金替代率。在我国，养老金替代率通常以社会平均工资替代率来衡量，即社会平均养老金占当期社会平均工资的比例。平均工资替代率下降是我国近年来养老金体系中存在的典型事实。根据历年《中国统计年鉴》，我国企业职工养老金平均替代率从 2000 年的 80% 左右下降到目前的约 50%。《社会保障最低标准公约》所规定的标准，基本养老金替代率水平最低为 55%。可见，虽然养老金连年上涨，退休人员养老金替代率水平却并没有提高，相对于国际劳工组织还有差距，这意味着退休人员的生活水平与购买力水平并没有相应的提高。

评价：

在物价上涨、替代率下降的压力下，企业养老金"N 连涨"，这种"人为调整"的办法，需要我们认真思考制定合理的养老金正常调整机制，让退休人员都能安享晚年。建立盯住职工平均工资增长、物价上涨等变量的养老金正常调整机制，逐步提高替代率，使养老金调整有章可循、有据可依，才能保障企业退休人员的生活质量，分享经济社会的发展成果。

（资料来源：改编自退休人员养老金再上调 4.5% 实现"17 连涨". 光明日报, 2021-04-16.）

本章知识结构图

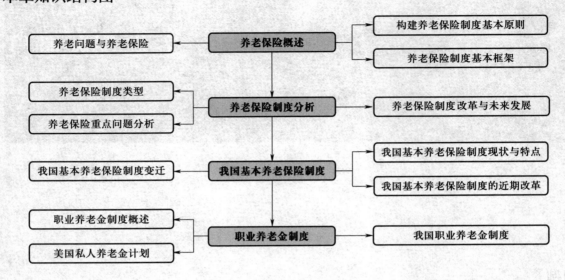

第一节　养老保险概述

一、养老问题与养老保险

（一）养老问题

老年是每个人一生之中必然要经历的阶段。伴随着劳动者年龄的增长，不可避免会出现生理及社会角色上的改变，由年老而导致的劳动能力减退或丧失成为一种确定性的风险。同时，随着社会经济的不断发展与人民生活水平的提高，人口预期寿命延长，越来越多的国家步入老龄化社会。在人口老龄化程度不断加深与老年风险同时存在的情况下，养老问题呼之欲出，养老保险成为保障社会成员老年生活的重要手段，同时也是各国社会保障体系中最为重要的一部分。

（二）养老保险制度

养老保险制度是指国家对立法确定范围内的老年人口，在退出劳动岗位后为其提供相应的收入保障，以满足老年人基本生活需要的制度安排。其目的是增强劳动者抵御老年风险的能力，使所有因年老而丧失劳动能力的人群获得基本生活保障，安度晚年。

养老保险作为社会保险制度的主要项目具有社会保险的性质和一般特征，即强制性、互济性和普遍性。但与疾病、失业、工伤等社会风险相比，养老问题与养老风险具有其特殊性，这也使得养老保险具有自身的特征。主要表现为保障水平的适度性、保障时间的长期性、保障地位的特殊性等。

1. 保障水平的适度性

社会保障水平是动态的。一方面，养老保险水平应随着经济社会发展水平的变化而变化，保证老年人能够分享经济社会的发展成果；另一方面，养老保险对老年人生活的保障应处于适度水平，其整体水平应高于贫困救济线和失业保险待遇，但低于社会平均工资和个人在职时的收入水平。

2. 保障时间的长期性

养老保险通常都是劳动者在年轻时参加，达到退休年龄办理退休手续后再领取。因此，养老保险的长期性表现在两个方面：一是养老金积累的长期性，即缴费时间长达数十年；二是养老金领取时间的长期性，参保人员达到享受待遇的条件与资格后，可以长期享受待遇直至死亡。

3. 保障地位的特殊性

一方面，养老风险具有普遍性，尤其在人均预期寿命延长，人口老龄化程度不断加深的情况下，养老风险应得到高度重视；另一方面，养老保险待遇较高（需要保障老年人的基本生活）、领取养老金的时间长、基金收支的规模庞大，这就决定了养老保险不仅是最重要的社会保险项目，而且在各国社会保障体系中占据着举足轻重的地位。

小链接 5-1

人口老龄化的标准与我国的人口老龄化特点

当一个国家或地区 60 岁及以上老年人口占总人口比例超过 10%，或 65 岁及以上老年人口数量占总人口比例超过 7% 时，意味着这个国家或地区进入老龄化。按照这个标准，我国于 1999 年进入老龄化社会。截至 2019 年年底，我国已有 60 岁及以上老年人口 2.54 亿人，占总人口的 18.1%，其中 65 岁及以上人口超过 1.76 亿人，占总人口的 12.6%，是当今世界上老年人数最多的国家。我国老年人口总量会由相对缓慢的增长状态转至快速增长，将在短短 10 余年相继冲上 3 亿人和 4 亿人大关，60 岁及以上老年人口比重在 2035 年时将达到 30% 左右。由于我国老年人口多、人口老龄化城乡和地区差异大、各地区发展存在不平衡不充分现象，人口老龄化的不断发展日益需要全局性、系统性、综合性的战略应对，才能保障亿万老年人享受老年幸福生活。

（资料来源：改编自杜鹏. 科学认识人口老龄化国家战略，经济日报，2021-03-26）.

二、构建养老保险制度基本原则

（一）权利与义务相对应的原则

目前大多数国家在养老保险制度中都遵循权利与义务相对应原则，即要求被保险人必须履行规定的义务后，才能具备享受养老保险待遇的权利。这些义务主要包括：必须依法参加基本养老保险制度，并依法缴纳养老保险费或税；必须达到法定的投保年限；同时，必须满足规定的领取条件才能享受养老金待遇。

（二）保障基本生活水平的原则

养老金是老年人生活最主要的经济来源之一，因此，在养老保险的基本方针中，首先应明确的就是要使养老金保持适度水平，其基本要求是使劳动者在退出劳动岗位后生活水平不会下降或不会下降过多。此外，由于养老金待遇是终身给付的形式，要考虑如何抵消物价上涨的影响，保证实际养老金收入水平不致降低。

（三）分享社会经济发展成果的原则

在社会经济发展、消费水平普遍提高的情况下，如果老年人的收入水平长期不动，即使考虑物价上涨的因素而给予一定补贴，其消费能力也有可能相对下降。因此，应建立基本养老金调节机制，保证老年人分享社会经济发展成果，有利于退休人员继续发挥余热，并鼓励在业者安心工作，努力生产。

三、养老保险制度基本框架

养老保险制度主要由以下内容构成：

（一）养老保险制度的法律文件

养老保险制度的法律文件主要包括国家及主管部门颁布的待遇给付条件、待遇给付标准、基金统筹规定、养老保险管理机构的规定和各项具体措施等。

（二）养老保险的保障对象

养老保险的保障对象是指其法定的适用对象和适用人群，因不同国家经济发展水平与政策规定的不同，保障对象也有所差异，如有些国家主要针对劳动者群体，有些国家则可以覆盖全体国民。

（三）养老保险基金的筹集模式与运营管理

养老保险基金的筹集模式主要包括基金筹集的模式选择、统筹区域等。目前的筹集模式主要有现收现付、完全积累和部分积累三种方式。养老保险基金运营管理包括选择基金运营方式及投资运营渠道等。

（四）养老待遇的给付

养老待遇的给付主要包括待遇给付的项目、待遇水平、给付标准及计算办法，退休金的计发途径以及退休金的调整等。而养老保险待遇给付范围的大小、项目的多少取决于一国的经济発展水平与养老保险制度成熟程度等因素。

（五）养老保险运行管理机构的设置

养老保险运行管理机构的设置主要包括行政管理机关、事务管理机构、基金运营机构、监督机构的设置，岗位与人员的配备以及各级权限的划分等。养老保险运行管理的良好与否，直接影响社会经济活动，关系到退休人员的生活保障和整个社会的稳定。

第二节 养老保险制度分析

一、养老保险制度类型

养老保险作为一种社会制度，是社会化大生产的产物，它的形成和发展，与一国的政治、历史、经济、文化有着密切的关系。不同国家的养老保险制度，都是处于不断发展变化中的。

从养老保险的发展历史看，19 世纪末到 20 世纪 50 年代初，是养老保险的形成时期；20 世纪 50 年代到 70 年代中期，是养老保险的发展时期；20 世纪 80 年代至今，是养老保险的改革探索时期。从世界范围看，养老保险一般可分投保资助型养老保险、国民年金型养老保险和强制储蓄型养老保险，如表 5-1 所示。

表 5-1 养老保险的主要模式

模式分类	国家责任	覆盖范围	保障水平	缴费	管理	典型国家
投保资助型	国家同企业、个人分别负担养老保险责任	覆盖范围广，基础养老金覆盖全体国民	多层次保障，满足投保人不同需求	保险费（税）由企业和个人缴纳	管理体系相对复杂，管理成本高	德国
国民年金型	国家承担养老保险责任	覆盖全体国民	普遍性保障水平较高	资金来源于国民税收	管理简单易行	瑞典
强制储蓄型	国家财政不支付保险费，政府只提供税收优惠政策	覆盖范围广，几乎覆盖所有居民	保障水平与缴费水平相关	保险费由企业和个人缴纳	公积金局统一管理	新加坡

（资料来源：改编自董梅苹. 社会保障概论. 3 版. 上海：华东理工大学出版社，2008.）

（一）投保资助型养老保险

投保资助型养老保险是在工业化取得一定成效、经济具有雄厚基础的情况下实行的，它起源于德国俾斯麦政府的养老保险制度，后为美国和日本所推崇。目前，世界上大多数国家都实施这种类型的保险制度。该模式强调以被保险人自保为主，国家给予适当资助，政府通过有关法律，以此作为强制性实施的依据。

该模式的主要特点有：

• 通过雇主与雇员共同缴费来筹资，国家不提供或只提供很少的资金，所筹集的养老保险基金实行年度平衡；

• 现收现付，实行代际分配，即正在就业的一代人缴纳养老保险费（税），直接用于支付已退休一代人的养老金；

• 养老金分配向低收入者倾斜，以体现社会公平；

• 养老金待遇多为收入关联型或规定受益型，即按受保人退休前收入的一定比例或统一金额发放。

（二）国民年金型养老保险

国民年金型养老保险模式主要是在第二次世界大战之后发展起来的，目前以瑞典为典型，丹麦、芬兰、挪威等也实行这种模式。国民年金型养老保险由国家通过一般性财政收入给予国民养老金，个人和企业无须专门缴费。但同时也有部分国家在此基础上实行双层或多层次养老保险制度，其中处于基础层次的养老保险采取政府负责的国民年金形式。

该模式的主要特点有：

• 养老保险覆盖全民，遵循"普惠制"原则，国民只要达到一定年龄要求，不论其经济地位和职业状况，都可以获得同一金额的基本养老金；

• 基金来源于一般税收，基本上由国家和企业负担，个人不缴纳保险费或缴纳低标准的养老保险费；

• 体现公平，养老保险待遇平等程度较高，具有较强的收入再分配能力。

（三）强制储蓄型养老保险

强制储蓄型养老保险又称公积金模式，实际上是一种国家强制实施的个人养老储蓄制度。1951 年强制储蓄型养老保险产生于马来西亚，目前以新加坡和智利最为典型，东南亚和非洲有 10 多个国家也采取这种模式。

该模式的主要特点有：国家依法要求雇主和雇员缴纳定额保险费，建立特别基金，专款专用，分别记入每个雇员的账户，由国家设立的基金会管理这些资金；当雇员年老或发生危险事故时，把其全部储蓄和利息一次性返还受保人，有时受保人也可自行选择分期领取养老金或储蓄存款分别交给遗属。

链接5-1：
视频讲解

二、养老保险重点问题分析

（一）养老保险基金筹集的模式

养老保险基金的筹集模式将决定养老保险制度的设计、运行和管理，主要有现收现付、完全积累和部分积累三种模式。基金筹集模式的选择受到多种因素的影响，如该国的经济发展水平、政府和个人应承担的责任比例、人口老龄化的程度以及资本市场的投资渠道等。

1. 现收现付制

现收现付制，实际上是收入分配在代与代之间的横向平衡，其原理是现在工作的一代供养已经退休的一代，是一种代际互济、社会互助、注重公平的模式，它要求每年筹集的费用和支出的保险金随着人口老龄化而相应地同步增长。

现收现付制的实施，需要拥有一个人口增长稳定、新增劳动力与退休人口相对平衡的大环境。在当今人口结构变化大、老龄化速度快的环境下，现收现付的基金筹集模式遇到了很大挑战，其实施难度很大。世界上出现了对现收现付模式进行改革的呼声和浪潮，在这场浪潮中，一些国家采取了从现收现付直接制到部分积累制、完全积累制的过渡。

2. 完全积累制

完全积累制，实质上是本代人在生命周期内，对自己的收入进行跨时间的分配，在不同历史时期纵向分散养老风险，更强调个人自我保障的一种模式。

这种基金筹集模式，需要拥有经济发展稳定、物价变动平稳的长期环境，以便于采取措施使积累基金做到保值与增值，往往是在养老保险制度实施之初，或是劳动者就业初始就开始实行此种筹资方式。此外，由于这种形式需要较大规模的储备，而这种储备通常被用于安全性较好的投资方向，所以一旦通货膨胀严重，严重的贬值现象将不可避免。目前，以智利和新加坡为代表的少数国家采用完全积累模式。

3. 部分积累制

部分积累制，是将现收现付制与完全积累制有机结合而形成的一种养老保险基金筹集模式。根据不同的保险建制原则，部分积累可以有两种解释：一种解释是将养老基金分为两部分，一部分为现收现付，用于目前退休者的最低养老保障，实现互济，另一部分存入个人账户，形成实在的积累基金；另一种解释是近期在以支定收的同时，多收一些资金并积累起来，用以弥补老龄化高峰的收支缺口，最终还是要回到现收现付模式。

部分积累制可以较好地将现收现付制和完全积累制的优点相结合，有利于应对人口老龄化风险，同时体现了养老保险的互济性功能，因此受到了越来越多的国家的推崇。但这种模式也不可避免地存在前两种模式的缺点，操作起来难度较大，同时伴随着较高的管理成本。

链接5-2：
视频讲解

（二）养老金给付计算方法

养老金是老年人退休后的主要经济来源，因其对经济发展和社会稳定影响最大、支付的时间最长，其计算方法较为复杂。一般来讲，养老金的计算方法大致分为两种：一种是绝对金额制（即均一制）；一种是薪资比例制。

1. 绝对金额制

绝对金额制也称均一制，这种计算方法是将被保险人及其供养的直系亲属，按不同标准划分为若干种类，每一种类的人按同一绝对金额发给养老金。这种计算方法与被保险人退休前工资的多少无关，多用于普通国民保险和家庭补贴的给付。

2. 薪资比例制

薪资比例制是按被保险人退休前某一段时间内的平均工资收入或最高工资收入的一定百分比，并考虑被保险人的投保年限、缴纳保险费的数额以及就业年限等资格条件，计算其应得到的养老金待遇。如果与投保年限有关，养老金的计算通常是计算基数乘以一定的比例，再乘以投保年限。在这种情况下，一定的百分比并不是最重要的，养老金的多少更多地取决于基数和投保年限两个因素。这种类型的养老金给付实际上是过去所得的置换，不同的仅是过去所得的一定比例而已。雇员缴费的养老金制度通常采用这种计算方式。

（三）养老金替代率分析

养老金替代率是指养老金支付水平与工资收入的比值，是衡量养老保障水平的最重要指标。由于工资收入选取的指标不同，养老金替代率的意义是不同的，主要可以分为缴费工资替代率、社会平均工资替代率、个人退休前工资替代率等。在我国，养老金替代率通常以社会平均工资替代率来衡量。

社会平均工资替代率是指社会平均养老金占当期社会平均工资的比例。其中，社会平均养老金是指全体退休者的人均养老金收入，社会平均工资是指当期全体在业者的人均工资收入。这一指标表明了同一时期退休者与在业者的收入对比关系。由于社会平均工资替代率的计算基础，即当期社会平均工资是动态的，可以较容易观察到退休人员分享经济增长成果的水平，同时也可以较容易看出退休收入与当期消费的对比关系，从而反映退休人员的实际生活保障状况。在经济高速增长的国家，采用这一指标对保障退休人员的收入尤其重要。

养老保险制度的一个重要原则就是保证退休者的基本生活水平，而养老金替代率就是一个合适的衡量指标，它既是一个经济指标，也是一个社会发展指标。养老金替代率的高低受到一国养老保险目标定位、养老金给付指数调节、地区居民生活水平、个人经济承受能力等因素的影响。1967 年国际劳工组织《社会保障最低标准公约》提出，最低替代率水平以缴费年限是否满 30 年作为一项区别条件，缴费满 30 年并且有达到退休年龄配偶需要赡养的退休劳动者，其基本养老金替代率水平最低为 45%。同年的第 131 号建议书将上述标准提高 10%。

链接5-3：
视频讲解

三、养老保险制度改革与未来发展

（一）养老保险制度改革主张

总体来说，养老保险制度改革的建议和方式多种多样，每个国家的改革都是在自己国家的经济、文化和社会背景下进行的。从世界银行与国际劳工组织两大国际组织所提出的养老保险制度改革主张、方向和措施来看，虽然不能代表所有国家改革的思想和方法，但在相当程度上表达了世界各国对养老保险制度改革的要求以及改革的思路，如表 5-2 所示。

表 5-2　有关养老保险制度改革的两种主张

世界银行	国际劳工组织与国际社保协会
经济性制度目标	社会性制度目标
基金个人账户与完全积累	基金社会统筹、现收现付、部分积累
基金以收定支	基金以支定收
待遇水平不确定	待遇水平确定
民营管理体制	公共管理体制
结构性调整	参量式调整

世界银行认为，现收现付养老保障模式存在许多缺陷，主张对现收现付模式进行根本性变革。为此，世界银行在 1994 年提出的改革方案是：建立以基金积累制为核心的三支柱的养老保障体系——强制性、税收筹集、政府管理的现收现付的第一支柱；强制性、个人筹资或雇主雇员共同筹资、私营管理、完全积累的缴费确定型的第二支柱；自愿性的第三支柱。作为一个世界性的经济组织，世界银行更强调养老保障制度的经济目标，认为积累基金的市场化投资能够积极促进经济的增长，只有经济发展了，老年人的生活保障才会得到持续改善。

国际劳工组织作为以保护社会弱者、维护社会公平为宗旨的国际专业性组织，认为养老保险制度的目标应更具社会性。同时，国际劳工组织认为，现收现付制虽然存在一些问题，但可以通过进行参数式的调整（如提高退休年龄、适当降低养老金水平等），加强管理来克服。国际劳工组织也提出了一个三支柱的改革方案，与世界银行不同的是，其第二支柱表现为公共管理、现收现付与待遇确定。

（二）养老保障"三支柱"模式

世界银行在《为了避免老龄化危机》中提出了自己对养老金制度的改革建议。该报告提出，一个国家的老年保障，必须同时提供储蓄、再分配以及保险三个功能，为此，应建立"三支柱"养老保障模式，如图 5-1 所示。

1. 第一支柱：强制性公共管理支柱，即公共养老金计划

这是政府向全体就业人员强制性推行的公共养老金计划，用于保障员工退休后的基本生活

需要。该计划由政府通过税收融资，强制实施，一般采取现收现付制。

2. 第二支柱：强制性私营管理支柱，即企业补充养老金计划

这是私人和公共部门的雇主向雇员提供的一种辅助性的补充养老金计划，其目的是提高员工退休后的生活水平。在政府鼓励下，企业为员工建立的补充养老金保险，采用个人账户积累和市场化运营模式；其缴费可由企业完全承担，或由企业和员工双方共同承担，承担比例由雇佣双方协议确定。

3. 第三支柱：自愿性支柱，即个人储蓄养老金计划

这是政府鼓励全体就业人员为养老而进行储蓄的计划，由商业保险公司举办，员工根据个人收入情况自愿参加。该计划强调自由支配的灵活性和自愿性，为那些希望在老年时得到更多收入的人提供额外保护。

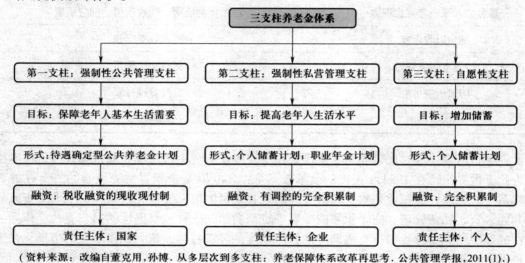

（资料来源：改编自董克用，孙博. 从多层次到多支柱：养老保障体系改革再思考. 公共管理学报，2011(1).）

图5-1 "三支柱"养老金体系结构图

（三）养老保险制度发展趋势

随着世界范围内人口老龄化进程的加快和旧体制积累产生的政府财政负担过重、劳动力成本上升、产品竞争力下降、管理低效、财富代际转移等问题的出现，各国都在谋求对养老保险制度进行改革。改革趋势表现在以下几个方面：

1. 目标和层次多样化

各国养老保险基金筹集渠道及制度的目标都趋向多样化。养老保险的目标正由单一消除贫困、保障老年人基本生活需求向促进储蓄和经济增长、消除贫困的多种目标转化。同时，养老保险制度由单一的基本养老保险向多层次、多形式的多元支持体系转变，在基本养老保险的基础上建立起了企业补充养老保险、个人年金保险等多个层次，在养老金层面也呈现国民年金低保化、职业养老金市场化和个人储蓄养老制度化，共同保证养老目标的实现。

2. 领取年龄推迟

随着人类预期寿命延长和工作方式变革，人们的工作年限已经大大延长，原有养老保险制度所设计的给付年龄已不能适应加快的人口老龄化进程，政府为缓解支付危机不得不逐步提高退休年龄。有大约半数的经济发展与合作组织（OECD）国家，已经或者计划提高法定退休年龄，其中18个国家着眼于提高妇女退休年龄，14个国家着眼于提高男性劳动者的退休年龄。2010年，OECD国家男性劳动者平均退休年龄为62.9岁，女性为61.8岁。[1]

3. 管理运作市场化

一方面，养老基金由政府暗补转向明补或不补贴，以遵循市场化操作原则，使养老金运营走向自我平衡，实现最大限度的增值；另一方面，养老基金的管理由公营趋向私营化，政府责任仅仅限于严格的法律监督、业务指导和最后担保。世界银行研究表明，由于国有养老机构大都依附于国家财政，很容易因国家政策被侵蚀，只有具备独立经营权或交给具有利益约束的私营机构进行市场化运作才能保证养老基金的积累增值，以确保纳税人的利益。

链接5-4：
视频讲解

第三节　我国基本养老保险制度

长期以来，在我国城乡二元经济体制的影响下，养老保险制度也呈现出二元分割状态。目前，在城镇，企业职工基本养老保险和国家机关事业单位基本养老保险已经实现"并轨"，同时，伴随着新型农村养老保险与城镇居民基本养老保险制度的统一，城镇职工和城乡居民基本养老保险。

一、我国基本养老保险制度变迁

（一）城镇职工养老保险制度变迁

1. 养老保险制度创立与曲折发展阶段（1951—1983年）

新中国成立后，政务院于1951年颁布了《中华人民共和国劳动保险条例》，它规定了企业职工的养老保险费由企业负担，建立了企业职工退休养老制度。1955年，国务院建立了国

---

[1]　蔡昉. 退休年龄：世界难题与中国国情. 今日中国论坛，2012（8）.

家机关事业单位人员退休养老制度。1957 年颁布的《国务院关于工人、职员退休处理的暂行规定》对企业、事业、机关职工养老保险政策做了必要的统一，我国从此建立起了统一的退休制度。

"文化大革命"使当时运行良好的企业职工养老保险制度遭到破坏。1969 年财政部下文取消社会统筹的社会养老保险制度，社会养老保险变成了企业养老保险。

2. 养老保险制度的改革阶段（1984—2000 年）

改革开放之后的养老保险制度改革可以从 1984 年开始算起，当时国家在广东东莞、江门进行养老保险社会统筹试点，试图突破单位保险的框架。1986 年，国务院颁布《国营企业实行劳动合同制暂行规定》，决定国营企业新招收的工人一律实行劳动合同制，并规定了劳动合同制工人退休养老保险费用由国家、企业和个人三方共同缴纳的原则。1991 年，国务院在总结部分省市试点经验的基础上，颁布了《企业职工养老保险制度改革的决定》，提出了企业职工养老保险制度改革的一些基本原则和基本要求，明确了建立社会基本养老保险、企业补充养老保险和个人储蓄相结合的多层次养老保险体系的目标。

1993 年颁布的《中共中央关于建立社会主义市场经济体制若干问题的决定》提出"建立多层次的社会保障制度"的基本思路，指出"城镇职工养老和医疗保险金由单位和个人共同负担，实行社会统筹与个人账户相结合"的制度。1995 年发布的《国务院关于进一步深化企业职工养老保险制度的通知》，对基本养老保险计发办法、个人账户建立等重大问题做出了改革，明确规定基本养老保险费用由企业和个人共同负担，实行社会统筹与个人账户相结合。

1997 年 7 月，国务院颁布《关于建立统一的企业职工基本养老保险制度的决定》，在总结各地试点经验的基础上对企业职工养老保险制度在三个方面进行了统一：统一了缴费率，即企业缴费一般不超过企业工资总额的 20%，1997 年个人缴费比例不低于个人工资的 4%，以后每两年提高一个百分点，最终达到 8%；统一了个人账户的规模，即规定按职工本人缴费工资的 11% 建立基本养老保险个人账户，个人缴费全部记入个人账户，其余部分由企业缴费中划入；统一了基本养老金计发办法，退休职工的基本养老金由基础养老金和个人账户养老金两部分组成，基础养老金为当地职工上年度月平均工资的 20%，个人账户养老金为个人账户积累额除以 120。此次改革是经过充分的地方性探索和全国性大讨论后实行的统一制度，统账结合的原则迅速得到推广和扩大，参保人数持续增加。

3. 养老保险制度的完善阶段（2001 年至今）

近几年来，由于我国养老金水平的提高和退休人数的增多，社会统筹资金的支付压力越来越大。在这种局面下，2000 年国务院发出《关于印发完善城镇社会保障体系试点方案的通知》，对正在确立的基本养老保险制度进行了改进，包括分离基本养老保险的社会统筹与个人账户，对社会统筹与个人账户基金实行分账管理，并决定做实个人账户，准备尝试与资本市场对接，并于 2001 年 7 月 1 日正式在辽宁省试点。2005 年 12 月 13 日，国务院颁布了《关于完善企业职工基本养老保险制度的决定》，在扩大基本养老保险覆盖范围、逐步做实个人账户和改革基本养老金计发办法等方面做出新的规定。2011 年 7 月 1 日正式实施的《中华人民共和国社会保险法》对城镇职工基本养老保险的参保对象、制度模式、待遇领取标准以及管理方式等进行了规定。

党的十八大后，党中央、国务院开始组织有关部门进行养老保险制度的"顶层设计"，其中一个重要的问题是改革机关事业单位养老保险制度，解决"双轨制"矛盾问题。2015年1月，国务院颁布《关于机关事业工作人员养老保险制度改革的决定》，从2014年10月1日起，将全国机关事业单位工作人员的退休保障制度改革为社会统筹与个人账户相结合的基本养老保险制度。此项改革标志着近4 000万机关事业单位人员将和企业职工一样缴纳养老金，我国机关事业单位与企业职工养老保险"双轨制"终于在制度上合二为一。

2016年4月，人社部、财政部印发了《关于阶段性降低社会保险费率的通知》，决定从2016年5月1日起，企业职工基本养老保险单位缴费比例超过20%的省（区、市）将单位缴费比例降至20%。2019年国务院印发的《降低社会保险费率综合方案》对养老保险等社会保险的单位缴费比例进行了降费规定，各省级地区职工基本养老保险的单位缴费比例高于16%的，自2019年5月1日起可降至16%，对缴费基数也进行了调整，并综合推出改革和保障措施。该项措施是减轻企业负担、促进实体经济发展和深化供给侧结构性改革的重要举措。

（二）我国城乡居民基本养老保险制度变迁

1. 我国农村养老保险制度的变迁

我国农村社会养老保险建制较晚，从20世纪80年代中期开始的探索性建设到2014年，农村社会养老保险大体可以划分为四个发展阶段：

（1）试点阶段（1986—1991年）。

改革开放以后，随着农村经济的进一步蓬勃发展和乡镇企业的兴起，农村居民的养老保险需求越来越高。1986年，民政部和国务院有关部委在江苏省沙洲县召开了"全国农村基层社会保障工作座谈会"，会议根据我国农村的实际情况决定因地制宜地开展农村社会保障工作。民政部于1987年先后在经济条件较好的山东、北京、上海等地的1 000多个县进行了农村养老保险的试点工作。这标志着农村社会养老保险在我国开始起步。

（2）推广发展阶段（1992—1997年）。

1991年6月，民政部农村养老办公室制定了《县级农村社会养老保险基本方案》，确定了以县为基本单位开展农村社会养老保险的原则，并决定从1992年1月1日起在全国实施。至此，农村养老保险工作得到迅速展开。截至1997年年底，全国已有30个省（自治区、直辖市）2 000多个县（市、区、镇）开展养老保险工作，有8 200多万农村人口参加养老保险，积累基金140多亿元，已有近56万人领取养老金。[①]

（3）整顿规范阶段（1998—2005年）。

1998年政府机构改革，国务院把民政部门管理的农村社会养老保险事务划归劳动和社会保障部门负责管理。在这个阶段由于受多种因素的影响，全国大部分地区农村社会养老保险工作出现了参保人数下降、基金运行难度加大等困难，一些地区农村社会养老保险工作甚至陷入

① 时正新. 中国社会福利与社会进步报告（1998）. 北京：社会科学文献出版社，1998.

停顿状态①。1999 年 7 月，国务院指出，目前我国农村尚不具备普遍实行社会养老保险的条件，决定对已有的业务实行清理整顿，停止接受新业务，有条件的地区应逐步向商业保险过渡。

（4）新农保试点推广阶段（2006—2014 年）。

2006 年，按照《劳动和社会保障事业发展"十一五"规划纲要》关于"探索建立与农村经济发展水平相适应，与其他保障措施相配套的农村社会养老保险制度"的要求，我国启动了新型农村社会养老保险制度建设试点工作。2009 年 9 月，《国务院关于开展新型农村社会养老保险试点的指导意见》发布，提出要在中国农村探索建立个人缴费、集体补助、政府补贴相结合的新农保制度，保障农村居民老年基本生活。

新农保试点的基本原则是"保基本、广覆盖、有弹性、可持续"。其主要内容包括：在筹资方式上，以个人缴费、集体补助和政府补贴相结合；同时"个人账户"和"政府直接提供的基础养老金"相结合，即将个人缴费、集体补贴、基层政府补贴全部纳入个人账户，在老年农民领取养老金时，由政府直接提供"基础养老金"。

2. 我国城镇居民养老保险制度

2011 年 6 月《国务院关于开展城镇居民社会养老保险试点的指导意见》发布，国务院决定 2011 年 7 月 1 日向全国推广城镇居民养老保险试点。城镇居民社会养老保险是覆盖城镇户籍非从业人员的养老保险制度，这项制度和城镇职工养老保险体系、新型农村社会养老保险制度共同构成我国社会养老保险体系，其建立标志着我国养老保险体系在制度上实现了"全民保险"，即覆盖全体国民的社会保险。

3. 统一的城乡居民养老保险制度

2014 年 2 月，国务院正式决定合并新型农村社会养老保险和城镇居民社会养老保险，并颁布《国务院关于建立统一的城乡居民基本养老保险制度的意见》，我国城乡居民养老保险制度正式建立。

城乡居民养老保险制度与原来的两种居民养老保险制度在内容上基本相同，主要不同表现为：扩大个人缴费档次的选择范围，地方政府补贴力度增加；取消了"新农保"领取养老金的资格条件中"已年满 60 岁、未享受城镇职工基本养老保险待遇的，不用缴费，可以按月领取基础养老金，但其符合参保条件的子女应当参保缴费"的规定；增加了城乡居民养老保险制度内部转移接续的规定；同时，待遇有所提高，全国城乡居民基本养老保险基础养老金最低标准在原每人每月 55 元的基础上增加 15 元，提高至每人每月 70 元。

至此，城镇职工基本养老保险制度和城乡居民社会养老保险制度共同构成了我国的基本养老保险体系，实现了制度全覆盖。

小链接 5-2

不同国家间养老保险制度可以转移接续吗——欧盟经验

欧盟各国养老保险制度基本上都是全国统筹，劳动力在本国流动不存在养老保险的转移接续问题。

---

① 俞仁龙. 浙江农村建立社会养老保险制度的经济可行性分析. 嘉兴学院学报，2005（4）.

随着经济一体化发展，劳动力开始跨国流动转移就业。欧共体在解决跨国养老保险制度转移接续时，设计的总体思路是进行多边合作和协调。针对社会保障的协调问题，欧盟专门建立了由《欧共体 1408/71 号条例》和《欧共体 574/72 号条例》构成的"欧盟社会保障法令"，对不同国家社会保障制度的转移接续进行协调，具体经验如下：兼容差异，维护制度稳定；一地（工作地）参保，避免重复利得；权益累计，延续保障关系；比例支付，匹配待遇贡献。这些实践明确了劳动力流动的社会保障权益及其待遇计算方法和标准，从而巧妙地保障了转移就业劳动力的合法权益。

（资料来源：张栋. 我国养老保险制度转移接续的协调机制研究——基于欧盟经验. 现代管理科学，2016（11）：114-116. ）

链接5-5：视频讲解

二、我国基本养老保险制度现状与特点

（一）我国基本养老保险制度现状

目前，我国基本养老保险制度包括城镇职工基本养老保险制度和城乡居民基本养老保险制度，采用基础养老金与个人账户养老金相结合的模式，也称为统账结合的模式。

1. 城镇职工基本养老保险制度

（1）参保范围。城镇企业单位职工、个体劳动者、按照公务员法管理的单位、参公机关事业单位及其编制内的工作人员。

（2）资金筹集。单位和个人共同缴费，单位缴纳本单位工资总额的 16% 并记入统筹账户，职工个人缴纳缴费工资的 8% 并记入个人账户。个人账户按照国家统一公布的记账利率计算利息，免征利息税，属于职工个人所有，可以继承。

城镇个体工商户和灵活就业人员参加基本养老保险的缴费基数按照当地上年度在岗职工平均工资分为若干档次，缴费比例为 20%，其中 8% 记入个人账户，退休后按企业职工基本养老金计发办法计发基本养老金。

（3）领取条件。在享受资格方面，除有特殊规定外，现行政策规定享受基本养老保险金需要具备的条件有两个：一是达到了国家法定退休年龄；二是在基本养老保险覆盖范围并且参加保险缴费期限满 15 年。职工退休时的养老金包括来自社会统筹基金中的基础养老金和来自个人账户中的养老金两个部分。个人缴费年限累计不满 15 年的，退休后不享受基础养老金待遇，其个人账户储存额一次性支付给本人。对于不同时间参加工作的职工，政策分别作了不同规定，充分考虑了政策的衔接性和过渡性。

（4）待遇支付。基本养老金由基础养老金和个人账户养老金构成，采用"新人新制度，老人老办法，中人逐步过渡"的计发方式。基础养老金月标准以当地上年度在岗职工月平均工资和本人指数化月平均缴费工资的平均值为基数，缴费每满 1 年发给 1%。个人账户养老金月标准为个人账户储存额除以计发月数，计发月数根据职工退休时城镇人口平均预期寿命、本人退休年龄、利息等因素确定，例如 60 岁退休的计发月数是 139 个月。对于"中人"，在发给基础养老金和个人账户养老金的基础上，再发给过渡性养老金。对于"老人"仍按国家原来的规定发给基本养老金，同时执行基本养老金调整办法。

（5）调整机制。建立基本养老金正常调整机制。根据职工工资和物价变动等情况，国务院适时调整企业退休人员基本养老金水平，调整幅度为省、自治区、直辖市当地企业在岗职工平均工资年增长率的一定比例。

（6）统筹层次。加快提高统筹层次。进一步加强省级基金预算管理，明确省、市、县各级人民政府的责任，建立健全省级基金调剂制度，加大基金调剂力度。在完善市级统筹的基础上，尽快提高统筹层次，实现省级统筹，为构建全国统一的劳动力市场和促进人员合理流动创造条件。

2. 城乡居民基本养老保险制度

城乡居民基本养老保险制度是依据《中华人民共和国社会保险法》，在总结新型农村社会养老保险（以下简称新农保）和城镇居民社会养老保险（以下简称城居保）试点经验的基础上，将新农保和城居保两项制度合并实施的全国范围内统一的社会养老保险制度。

（1）参保范围。年满 16 周岁（不含在校学生），非国家机关和事业单位工作人员及不属于职工基本养老保险制度覆盖范围的城乡居民，可以在户籍地参加城乡居民养老保险。

（2）资金筹集。由个人缴费、集体补助、政府补贴等构成。个人账户是国家为每个参保人员建立终身记录的养老保险账户，个人缴费、地方人民政府对参保人的缴费补贴、集体补助及其他社会经济组织、公益慈善组织、个人对参保人的缴费资助，全部记入个人账户。个人账户储存额按国家规定计息。

个人可以自主选择缴费档次，有条件的村集体经济组织应当对参保人给予补助。政府对符合领取城乡居民养老保险待遇条件的参保人全额支付基础养老金，地方人民政府应当对参保人缴费给予补贴，具体标准和办法由省（区、市）人民政府确定。

（3）领取条件。参加城乡居民养老保险的个人，年满 60 周岁、累计缴费满 15 年，且未领取国家规定的基本养老保障待遇的，可以按月领取城乡居民养老保险待遇。

（4）待遇支付。城乡居民养老保险待遇由基础养老金和个人账户养老金构成，支付终身。其中，中央确定基础养老金最低标准，建立基础养老金最低标准正常调整机制，根据经济发展和物价变动等，适时调整全国基础养老金最低标准。地方人民政府可以根据实际情况适当提高基础养老金标准；对长期缴费的，可适当加发基础养老金，提高和加发部分的资金由地方人民政府支出。个人账户养老金的月计发标准，目前，为个人账户全部储存额除以 139（139 是现行职工基本养老保险个人账户养老金计发系数）。参保人死亡，个人账户资金余额可以依法继承。

此外，还对制度衔接、基金运营管理、监督等方面都进行了规定。城乡居民基本养老保险的建立是中国基本养老保险制度改革和城乡统筹发展迈出的重要一步。

（二）我国基本养老保险制度特点

我国基本养老保险制度经过几十年的深刻变革取得了瞩目的成就，从自我封闭的单位保障制走向开放式的社会保险制，从少数人的专利发展成全体老年人的共同福祉，从单一责任主体走向多方分担责任，从单一层次走向多层次化，成为惠及所有老年人的社会保障制度。主要的制度特点如下：

1. 制度全面覆盖，规模最大

养老保险制度从只覆盖城镇劳动者到覆盖全民，实现了从少数人的专利到普惠所有老年人的升华，这是制度安排逐步走向公平的客观标志。我国基本养老保险制度已经实现了对全体老年人的覆盖，惠及所有老年人。截至 2020 年年底，全国参加基本养老保险的人数近 10 亿人，其中城镇职工（含企业职工与机关事业单位工作人员）为 45 638 万人，城乡居民为 54 244 万人；待遇领取人数已超过 2.8 亿人。这一制度成为全国所有老年人稳定的经济来源，对收入分配的调节作用日益显现。

2. 保障基本水平，待遇稳步调整

我国基本养老保险制度以保障人民基本生活水平为目标，根据经济发展水平和各方面承受能力，合理确定基本养老金水平，并建立正常调整机制。

根据职工工资和物价变动等情况，适时调整机关事业单位、企业退休人员基本养老金水平，调整幅度为省、自治区、直辖市当地企业在岗职工平均工资年增长率的一定比例。

城乡居民基本养老保险待遇主要是通过对基础养老金的定时调整来进行调节，统筹考虑城乡居民收入增长、物价变动和职工基本养老保险等其他社会保障标准调整情况，适时提出城乡居民全国基础养老金最低标准调整方案。

在中国反贫困战略中，基本养老金制度发挥了巨大作用，有效地降低了老年贫困的风险。

3. 多方负担筹资，统账结合权责明确

制度从单一主体承担责任走向多方共担责任，即以政府、用人单位与个人分担责任的筹资机制替代原来的政府或企业单方承担责任，使制度能够更加适应人口结构变化与社会发展规律，也使得养老责任分担更加明确。当前我国基本养老保险制度采用统账结合模式，养老金待遇由基础养老金与个人账户养老金两部分构成，注重公平与效率、权利与义务基本对等、政府、单位和个人责任分担。

4. 重视多层次，鼓励其他支柱发展

随着人口老龄化进程加快，单一层次的养老保险制度已经不足以应对人口老龄化带来的养老金支付压力。我国养老保险制度正在从单一层次走向多层次养老保险体系，政府主导的法定基本养老保险、用人单位主导的企业年金或职业年金以及个人可选择参与的商业性养老保险三足并举成为多层次养老保险制度的建设目标。其中，基本养老保险制度是首要和最基础的支柱，正在发挥着不可替代的重要作用，而第二支柱和第三支柱则是未来发展的重点。

三、我国基本养老保险制度的近期改革

我国基本养老保险制度自建立以来，一直在不断完善，在覆盖广度、筹资机制、待遇调整

机制、计发机制、投资管理、转移接续、制度统筹等方面都进行了积极有效的改革。在此，选取几个要点做介绍。

（一）基本养老保险基金投资办法改革

基本养老保险基金（以下简称养老基金）包括企业职工、机关事业单位工作人员和城乡居民养老基金，是广大群众的"养命钱"，也是重要的公共资金。2019 年年末基本养老保险基金累计结存 62 873 亿元，其中城镇职工基本养老保险基金累计结存 54 623 亿元，城乡居民基本养老保险基金累计结存 8 249 亿元。

随着养老基金积累快速增加，人口老龄化挑战日益严峻，现行的银行存款、购买国债方式已经不能适应基金保值增值的需求。为了加强基金管理，完善投资政策，国务院于 2015 年 8 月颁布《基本养老保险基金投资管理办法》，对企业职工、机关事业单位工作人员和城乡居民养老基金的投资管理进行了明确规定，指出养老基金实行中央集中运营、市场化投资运作，由省级政府将各地可投资的养老基金归集到省级社会保障专户，统一委托给国务院授权的养老基金管理机构进行投资运营。基金投资运营采取多元化方式，通过组合方案多元配置资产，保持合理投资结构。国家对养老基金投资运营给予专门政策扶持，通过参建国家重大工程和重大项目、参股国有重点企业改制、上市等方式，保证养老基金投资获取长期稳定的收益。

（二）推进养老保险关系转移接续和制度衔接

为切实保障参加基本养老保险人员的合法权益，促进人力资源合理配置和有序流动，保证参保人员跨省、自治区、直辖市（以下简称跨省）流动并在城镇就业时基本养老保险关系可以顺畅转移接续，人力资源和社会保障部等部门先后制定了多项办法推进基本养老保险关系的转移接续和制度衔接工作。

在转移接续方面，2009 年 12 月，人力资源和社会保障部、财政部发布《城镇企业职工基本养老保险关系转移接续暂行办法》，规定自 2010 年 1 月 1 日起，包括农民工在内所有参加城镇企业职工基本养老保险的人员，其基本养老保险关系可在跨省就业时随同转移，在转移个人账户储存额的同时，还转移 12% 的统筹基金（单位缴费）。之后陆续发布相关通知进行补充完善。

在制度衔接方面，主要聚焦于城乡养老保险关系衔接问题。2014 年 2 月，人力资源和社会保障部、财政部下发《关于印发〈城乡养老保险制度衔接暂行办法〉的通知》，规定参加城镇职工养老保险和城乡居民养老保险人员，达到城镇职工养老保险法定退休年龄后，城镇职工养老保险缴费年限满 15 年（含延长缴费至 15 年）的，可以申请从城乡居民养老保险转入城镇职工养老保险，按照城镇职工养老保险办法计发相应待遇；城镇职工养老保险缴费年限不足 15 年的，可以申请从城镇职工养老保险转入城乡居民养老保险，待达到城乡居民养老保险规定的领取条件时，按照城乡居民养老保险办法计发相应待遇。参保人员不得同时领取城镇职工养老保险和城乡居民养老保险待遇。做好城乡养老保险制度衔接工作，有利于促进劳动力的合理流动，保障广大城乡参保人员的权益，对于健全和完善城乡统筹的社会保障体系具有重要意义。

（三）建立企业职工基本养老保险中央调剂制度

实现基本养老保险全国统筹一直被视为养老保险制度改革的"牛鼻子"。由于我国 2013 年才将部分社会保障事务纳入央地共同事权，长期以来缺乏全国统一的社会保险机构建设和共同规范，不仅增加了养老保险基金的风险，还逐步形成了各地基金的差距。2017 年年末全国企业职工基本养老保险基金累计结存约 4.12 万亿元，其中广东结余 8.65 亿元，黑龙江在 2016 年年底就已经收不抵支，地域之间结余差距较大。

2018 年 6 月，国务院印发《关于建立企业职工基本养老保险基金中央调剂制度的通知》，明确养老保险基金中央调剂制度从 2018 年 7 月 1 日起实施。中央调剂金制度作为实现养老保险全国统筹的第一步，基本原则是促进公平、明确责任、统一政策和稳步推进。主要内容如下：中央调剂基金由各省份养老保险基金上解的资金构成。按照各省份职工平均工资的 90% 和在职应参保人数作为计算上解额的基数，上解比例从 3% 起步，逐步提高；中央调剂基金实行以收定支，当年筹集的资金全部拨付地方。中央调剂基金按照人均定额拨付，根据人力资源和社会保障部、财政部核定的各省份离退休人数确定拨付资金数额；中央调剂基金是养老保险基金的组成部分，纳入中央级社会保障基金财政专户，实行收支两条线管理，专款专用，不得用于平衡财政预算。中央调剂基金采取先预缴预拨后清算的办法，资金按季度上解下拨，年终统一清算。同时，也提出了中央财政补助、强化预算管理、建立健全奖惩机制及推进信息化建设的健全保障措施。建立养老保险基金中央调剂制度是加强基本养老保险体系建设的重要内容，着力解决发展不平衡不充分的突出问题，围绕建立健全更加公平更可持续养老保险制度目标，坚持促进公平、明确责任、统一政策、稳步推进的基本原则，事关改革、发展和稳定全局。

链接5-6：
视频讲解

第四节 职业养老金制度

一、职业养老金制度概述

（一）职业养老金制度的含义与特点

职业养老金制度是指在政府强制实施的公共养老金或者国家养老金制度之外，单位根据自身发展战略需要和经济实力建立的，旨在为本单位员工提供一定水平的退休收入保障的员工福利制度，是"多支柱"养老保障体系的重要组成部分。

作为主要的补充性养老金制度，国内外不同地区对职业养老金有不同的提法，包括职业年金、企业年金、私人养老金计划、雇主养老金计划等。本书采用"职业养老金"的称谓。

一般而言，职业养老金具有以下特征：① 补充性。职业养老金是国家基本养老金的补充，只有参加了国家基本养老保险计划的雇主和雇员才能建立和参加职业养老金计划；② 单位福利制度属性。职业养老金既不是社会保险，也不是商业保险，而是工作单位、组织为员工提供的提高养老金水平的福利；③ 职业性。参加者必须是有职业和单位的工作人员，雇主是职业养老金的发起人之一。雇主包括国家机关、企事业单位和社会团体等，并且雇主与雇员之间存在合法有效的劳动关系；④ 共担性。缴费由雇主和雇员按照一定比例共同承担；⑤ 私人属性。养老金存入个人账户，属于私人产品，可以携带和继承；⑥ 基金能够进行市场化运营；⑦ 职业年金计划的缴费和运营享受国家的税收优惠政策。

（二）职业养老金的缴费确定计划和待遇确定计划

国际上通常也将职业养老金计划按照资金筹集和运作模式的区别分为缴费确定计划（DC计划）和给付确定计划（DB计划）。从目前国际上的发展趋势来看，缴费确定型计划（DC计划）已经成为国际上职业养老金计划的主流，在养老金制度发达的美国，税收优惠带来的激励机制使得职工踊跃参与，从而推动了缴费确定型计划资产的快速增长。

1. 缴费确定计划

缴费确定计划也被称为个人账户计划，是指通过建立个人账户的方式，由企业和雇员定期按一定比例缴纳保险费（其中雇员少缴或不缴费），雇员退休时的职业年金水平取决于资金积累规模及其投资收益。

缴费确定计划的优点有：
- 雇主不承担将来提供确定数额养老金的义务，也不承担精算的责任，简便易行，透明度高；
- 企业与雇员缴纳的保险费免予征税，其投资收入予以减免税优惠；
- 养老金记入个人账户，对雇员有很强的吸引力，参加者在退休前终止养老金计划时，对其账户余额处置具有广泛的选择权，可以把资金转移到人寿保险公司或者继续留在原养老金计划中，到退休时一次性支取。

当然，缴费确定计划也有其本身的缺陷：
- 个人账户中的养老金受投资环境和通货膨胀影响比较大，养老金保值增值难度大；
- 缴费确定计划鼓励雇员在退休时一次性领取养老金，终止养老保险关系，但因为一次领取数额比较大，退休者往往不得不忍受较高的所得税率；
- 雇员个人承担较大投资风险，企业原则上不负担超过定期缴费以外的保险金给付义务。

2. 待遇确定计划

待遇确定计划也可以称为养老金确定计划，是指社会养老保险的发起者承诺养老待遇的水平或替代率，然后根据此替代率，并结合相关因素进行测算，根据以支定收的原则来确定养老保险的缴费比例。在养老金确定计划中，不实行个人账户制度。一般雇员不缴费，养老费用全部由雇主负担。

雇员退休时，按照在该企业工作年限的长短，从经办机构领取相当于其在业期间工资收入一定比例的养老金。参加待遇确定计划的雇员退休时，领取的养老金待遇与雇员的工资收入高低和雇员工作年限有关。具体计算公式为：

$$雇员（补充）养老金 = 若干年的平均工资 \times 系数 \times 工作年限$$

若干年的平均工资是计发养老金的基数。可以是退休前 1 年的工资，也可以是退休前 2~5 年的平均工资，还有的规定为在该企业工作期间收入最高的 10 年或者 15 年的平均工资。系数是根据工作年限的长短来确定的。如有的计划中规定该企业工作 30 年以上的，系数为 2%；低于 30 年的，系数在 1.5% 左右；有的计划规定，凡工作年限超过 15 年的，系数相同。系数乘以工作年限，构成雇员退休时个人养老金的替代率。

待遇确定计划的优点主要表现在：通过一定的收入替代率，保障雇员退休后获得稳定的职业年金。

其缺点主要表现在：

- 在 DB 计划中，一般都规定享有的资格或者条件，大部分规定必须工作满 10 年，也有规定满 5 年或者 15 年的，达不到这一条件，则雇员退休时不享受任何养老金；
- 该计划中的养老金，在雇员退休前不能支取，流动后也不能转移；
- 该模式下雇主承担的责任较大，雇主需承担因无法预测的社会经济变化引起的职业年金收入波动的风险。

3. 两种给付方法的比较

通过对两种养老金给付方式的介绍，可以发现，缴费确定计划的保险金给付水平最终受制于积累基金的规模和基金的投资收入，其保险基金保障的适度性最终取决于该国的金融市场条件和基金投资绩效，雇员要承担养老金的投资风险。而待遇确定计划的保险金给付水平，则取决于退休前职工的收入水平和就业年限，在没有全面建立起物价指数调节机制前，会面临通货膨胀的风险，如表 5-3 所示。

表 5-3　两种给付方法的比较

计划类型	投资风险	工资波动风险	稳定性风险	通货膨胀风险	长寿风险	灵活性	管理成本
待遇确定计划	雇主承担	存在	稳定	物价指数调整机制	不存在	较差	较低
缴费确定计划	雇员承担	不存在	不稳定	选择合理投资组合	存在	较好	较高

从理论上分析，缴费确定计划和待遇确定计划各有利弊，应该相互补充。对于缴费确定计划而言，只有当资本交易市场完善，有多样化的投资产品可供选择时，年金资产管理公司才能从投资中获取既定的收益，保证对年金持有人给付养老金和兑现投资收益。与此相反，待遇确定计划似乎更适应于金融市场发育状况还不是很完善的国家。

二、美国私人养老金计划

美国私人养老金计划（职业养老金计划）是美国养老保险体系的"三支柱"之一。据了解，美国相当一部分退休人员的退休收入大部分来源于私人养老金计划，基本养老金只占一小部分。一般来说私人养老金计划提供的养老金，加上基本养老金，可以达到雇员退休前收入的50%～55%，低收入人员则可达到70%～75%。

（一）私人养老金的管理和投资运营

美国的私人养老金计划，并不是由雇主或企业自己管理的，大多数是由雇员代表组织成立一个管理委员会进行管理，并雇用专门的管理人员从事具体的管理工作。管理工作包括四个方面：收缴、存储、投资和支付。私人养老金计划中的基金与企业的资金完全分离，属雇员集体所有，企业和雇主没有支配权。企业和雇主可以征得雇员代表同意后从基金中借支一部分资金，但最多不能超过基金的10%，且须照付利息。

私人养老基金一般委托人寿保险公司、商业银行、信托投资公司或个人受托人作为代理进行投资，选择的依据是这些投资机构的资信状况。受托人并不保证投资收益和基金积累规模，而由从事咨询的精算师评估基金投资收益和积累规模是否收益。

私人养老金计划的基金到底向什么方向投资，一般由基金管理人员规定，投资收益并入基金，实行个人账户的缴费确定计划，投资方向则由个人选择，投资收益记入个人账户。由于私人养老金计划一般都实行"基金制"，其资金流入一般都大于资金流出，并且养老金是一种长期负债，延期支付，所以积累起来的资金大部分可用于长期投资。其主要投资对象首先是公司股票，其次是公司债券和政府债券。私人养老基金是美国股票市场上的最大投资者之一，它的投资首先注重的是收益性原则，投资收益越大，雇主向养老金计划缴费就越少，投资管理人员的报酬就越高。

（二）401（K）计划

目前符合美国国内税收法规（IRCD）的私人退休金计划有401（K）计划、403（B）计划、457计划、501（C）（抵税年金，TSA）、IRAs计划（408）、团体年金保险（包括IPG、GIC、DA）等。

401（K）计划取名于美国《国内税收法案》第401条K款，美国政府称其为现金或延期安排退休计划，人们通常称其为401（K）计划。401（K）计划是一种缴费确定计划（DC），由雇主和雇员共同缴费，缴费和投资收益免税，只在领取时征收个人所得税，雇员退休后养老金的领取金额取决于缴费的多少和投资收益状况。

参加401（K）计划的雇员须年满21周岁，参加工作满一年，或累计工作时间满1 000小时。它的缴费包括个人缴费和公司缴费，公司向雇员个人账户的缴费称为额外缴费或配套缴费。公司缴费是自愿的，法律并未强制性要求，但目前有84%的公司为雇员配套缴费。

401（K）计划的运作及管理模式非常有特色。计划的发起人通常是雇主，账户基金来源于雇主和雇员的共同出资。设置托管机构，负责保管账户资产，全权负责组织实施计划的运作。计划管理人由公司指派或委托第三方机构，向参加计划的雇员和受益人提供咨询，保证雇员和受益人有获取退休金计划财务管理信息及其他有关文件的权利。投资管理人主要负责投资组合，一般要求雇用外部投资人帮助公司管理保障计划。401（K）计划投资范围较灵活，可投资公募基金、股票、债券、货币市场和雇主股票，员工可自行选择投资何种产品，同时自行承担投资风险。

401（K）计划之所以受欢迎，主要原因在于：账户基金享受税收优惠，投入 401（K）账户的基金，政府不对其所赚取的红利、利息和资本利得征税，只有个人从账户提款时才需缴纳所得税；账户具备便携性和转移性，员工更换企业时，既可以将账户余额从原企业转移至新企业，也可以将账户基金转至政府建立的个人退休账户；另外，在 401（K）计划中个人可获得不受"最低投资起点"限制的优惠，并且可以选择将个人账户的资金投资于专业化管理的基金。正是因为其独特的机制设计、管理原则、运作模式，401（K）计划在国际养老保险制度中独树一帜，对全球养老保险制度改革的影响巨大。

然而，受到 2008 年金融危机以及老龄化程度加深的影响，当前 401（K）计划也面临着一些问题。主要表现在：受到加入 401（K）计划的年轻人数减少，以及最初加入计划的"婴儿潮"一代人已进入领取期、大多数人将会在退休时取消账户的影响，401（K）计划的发展速度开始减缓；根据制度设计，401（K）计划的投资运营风险完全由雇员承担，一旦投资失败会导致难以挽回的损失，雇员承担了过重的风险；401（K）计划养老金的领取由雇员自己决定，他们多选择一次性领取，难以保证该养老资金在退休后合理使用，使养老的目的难以完全实现。

链接5-7：
视频讲解

三、我国职业养老金制度

我国职业养老金制度主要包括企业年金和职业年金。企业年金是指企业及其职工在依法参加基本养老保险的基础上，自主建立的补充养老保险制度。职业年金是指机关事业单位及其工作人员在参加机关事业单位基本养老保险的基础上，建立的补充养老保险制度。职业养老金制度是多层次养老保险体系的组成部分，由国家宏观指导、企业内部决策执行，与国家统一实施的基本养老保险既有联系又有区别。

（一）我国职业养老金制度变迁

我国首先建立的是企业年金制度。我国的企业年金制度是随着经济体制改革的不断深入，适应建立完善社会保障体系的需要，在不断总结国内外企业年金发展经验的基础上，逐步建立、探索和发展起来的。

20 世纪 90 年代初，企业年金制度在改革探索初期，采用了企业补充养老保险这一概念。1991 年，《国务院关于企业职工养老保险制度改革的决定》第一次提出要逐步建立起基本养老保险与企业补充养老保险和职工个人储蓄性养老保险相结合的制度，规定企业补充养老保险的资金从企业自有资金中的奖励、福利基金内提取。

1995 年，《国务院关于深化企业职工养老保险制度改革的通知》规定，企业按规定缴纳基本养老保险费后，可以在国家政策指导下，根据本单位经济效益情况，为职工建立补充养老保险，明确了举办补充养老保险的重要前提是必须参加国家基本养老保险。同年，劳动部印发的《关于建立企业补充养老保险制度的意见》提出，总结各地试点经验和借鉴国外做法，积极推动建立企业补充养老保险制度，特别是首先抓好大中型企业的补充养老保险试点工作。

1997 年，国务院发布的《关于建立统一的企业职工养老保险制度改革的决定》提出，要在国家政策指导下大力发展企业补充养老保险，同时发挥商业保险的补充作用，明确了我国企业补充养老保险和基本养老保险的关系。

2000 年，《国务院关于完善城镇社会保障体系的试点方案》将企业补充养老保险更名为企业年金，明确规定有条件的企业可以为职工建立企业年金，并实行市场费用由企业和职工个人缴纳，企业缴费在工资总额 4% 以内的部分，可从成本中列支。

2004 年，劳动与社会保障部开始实施《企业年金试行办法》，意在通过国家政策规范企业为个人进行的补充型养老保险福利，并大力推行此类型的养老保险，以缓解基本养老保险领取额较低的局面。办法规定企业年金基金实行完全积累，采用个人账户方式进行管理。

2015 年我国面向机关事业单位职工建立了职业年金制度。《机关事业单位职业年金办法》于 2015 年 4 月正式发布，规定在机关事业单位强制建立职业年金，发挥机关事业单位基本养老保险的补充作用，实行单位和个人共同缴费，单位缴费工资总额的 8%；个人缴费比例为本人缴费工资的 4%，采取个人账户方式管理。

2018 年 2 月，人力资源和社会保障部及财政部开始实施《企业年金办法》，同时废止原劳动和社会保障部 2004 年发布的《企业年金试行办法》。

为适应职业养老金制度发展，我国相继出台了多个基金管理办法，为制度发展提供法律保障。2011 年 12 月，人力资源和社会保障部等多部门联合颁布了《企业年金基金管理办法》，同时废止 2004 年发布的《企业年金基金管理试行办法》。2013 年先后发布《关于扩大企业年金基金投资范围的通知》《关于企业年金养老金产品有关问题的通知》。2016 年人力资源和社会保障部与财政部印发《职业年金基金管理暂行办法》，规定职业年金基金采取委托投资运营的方式管理，当遵循谨慎、分散风险的原则，充分考虑职业年金基金财产的安全性、收益性和流动性，实行专业化管理。职业年金基金财产限于境内投资，相关投资参照企业年金规定。2020 年年底，人力资源和社会保障部印发《关于调整年金基金投资范围的通知》，规定自2021 年 1 月 1 日起，年金基金投资范围扩大，权益类投资比例上限提升至 40%。

（二）我国职业养老金制度现状与特点

当前我国职业养老金制度按照同一制度，两种管理的方式进行。企业年金建立比较早，发展也相对成熟，职业年金是在双轨制并轨后建立的，基本参照了企业年金的规定方法。至2020 年年底，我国职业养老基金（包括企业年金基金和职业年金基金）规模达 3.54 万亿元，2020 年投资收益为 2 941.95 亿元。我国企业年金、职业年金制度初步建立，并在逐步完善，目前已经覆盖 5 800 多万人。

1. 企业年金制度现状与特点

按照《企业年金办法》和《企业年金基金管理办法》及相关规定，我国企业年金现行制度是指企业及其职工在依法参加基本养老保险的基础上，自主建立的补充养老保险制度。截至2020 年年底，我国建立企业年金的企业为 105 227 家，参加职工 2 717.53 万人。

（1）我国企业年金制度现状。

建立企业补充养老保险制度，应遵循自愿原则，补充养老保险的费率档次由企业根据自身经济承受能力确定。企业经济条件好时可以多补充，经济条件差时可以少补充或暂不补充。企业补充养老保险的待遇水平应与基本养老保险水平通盘考虑确定，不宜脱离基本养老保险水平而定得过高。

① 参保范围。符合建立企业年金条件的企业试用期满的职工。根据我国企业的现实情况，企业建立补充养老保险的前提条件，是该企业依法参加基本养老保险并履行缴费义务。同时，企业还必须具有相应的经济负担能力，这是建立企业年金最重要或最根本的条件。此外，已建立集体协商机制，民主管理基础较好，这也是企业年金建立和顺利实施的保证条件。

② 资金筹集。企业年金由有能力的企业自愿建立，所需费用由企业和职工个人共同缴纳。企业缴费每年不超过本企业职工工资总额的8%，企业和职工个人缴费合计不超过本企业职工工资总额的12%，具体所需费用由企业和职工一方协商确定。

企业年金基金实行完全积累，采用个人账户方式进行管理。个人缴费全部记入个人账户，企业缴费应当按照企业年金方案规定比例计算的数额记入职工企业年金个人账户。通常情况下，企业缴费由用人单位先确定企业年金的提取比例和费用总额，根据本企业人员构成情况，考虑职工责任轻重、贡献大小、工龄长短等因素，分档次确定系数，再按系数计算出每个人应得的份额，按照不同额度记入个人账户。这样可以较好地体现激励作用。企业应当合理确定本单位当期缴费计入职工企业年金个人账户的最高额与平均额的差距。企业当期缴费记入职工企业年金个人账户的最高额不得超过平均额5倍。

领取条件和待遇支付。职工在达到国家规定的退休年龄或者完全丧失劳动能力时，可以从本人企业年金个人账户中按月、分次或者一次性领取企业年金，也可以将本人企业年金个人账户资金全部或者部分购买商业养老保险产品，依据保险合同领取待遇并享受相应的继承权；出国（境）定居人员的企业年金个人账户资金，可以根据本人要求一次性支付给本人；职工或者退休人员死亡后，其企业年金个人账户余额可以继承。

企业年金个人账户中个人缴费及其投资收益自始归属于职工个人。职工企业年金个人账户中企业缴费及其投资收益，企业可以与职工一方约定其自始归属于职工个人，也可以约定随着职工在本企业工作年限的增加逐步归属于职工个人，完全归属于职工个人的期限最长不超过8年。

（2）我国企业年金制度特点。

① 自愿建立。在我国企业是否建立企业年金计划是自愿行为，由企业和职工协商决定，能够将企业和职工的利益更加紧密地联系在一起。

② 具有激励和补偿性。企业和职工共同缴费，企业可以根据职工的不同劳动贡献提供不同的企业年金缴费标准，以达到激励和补偿职工的作用。

③ 实行个人账户制和完全基金积累制。我国企业年金统一实行个人账户制的管理方式，个人缴费与受益制度性关联，明确职工缴费的权益。采用完全基金积累制的财务机制，具有较强的激励性。

④ 采用信托制和市场化管理。我国的信托型企业年金基金治理模式是在吸收公司型、基金会型和契约型优点基础上的治理模式。同时采用完全市场化的管理方式，政府提供税收优惠

并进行监管，基金运营实现自我平衡，充分发挥市场积极性并提高基金运营效率。

2. 职业年金现状与特点

按照《机关事业单位职业年金办法》《职业年金基金管理暂行办法》的规定，我国职业年金是指机关事业单位及其工作人员在参加机关事业单位基本养老保险的基础上，建立的补充养老保险制度。

（1）我国职业年金现状。

为建立多层次养老保险体系，保障机关事业单位工作人员退休后的生活水平，促进人力资源合理流动，机关事业单位应为本单位职工建立合理的补充养老金制度。

① 参保范围。适用的单位和工作人员范围与参加机关事业单位基本养老保险的范围一致。我国机关事业单位在实现基本养老保险制度的并轨后，在参加基本养老保险的基础上，应当为本单位职工建立职业年金制度。

② 资金筹集。职业年金基金由单位缴费、个人缴费、职业年金基金投资运营收益和国家规定的其他收入构成。其中，单位缴费按照个人缴费基数的 8% 计入本人职业年金个人账户；个人按本人缴费工资的 4% 缴费，直接计入本人职业年金个人账户。职业年金基金投资运营收益，按规定计入职业年金个人账户。

职业年金基金采用个人账户方式管理。个人缴费实行实账积累。对财政全额供款的单位，单位缴费根据单位提供的信息采取记账方式，每年按照国家统一公布的记账利率计算利息，工作人员退休前，本人职业年金账户的累计储存额由同级财政拨付资金记实；对非财政全额供款的单位，单位缴费实行实账积累。实账积累形成的职业年金基金，实行市场化投资运营，按实际收益计息。

③ 领取条件和待遇支付。工作人员在达到国家规定的退休条件并依法办理退休手续后，由本人选择按月领取职业年金待遇的方式。可一次性用于购买商业养老保险产品，依据保险契约领取待遇并享受相应的继承权；可选择按照本人退休时对应的计发月数计发职业年金月待遇标准，发完为止，同时职业年金个人账户余额享有继承权。本人选择任一领取方式后不再更改。

出国（境）定居人员的职业年金个人账户资金，可根据本人要求一次性支付给本人。工作人员在职期间死亡的，其职业年金个人账户余额可以继承。未达到上述职业年金领取条件之一的，不得从个人账户中提前提取资金。

（2）我国职业年金特点。

① 强制建立。按照《国务院关于机关事业单位工作人员养老保险制度改革的决定》，我国机关事业单位应当为其职工建立职业年金制度。这与企业年金制度的自愿选择有所不同。

② 资金共担。单位和职工共同缴费，缴费比例固定。

③ 实行个人账户制和完全基金积累制。我国职业年金统一实行个人账户制的管理方式，个人缴费与受益制度性关联，明确职工缴费的权益。采用完全基金积累制的财务机制，具有较强的激励性和保障性。

④ 采用委托投资，中央监管下的市场化运营。职业年金基金采取集中委托投资运营的方式管理，成立中央及省级职业年金基金管理机构评选委员会，负责通过招标形式选择、更换受

托人。

小链接 5-3

EET 模式下的企业年金计划

　　自 2014 年起，我国对企业年金个人所得税实行延期征税的"EET 模式"（E 代表免税，T 表示征税），即在年金缴费环节免税，在投资收益环节免税，在领取环节对个人征税。目前西方国家对企业年金计划的税收征收模式普遍是 EET 模式。因为与其他征税模式相比，EET 模式更有利于促进企业年金计划发展，从企业角度看，允许企业向企业年金计划的缴费税前列支，可以直接冲减企业当期的应税所得，从而降低企业的税收成本，同时，企业为职工进行的缴费不作为职工当期的应税工资，职工不必就这笔收入缴纳个人所得税，这有利于提高企业和职工参加企业年金计划的积极性，并可以充分发挥税收优惠政策作为企业年金制度"催化剂"的作用，从而有力地促进企业年金发展。

（资料来源：改编自闫俊，杨燕绥，刘方涛.
年金延期征税红利政策分析. 武汉金融，2015（2）.）

链接 5-8：
视频讲解

本章小结

　　养老保险制度是国家立法强制实施的，在劳动者退出劳动领域，失去劳动收入的情况下，保障劳动者年老后基本生活需要的社会保险制度。通过建立和健全养老社会保险制度，所有因年老而丧失劳动能力的人群都能获得基本生活保障，安度晚年。

　　养老保险的构建原则包括权利与资格条件相对应原则、保障基本生活水平原则、分享社会经济成果原则三种。其中，在权利与资格条件相对应原则中，资格条件又可以分为劳动义务与贡献、投保年限、工作贡献等。

　　养老保险的基本框架主要包括养老保险制度的法律文件、享受领取养老保险待遇的资格条件、养老保险基金的筹集模式与费率的规定、养老待遇的给付、养老保险运行管理机构的设置等方面。

　　养老金替代率是衡量劳动者退休前后生活保障水平差异的基本指标之一，是指劳动者退休时的养老金领取水平与退休前工资收入水平的比率。目前所使用的养老金替代率可以分为目标替代率、平均替代率和总额替代率三种。

　　从世界范围内来看，有关养老保险制度的主张主要有两种，分别是世界银行和国际劳工组织提出来的。世界银行提出的养老保险制度改革主要是以经济性制度为目标，它提倡由多重支柱构成的体制，用基金个人账户与完全积累来代替现收现付的资金筹集模式，基金以收定支，待遇水平不确定。国际劳工组织认为，养老保险制度改革主要是为了防止老年贫困，提高退休收入，它以社会性制度为目标，基金以支定收，待遇水平确定。

　　职业养老金制度是单位为员工提供的补充养老保险，是基本养老保险的补充和辅助，是"多支柱"养老保障体系的重要组成部分。按照资金筹集和运作模式的区别可分为缴费确定计划和待遇确定计划。

关键名词

　　养老保险　养老金替代率　社会统筹　个人账户　职业年金　企业年金　缴费确定计划
待遇确定计划

复习思考题

1. 什么是养老保险？它有什么具体的功能？我国人口老龄化的发展会对养老保险制度带来哪些影响？
2. 养老金替代率有什么含义？其在养老保险制度中占有什么位置？如何看待我国目前的养老金替代率？
3. 世界银行与国际劳工组织关于养老保险制度的改革建议中哪些更适合中国国情？
4. 国外养老保险制度发展趋势是什么？如何看待养老金运作商业化趋势？
5. 分析我国基本养老保险制度中个人账户和社会统筹相结合的模式。
6. 什么是待遇确定计划和缴费确定计划？我国的职业养老金制度采用的是哪种年金计划？
7. 结合我国养老保险的制度与实践，请分析有哪些问题与值得完善的地方。

案例分析

我国养老金替代率的状况如何？

养老金替代率是衡量退休人员养老金水平高低的一个重要指标。

社会平均工资替代率即社会平均养老金占当期社会平均工资的比例。武汉大学社会保障研究中心副主任薛惠元测算 2006—2018 年我国企业职工基本养老金平均替代率为 49.9%～59.2%，相对于 1997—2001 年养老金平均替代率高达 75% 来说，2006—2014 年的平均养老金替代率处于一个比较低的水平，并呈现不断下降的趋势，到 2015 年才有所回升，但 2017 年和 2018 年继续下降。

目标替代率的研究更倾向于政策制定时的一个目标。根据国际劳工组织 1967 年《社会保障最低标准公约》的规定，基本养老金替代率最低为 55%。国务院 1997 年的文件确定了企业退休职工养老金的目标替代率为 58.5%，但在实际操作中，这一目标并未转为具有强制性要求的硬性规定。

有学者认为，我国养老金替代率下降的主要原因，并不是退休金增长速度慢，而是近年来在职劳动者平均工资收入增长异常迅速。根据国家统计局数据估算，近五年我国城镇职工工资水平年均增长率接近 10%。同一时期，基础养老金水平仅按 5% 左右的标准提高，明显低于同期城镇职工平均工资的增长速度，自然导致养老金实际替代率水平下降。

还有学者提到，我国多支柱的养老保障体系尚未完全形成，影响了养老金的替代率。中国城镇职工养老保险实行社会基本养老保险、补充养老保险、个人储蓄性养老保险"三支柱"结构，由国家提供的基本养老保险和单位提供的补充养老保险共同保证退休人员生活水平不降低，它们提供的收入替代应是较高层次的保障目标。但目前，补充养老保险和个人储蓄性养老保险还没有起到养老保险的两个支柱的作用，只有基本养老保险覆盖大部分的城镇职工。

中国人民大学劳动人事学院社会保障系主任仇雨临曾测算，按照国际经验，企业年金能在政府养老金的基础上，再增加 20%～30% 的替代率。在我国，企业年金制度被官方和学界寄予厚望。我国于 2004 年正式建立企业年金制度，到 2020 年年末全国有 10.5 万户企业建立了企业年金，参加职工人数为 2 717.53 万人；年末企业年金基金累计结存 22 496.83 亿元。无论从参加企业规模、还是参保职工人数以及基金总量来看，企业年金都比较弱小，远没有达到第二支柱的地位和承担起补充养老金的责任。

因此，要提高养老金的替代率水平，从根本上讲还是要增加养老金的收入来源。这有赖于养老保险体制的改革，应建立适应经济社会增长的养老金调整机制，同时大力发展企业年金和个人储蓄性养老保险的两个支柱作用，在建立多元的养老保障体系的同时实现养老金的保值增值。

（资料来源：改编自薛惠元，等. 目标替代率、交叉替代率、终身替代率与平均替代率——城镇职工基本养老金替代率的分类测算与比较. 决策与信息，2020（01）.）

案例思考：

1. 养老金替代率有何意义？替代率的确定需要考虑哪些因素？

2. 你如何看待目前我国企业职工养老金替代率水平？

3. 你认为应如何提高我国的企业年金覆盖率，以实现其第二支柱的养老保险作用？

本章实训

如何设计"延迟退休年龄"方案？

延迟退休不是一个新话题。从 2008 年开始，围绕这个问题的争论就不曾停止。人口老龄化使养老保险基金未来收支平衡面临巨大压力。我国劳动年龄人口在 2013 年已经开始下降，而老年人口不断上升，目前 65 岁以上的老年人口已经达到了 12.6%，老年人口抚养比为 17.8%。延迟退休政策可以一举数得，但还需要进一步凝聚社会共识。《中共中央关于制定国民经济和社会发展第十四个五年规划和二〇三五年远景目标的建议》提出，实施渐进式延迟法定退休年龄。

作为一项重要的、关系每个人切身利益的重大政策，"延迟退休年龄"引发了巨大争议。你是否赞同延迟退休？政府、专家、企业关于延迟退休持何种观点？如何制定延迟退休方案才能在保证公平与效率的同时有效应对我国的人口老龄化？请以"延迟退休年龄方案的设计与发布"为主题，分组进行角色扮演，模拟一场延迟退休年龄方案意见征求大会。

一、实训目的

1. 从理论层面了解当前世界人口老龄化现状、世界各国退休年龄状况以及我国退休政策。

2. 了解世界各国延迟退休年龄具体做法以及我国延迟退休方案的具体内容。

3. 通过角色扮演及资料收集，锻炼学生收集与分析材料、团队合作、个人表达等能力。

二、实训组织

1. 以延迟退休年龄方案的设计与发布为主题，选择 10 名同学作为政府代表组成方案设计小组，设计并发布延迟退休年龄方案。

2. 其余学生分为 5 组进行角色扮演，分别为企业代表、专家、普通员工、女性员工、大学生。主持人一名，控制时间与会议进程。

3. 各组学生根据自己扮演的社会角色查阅相关资料、收集信息，从而有力支撑自身观点。

4. 政府代表制定并宣读延迟退休方案，其他同学所代表的社会不同群体分别站在各自立场提出意见，由政府代表做出回答。

5. 主持人根据各方观点做最后总结。

即测即评

请扫描右侧二维码，进行在线测评。

第六章
医疗保险制度

引例

拜登恢复"奥巴马医改"，撤销特朗普行政令

2021 年 1 月 28 日，美国总统拜登签署了重新恢复开放《平价医疗法案》或称"奥巴马医改"注册的命令，指示美国卫生与公众服务部（HHS）从 2021 年 2 月 15 日至 5 月 15 日为《平价医疗法案》开放一个特殊登记期，让美国的失业群体有机会注册医疗保险。该命令还指示联邦机构审查"限制美国人获得医疗保健的规则和其他政策"。拜登在签署命令前说道，我不是在提出任何新法律，或对法律的任何新解读。这又返回到了特朗普政府之前的情况。

这意味"奥巴马医改"在美国社会的重启。美国是发达国家中少数没有实行全民健康保险或国家卫生服务制度的国家。美国政府专门为老人和穷人的健康风险提供了医疗保障，美国普通居民的健康风险可以通过购买私人健康保险的方式获得保障。那些不符合政府提供优惠保障、又无力购买商业保险的人是缺乏医疗保障的，在美国这类人群有 4 600 万人左右。

建立全民医疗保障体系，一直以来都是美国人的一个梦，尤其是美国民主党近一个世纪以来的梦想。自 1912 年起美国先后经历了 8 次医疗改革，只有 1965 年克林顿·约翰逊成功确立了面向老年人和贫困者的医疗照顾制度和医疗补助制度，其他改革均以失败告终。在这样的背景下，奥巴马政府一直致力于推动美国医疗保险制度改革，其吸取了 20 世纪 90 年代克林顿执政时期医疗改革失败的教训，采取了一些新的行动策略，提出了以"广覆盖"和"低成本"为目标的新医改方案。其中在"广覆盖"方面，主要有两项举措：一是给那些已有医疗保险的人提供安全保护。国家将通过专门立法，对保险公司的合同行为进行严格约束。如不得因为投保人存在既往病史或发生疾病而限制其保障范围等。二是给那些没有医疗保险的人提供医疗保险，扩大医疗保险的覆盖面。如政府将创建一个新的保险市场，让个人和小企业能够以有竞争力的价格购买医疗保险，而且不会因为失业或转换工作而失去医疗保险。这一改革本质上是一项扩大社会福利的"良政"。曾有人指出，奥巴马医改是牺牲大众的效率换取小众的公平，奥巴马医改使少数"无保族"受益，但增加了多数人的负担。拜登恢复"奥巴马医

改"，对当下美国医疗体系最棘手的问题——浪费严重、成本过高、运转低效带来的医疗费用上涨——会不会是有效的"药方"呢？ 现阶段还没有答案。

评价：

人最为宝贵的财富就是健康，健康作为人的一项最基本人权，不仅是个人生存与发展的基本条件，也是社会经济发展的根本保证。因此世界各国都会采取不同的方式提供医疗保障，最大限度地提升和保障国民的健康水平，进而保证社会经济的稳定发展。

（资料来源：改编自允许—禁止一再允许：拜登恢复奥巴马医改，撤销特朗普行政令环球时报，
2021-01-29"奥巴马医改"，为啥不讨好？ 人民日报，2015-01-02.）

本章知识结构图

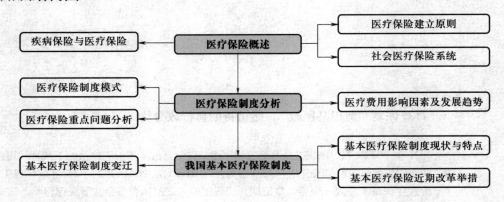

第一节 医疗保险概述

在人的一生当中，疾病具有普遍性和随机性，与人类的生命健康息息相关。为了应对这种风险，人们设计了医疗保障制度，在最大限度上保证公民在遭遇疾病时，能够获得经济补偿，促进恢复身体健康，进而保障社会财富生产的可持续性。

一、疾病风险与医疗保险

（一）疾病风险及特点

疾病风险是指由于患病或意外损失而引起的风险。相对于疾病来说，健康是一个积极概

念，包括身体、心理和社会适应方面的完好状态，由于威胁健康的因素客观存在以及人类生老病死的自然规律，人们遭遇疾病在所难免，且疾病风险作为一种人身风险，直接或间接地导致了人体健康的损害甚至死亡。所以在人类面临的诸多风险中，疾病风险通常被认为是涉及面最广的、与人类基本生存权益关系最为密切的特殊风险。

疾病风险主要具有客观性、不确定性、影响因素的复杂性、外部性等特点。客观性表现在疾病风险在一定程度上可以被认识、管理和控制，但不能完全排除，总是按其自身的规律发生和存在；不确定性表现在人的一生总会患有这样或那样的疾病，我们难以对个体疾病发生的具体时间、空间、类型、严重程度进行准确预测；影响因素的复杂性表现在，与其他风险相比，疾病风险的发生不仅与个体生理、心理和生活方式有关，而且受自然、社会、政治和经济等多种因素的影响；疾病风险的外部性则表现在不仅直接危害个人健康，同时可能导致对他人和社会整体利益的损害。

小链接 6-1

世界卫生组织关于"健康"的界定

以往人们普遍认为"健康就是没有病的，有病就不是健康"。而随着科学的发展和时代的变迁，现代健康观告诉我们，健康已不仅仅是指四肢健全，无病或虚弱，除身体本身健康外，还需要精神上有一个良好的状态。对此，世界卫生组织对健康下了这样的定义：健康乃是一种在身体上、精神上的完满状态，以及良好的适应力，而不仅仅是没有疾病和衰弱的状态。人的精神、心理状态和行为对自己和他人，甚至对社会都有影响，更深层次的健康观还应包括人的心理、行为的正常和社会道德规范，以及环境因素的完美。可以说，健康的含义是多元的、相当广泛的。

（二）医疗保险与健康保险

根据疾病风险的特点，世界多数国家陆续建立医疗保险制度。从医疗保险所保的范围来看，有广义与狭义之分。广义的医疗保险也被称为健康保险，不仅补偿疾病给人们带来的医疗费用等直接经济损失，也包含预防保健、健康促进等方面的内容。而狭义的医疗保险单纯指对疾病和意外伤害发生后所导致的医疗费用补偿。

广义的和狭义的医疗保险之间并无严格的界限，只是保险范围和程度的差异。从我国的现状来看，**医疗保险是指国家针对立法范围的人群，当疾病风险发生时，为人们提供因疾病所需医疗费用补偿的制度安排**。广义医疗保险中的疾病预防等内容，在我国定位为国家和地方政府所提供的公共卫生服务。

由于疾病风险的特点和医疗服务需求与供给的特殊性，医疗保险具有不同于其他保险项目的本源特征：

1. 保障对象具有普遍性

医疗保险相对于其他社会保险项目来说，是保障对象最广泛的一个保险项目，因为疾病风险的客观性与不确定性，任何人在生命历程的任何阶段都有可能遭遇疾病风险，相应的也就需要医疗保险的保障。

2. 待遇支付取决于疾病情况

由于疾病风险的随机性，医疗保险提供的补偿也具有不确定性。参保人在患病后，这种费用补偿机制不受经济和社会地位的影响，也不取决于参保人医疗保险缴费的多少，而是取决于参保人所患疾病的实际情况。因此，医疗保险的费用支付不同于养老、失业等实行有标准的定额支付，而是根据实际情况确定的费用补偿。

3. 医疗保险关系复杂

链接6-1：视频讲解

医疗保险涉及多方关系，最基本的关系涉及保险方、被保险方、服务供方和政府四个方面。医疗保险复杂性在于，医疗保险的效果不仅取决于其本身的科学、合理性，还与公共卫生资源的配置、医疗卫生服务体制、医药流通体制等紧密相关，并且医疗服务的提供者在医疗服务关系中处于主动地位，而医疗服务的消费者处于被动地位。

二、医疗保险建立原则

由医疗保险系统组成可以看出，医疗保险与其他社会保险项目相比有其特殊性，医疗保险制度的制定应该遵循以下基本原则：

（一）社会共同承担责任和分担风险原则

在疾病风险的不确定性等因素影响下，仅靠个人的力量去抵抗该风险是远远不够的，因此需要依靠社会力量来共同承担责任和分担风险。对于企业来说，医疗费用负担有轻有重，实行社会医疗保险，企业之间可以共济互助，有利于创造公平竞争的环境。医疗保险以法律手段使这种社会合作成为所有被保险人的共同责任，使得医疗风险能够共同分担，增强了社会的抗风险能力。

（二）保障人们平等享有健康权利原则

医疗保险一个重要的社会目标是保证基本医疗。无论参加医疗保险的成员缴费多少，都应该有权得到医疗保险所规定的医疗服务。对于医疗服务的"供方"来说，基本医疗是可以提供的；对于医疗保险的"需方"来说，基本医疗是必需的；对"保险方"来说，基本医疗应该是有能力支付的。社会医疗保险只能提供基本医疗保障，保障人们平等地享有健康权利。

（三）医疗保险基金效用最大化原则

医疗保险系统是一种复杂的多元关系，针对医疗保险各方应该建立有效的费用制约机制，减少医疗浪费，促使医疗保险资源、设备和基金使用效益最大化，使医疗服务的"供方"能够根据病人病情合理用药、治疗和收费，使医疗服务的"需方"有较强的费用节约意识，确保医疗保险基金确实用在患者健康方面，专款专用。

三、社会医疗保险系统

（一）医疗保险系统的主体

医疗保险系统是一个以维持医疗保险的正常运转和科学管理为目的的，主要由被保险人、医疗保险机构、医疗服务提供机构等要素组成的，以规范医疗保险费用的筹集、医疗服务的提供、医疗费用的支付为功能的有机整体。而要使全体居民的健康得到有效保障，还需要政府的作用，尤其是在基本医疗和预防保健服务领域。因此，在现代社会医疗保险系统中，形成了一种由保险人、被保险人、医疗服务供方和政府组成的四方三角关系，其中，被保险人既是医疗保险的需求方，也是医疗服务的需求方。现代社会医疗保险系统的构成要素及相互关系如图6-1所示。

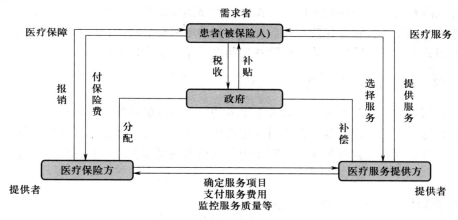

图 6-1 构成要素及相互关系

1. 被保险人

被保险人是医疗保险的需求者和医疗服务的需求者，他们按规定向医疗保险机构缴纳保险费并签订医疗保险合同，当保险责任发生时他们有权向医疗保险机构获取医疗费用偿付。

2. 医疗保险机构

医疗保险机构是指在医疗保险工作中具体负责承办医疗保险费用的筹集、管理和支付等医疗保险业务的机构，它是签订医疗保险合同的一方当事人，是收取医疗保险费用并按照合同的约定，当保险责任发生时负责偿付参保人医疗费用支出的法人。

3. 医疗服务机构

医疗服务机构是指为参保人员提供诊断治疗的医疗机构，包括定点医疗机构和定点零售药店。被保险人就诊后，医疗服务机构按照医疗保险合同规定的服务项目对医疗费进行计算，并提交医疗保险机构审议支付。

4. 政府

在医疗保险系统中，政府有责任对保险供方、保险需方和医疗服务提供方进行管理和控制。无论是医疗保险机构还是被保险人，都存在各自不同的利益。由于医疗服务的专业性很强，医疗保险系统中存在信息不对称等问题，容易产生道德风险和逆向选择，因此需要政府参与管理和监督。

（二）医疗保险系统各主体的关系

在医疗保险系统中，各主体围绕着保险基金的筹集和医疗费用的补偿问题相互作用、相互影响。各主体之间的关系主要表现在以下几个方面：

1. 被保险人与医疗保险机构之间

在医疗保险系统中，被保险人向医疗保险机构缴纳保险费（税），通过保险合同向其保险机构要求获得保险服务，医疗保险机构以保险给付清单等形式提供保险服务。对这一关系产生影响的主要因素有参加保险的方式、保险费的制度安排和费用的补偿方式等。

2. 被保险人与医疗服务机构之间

在保险合同对病人与其所选择的服务提供者的行为约束的前提下，被保险人从医疗服务机构那里选择自己所需要的医疗服务，支付一定费用，接受医疗服务提供者所提供的服务。对这一关系产生影响的因素主要有被保险人对于服务的选择空间以及需要被保险人自己负担的费用数额等。

3. 医疗保险机构与医疗服务机构之间

医疗保险机构为参保人确定医疗服务的范围，并通过一定的支付形式向医疗服务提供者支付医疗费用，同时还要对医疗服务质量进行监督。对这一关系产生影响的因素主要有医疗服务的范围，提供服务项目的多少以及费用的支付方式等。

4. 政府与各方之间

政府对保险方、被保险方和医疗服务提供者均起到管理和控制的作用。对这一关系产生影响的因素主要是政府管理和控制医疗保险的方式和程度等。

（三）信息不对称

信息不对称，就是指在市场交易中，当市场一方无法观测和监督另一方的行为或无法获知另一方选择的完全信息，或者观测和监督成本高昂时，交易双方掌握的信息所处的不对称状态。 在医疗保险系统中，传统的医生与患者直接进行医疗服务的经济交换关系，转变为由保险机构（第三方）向医疗服务提供方支付费用的三方关系，由于各方掌握的信息不对称，基于各主体自身利益的考虑，极容易产生医疗服务供需市场上的弊端，主要表现在以下两个方面：

1. 逆选择

即投保人进行与保险人相反的选择。在医疗保险领域，作为购买医疗保险的被保险人，因更了解自身健康状况这一信息优势，进行逆选择，高风险人群更倾向于购买保险，而低风险人群则倾向于不购买保险，从而损害保险机构的利益，并且导致整个医疗保险市场不能实现帕累托最优。

2. 道德风险

即为了实现自身利益最大化而做出不利于他人行动的风险。在医疗保险领域，道德风险表现为一种非理性的医疗服务供给和消费行为。第一，在医疗保险机构成为第三方支付机构之后，由于被保险人的医疗服务消费成本降低，使得被保险人倾向于扩大自己的医疗服务需求；并且由于医方的利益与其提供的医疗服务数量有关，甚至会产生被保险人和医方联合起来套取保费的"医患合谋"的风险。第二，由于医生在专业知识上有明显的信息优势，并且其提供的医疗服务数量与其利益紧密相关，医方容易从其利益最大化角度出发，采取"诱导需求"，提供过量的医疗服务。

小链接 6-2

医疗领域中的信息不对称表现

信息不对称现象在现实生活中普遍存在，已成为微观经济学研究的前沿课题，在医疗卫生领域的医患关系方面和医疗保险方面表现尤为突出。医生在医疗服务的提供中，相对来说是信息的优势方，对于可能的治疗方案、预期的结果、其他医疗服务提供方的价格、质量等方面，要比患者清楚得多。同样，患者在选择医疗机构时获取信息的途径很少，而医院的规模和等级是最明显的信息，所以患者不管大病小病都倾向于选择三级医院等大医院和专家门诊。这就容易产生供给诱导需求，导致医疗服务、药品消费的不合理，"看病难、看病贵"等问题由此产生。

链接6-2：
讲解视频

第二节 医疗保险制度分析

一、医疗保险制度模式

纵观世界上医疗保障发展的 130 多年的历史，各国医疗保障的组织形式、保障类型复杂多样。就一个国家或地区而言，可能同时存在着几种医疗保障制度，但一般都有一种主导模式作为该国家或地区的代表。从理论上讲，可从医疗体制的主要内容中任取其一作为医疗保障模式的分类标准，但在现实中，一般人们兼顾医疗保障在资金筹集方式、对医疗机构的支付方式、医疗费用的分担方式等方面的差异，将之区分为四种不同的医疗保障模式即社会医疗保险模式、全民健康服务模式、商业医疗保险模式和储蓄医疗保险模式。

（一）社会医疗保险模式

社会医疗保险是指由国家通过立法形式强制实施的一种医疗保险制度，其基金筹集方式主要是雇主和雇员缴纳，政府酌情给予补贴，当参保者需要医治时由社会提供医疗服务和物质帮助，它是社会保障体系的子系统之一。德国是典型的以社会医疗保险为主的国家。法定医疗保险的主要特点如下：

1. 共济互助

这是最主要的特征，社会医疗保险基金主要来源于雇主和雇员，按照收入的一定比例来筹集医疗保险基金，政府酌情给予补贴。此外，在筹资中还大都通过法律法规强制地限定在具有一定收入水平的居民范围内，对其缴纳的医疗保险费的收入规定上下限，参保人缴纳保费的多少取决于其经济能力，而与参保人的性别、年龄及健康状况无关。此外，参保人保费的多少也不影响他们对卫生服务的享用程度。可见，互助共济实质上是个人收入的再分配或者说个人所得的横向转移，高收入者一部分收入向低收入者转移，健康者的一部分收入向多病者转移，实现社会互助共济的目标。

2. 提供服务

社会医疗保险模式对参保人的医疗服务分两种：一种是直接提供医疗服务，即社会医疗保障机构自办医院或自聘医生；另一种是间接提供医疗服务，即参保人看完病垫付医疗费用后社会医疗保障机构给予补偿。

3. 自我管理

医疗保险实行社会自治管理。通过疾病基金会、医师协会、医疗保险公司的管理委员会等自治组织实施制度运作。政府负责监管和调控。

（二）全民健康服务模式

全民健康服务制也称国家卫生服务制度（National Health Service，NHS），是指政府直接举办医疗保障事业，通过税收形式筹措医疗保险基金，采取预算拨款形式给医疗机构，向本国居民直接提供免费或低收费医疗服务。比较有代表性的是英国、爱尔兰、丹麦等国家所实行的福利型医疗保健制度。全民健康服务制的主要特点有：

1. 经费来源于税收

全民健康服务制的基金绝大部分来源于税收（包括普通税和特殊税），其他费用来自社会保险缴费、患者自负的医疗费用以及其他收入。政府通过税收筹措卫生保健经费，然后根据各地区的人口数并考虑年龄、性别、健康水平等因素，将资金分配到各个地区，并由各地区的卫生管理部门向卫生机构直接拨款，为全体居民提供免费或价格极为低廉的卫生服务。

2. 医疗服务具有垄断性

全民健康服务制度下的医疗卫生服务系统基本上归国家所有，卫生资源的筹集与分配、卫生人力的管理、医疗服务的提供等都由国家集中统一管理。医疗服务机构为非营利性的单纯服务型机构。政府卫生部门直接参与医疗服务机构的建设，医院建设与日常运行经费往往通过预算下拨给政府主办的医疗机构。

3. 引入市场机制

这种免费或以低价实施的全民健康服务制度，虽然对居民健康起到一定促进作用，但是在这种医疗保障体系中也存在着许多问题，其中最主要的问题是政府的财政负担过重，市场机制对卫生资源配置、医务价格制定基本不起调节作用，因而限制了医疗服务系统的发展。于是，实行这种模式的许多国家都在 20 世纪 90 年代开始相继推出了若干改革方案。在一系列改革措施中，一项最主要的措施是在 NHS 中引入市场机制，其目的是明确医疗服务购买者与提供者的责任，通过富有竞争的组合来约定相互之间的关系，促进了医疗服务提供者通过采取降低成本、提高质量和降低费用等措施来吸引患者，从而激励医疗服务的提供者高效率地提供服务。

（三）商业医疗保险模式

商业性医疗保险是按市场法则自由经营，医疗保险作为一种特殊商品自愿买卖。卖方是指民间团体或私人的非营利性医疗保险公司以及营利性商业保险公司；买方既可以是企业、民间团体，也可以是政府或个人。商业保险的资金来源主要是参保者缴纳的保费，一般而言，政府不出资或不补贴。美国是实施商业性医疗保险模式的典型代表。商业性医疗保障模式具有以下突出特点：

1. 自愿投保

社会人群通过自愿投保，通过与私营性医疗保险机构签订合同，缔结契约关系，履行相应的权利与义务，共同分担意外事故造成的经济损失。这些私营性医疗保险机构大都以营利为目的，但也有少量非营利性保险组织（如美国的蓝盾和蓝十字）。蓝盾和蓝十字是美国最大的两家民间医疗保险公司，投保人缴纳保险费后，通常患病后不需要再分担所发生的医疗费用，而由保险公司按服务项目向医院或医生付费。因此，对卫生服务的供需双方均缺少经济上的约束机制，从而导致医疗费用的不断上涨。

2. 市场调节

医疗保险作为一种特殊商品，根据社会不同需求产生的不同险种开展业务，其供求关系由市场调节。这种保险模式的长处在于自由、灵活、多样化，适应社会多层次需要。医疗保险机构之间互相竞争，主动吸引投保顾客，设立多种多样的保险服务，采用不同种类的筹资方式与保险提供方式，以满足消费者的多种需要。消费者的自由选购促使保险组织在价格上开展竞争，在医疗市场上提供价廉质优的医疗服务，也迫使服务提供者（医院、医生）降低医疗服务成本，从而控制医疗保险费用。

健康的"看门人"——健康维持组织

健康维持组织（Health Maintenance Organizations）是指一种在收取固定预付费用后，为特定地区主动参保人群提供全面医疗服务的体系。1973 年，在美国卫生部的推动下，国会通过《健康维护组织法》，从而在制度上确保了这一医疗保险形式的发展。

健康维持组织注重对于参加者的疾病预防，医生会主动对参加者进行定期检查，督促病人不要接触不良嗜好，并关心病人的各种治疗，是所有投保人健康的"看门人"。这样的运营原则使得健康维持组织的各项费用比传统医疗保险费用低 10%～40%，对费用更强的控制能力也使健康维持组织获得了政府的大力支持。

（资料来源：胡晓义. 医疗保险和生育保险. 北京：中国劳动社会保障出版社，2011.）

（四）储蓄医疗保险模式

储蓄医疗保险模式是强制性储蓄保险的一种形式，是依据法律，强制雇员或劳资双方缴费，以雇员的名义建立保健储蓄账户，用于支付医疗费用的一种制度。这种模式起源于 18 世纪英国产业革命的"职业保障基金"，以后逐渐传播到英殖民地国家，如新加坡、马来西亚、印度、印度尼西亚等，其中，以新加坡最为成功。储蓄医疗保险模式的主要特点如下：

1. 强制储蓄

新加坡的保健储蓄是一项全国性、强制性的储蓄计划。其目标在于帮助新加坡的个人储蓄和支付其本人及家属的住院费用，为未来的医疗费用而储蓄。新加坡的医疗保健体制是以个人责任为基础，政府分担部分费用，以保证基本医疗服务。它们认为，病人必须付部分医疗费，享受医疗服务的水平越高，付费也应该越多，这样既能鼓励储蓄者审慎地利用卫生资源，又能使其在必要时使用高等病房或者私人医院，避免陷入"免费"的泥潭。

2. 费用支付限定

新加坡政府规定，保健储蓄账户的存款可用作支付本人及家庭成员的住院治病和部分昂贵的门诊检查治疗项目的费用，同时，还规定住院费用支付的限额。之所以这样规定，是为了防止个人保健储蓄者过早地用完保健储蓄金，也为了要求病人在享受高级医疗服务时要自己掏一部分钱，增强费用意识。

3. 纵向积累

由于这一模式要求每一代人都要解决自身的医疗保健需要，避免上一代人的医疗保健费用转移到下一代身上。因此，这种以储蓄为基础的医疗保险，具有纵向积累功能，能更好地解决老龄人口医疗保健需要的筹资问题。强制储蓄医疗保险模式的户主去世，账户余额可作为私有财产由直系亲属继承，免征遗产税。这种以储蓄为基础的医疗保险，要求患者用自己的钱支付其医疗消费，医疗服务的费用负担并没有转嫁到第三方付款人，有利于提高个人的责任感，激励人们审慎地利用医疗服务，避免医疗过度消费。

二、医疗保险重点问题分析

链接6-3：
视频讲解

医疗保险承担医疗费用抵御疾病风险的功能，都是通过医疗保险基金的筹集以及基金支付、分担医疗保险费用来实现的。医疗保险的核心就是医疗保险基金的管理问题，它包括医疗保险基金的筹集、偿付和费用控制。其中，医疗保险的偿付包括费用的分担和支付，是医疗保险的重要环节。

（一）医疗费用分担方式

社会医疗保险医疗服务需方的费用分担方式主要是指参保人（需方）在社会医疗保险过程中分担一部分医疗费用的偿付方法。参保人参与费用分担有利于参保人树立费用意识、增强参保人自我保健意识，进而控制自己的医疗需求行为，达到合理使用医疗服务和控制医疗费用的目的。另外，医疗保险机构通过偿付制度来调节医疗服务需求，从而调节医疗保险资源的分配和使用。一般常见的费用分担方式主要有起付线、共同付费、最高限额和混合式。

1. 起付线方式

起付线方式又被称为扣除法，是指被保险人只有在支付一定数额的医疗服务费用后，保险机构才负责支付部分或全部的医疗费用。这个规定的数额被称为起付线。

该方法要求个人看病时需要自己先拿出一部分钱，这样有利于产生费用意识，控制医疗服务消费行为；小额费用由被保险人个人负担，有利于集中有限财力，保障高费用风险的疾病治疗，实现风险分担；将大量的小额医疗费用剔除在社会医疗保险支付范围之外，减少了医疗保险结算工作量，有利于降低管理成本。

该方法的难点是起付线不好确定。起付线过低时，被保险人有可能过度使用医疗资源，产生道德风险，难以控制医疗费用；起付线过高时，会超过部分参保人的经济承受能力，抑制其正常的医疗需求，可能使部分参保人不能及时就医，小病拖成大病，反而增加了医疗费用。此外，过高的起付线，可能影响参保人参加社会医疗保险的积极性，造成医疗保险覆盖面和受益面下降。

2. 共同付费方式

共同付费方式又称按比例分担，即被保险人和保险机构按一定比例共同支付医疗费用，这一比例又称共同负担率或共同付给率。共同付费可以是固定比例，也可以是变动比例。

该方式简单直观，无论是固定比例还是浮动比例，都有一个确定的比例来确定应该支付的费用，便于群众和保险机构各自的了解和执行，管理过程简单易行；由于价格需求弹性的作用，增加其节约意识，促使病人总是选择相对价格低的服务，可以起到降低医疗服务价格的作用。

该方法的难点在于自付比例的合理确定，自付比例的高低直接影响被保险人的就医行为。如果自付比例过低，则对被保险人的制约作用较小，达不到控制卫生费用不合理增长的目的；

而自付比例过高，可能超出被保险人的承受能力，抑制正常的医疗需求，造成小病不治酿成大病，加重被保险人的经济负担，达不到保险的目的。另外，不同人群和不同收入状况采用同一自付比例，可能出现卫生服务的不公平现象。

3. 最高限额方式

最高限额方式也叫封顶线，是与起付线方式相反的费用分担方法。该方法是先规定一个医疗费用封顶线，社会医疗保险机构只偿付低于封顶线以下的医疗费用，超出封顶线以上的医疗费用由被保险人或被保险人与其单位共同负担。

在社会经济发展水平和各方承受能力较低的情况下，设立封顶线有利于保障参保人享受费用比较低、各方都可以承受的一般医疗；有利于限制被保险人对高额医疗服务的过度需求，以及医疗服务提供者对高额医疗服务的过度提供；有利于鼓励被保险人重视自身的身心健康，提高被保险人的身体素质，防止小病不治酿成大病。

该方法的难点在于封顶线的确定。从保险的本质来看，大病、重病的经济风险大，发生概率小，但经济风险高，是所有医疗服务项目中最符合保险原理、最需要保险的部分。然而，最高限额方式却将疾病风险带来的巨大的经济损失又抛给了被保险人，对发生大额医疗费用的人群也不能发挥减轻医疗负担的作用。因此，封顶线的确定要综合考虑被保险人的收入水平、社会医疗保险基金的风险分担能力、医疗救助情况等因素，需要通过建立各种形式的补充医疗保险对超出封顶线的费用给予补偿。

4. 混合式

混合支付法是将上述多种支付方式综合起来应用的偿付方式。由于上述三种费用偿付方式各有优缺点，在实际的医疗费用偿付方式的使用中，往往将上述三个方式混合使用，有效地促进医疗保险医疗基金的合理利用，控制医疗费用的过度增长。混合方式的缺点是偿付操作比较复杂。

（二）医疗服务付费方式

社会医疗保险医疗服务付费方式是指社会医疗保险机构作为第三方代替被保险人向医疗服务提供方偿付医疗服务费用的方法，不同的方法在费用控制方面的效果不同。医疗保险机构根据医疗保障范围和待遇支付政策，采取合理的付费方式，可以有效防止不合理的医疗服务，保证医疗服务质量，实现被保险人的基本医疗保障；它也有利于实现社会化的服务和管理。

1. 按服务项目付费

按服务项目付费是医疗保险中最传统，也是运用最广泛的一种费用偿付方式。它是指患者在接受医疗服务时，按服务项目（如诊断、治疗、化验、药品和护理等）的价格计算费用，然后由医疗保险机构向医疗服务提供者偿付费用，所偿付费用的数额取决于各服务项目的价格和实际的服务量。该方式属于典型的后付制类型。

按服务项目付费的优点主要有：被保险人对医疗服务的选择性较大，对服务的各种要求容易得到满足，比较容易得到数量较多和方便及时的医疗服务；由于医疗服务供方和医务人员的收入与医疗服务的实际数量有着直接联系，因此，按服务项目付费有利于调动医疗服务供方和医务人员的工作积极性。按实际发生的服务项目和项目价格标准计算并偿付医疗费用，操作方法比较简单，所需要的配套措施较少。因此，按服务项目付费的方式适用范围相当广泛。

按服务项目付费同时也存在很多缺陷：由于按服务项目付费属于后付制类型，它只能在事后对医疗服务的账单进行监督检查，难以在事前对供方提供正确的费用导向，供方诱导需求的现象比较严重，因此容易产生过度医疗；由于医疗服务项目种类繁多，较难制定合理的服务价格；为了实施对医疗保险的有效管理，社会医疗保险机构还必须对医疗服务逐项进行审核，管理成本相对较高。因此，在社会医疗保险的实际操作中，需要对医疗服务供需双方实行严格的审核制度，规范双方的行为，遏制医疗费用的过快增长，同时对医疗服务价格进行适时修订、调整，并对医疗服务需方实行费用分担，减少需方对医疗服务的不合理需求。此外还应采用现代信息技术和管理手段，提高工作效率，加强对社会医疗保险的监督。

2. 按人头付费

按人头付费是由医疗保险机构根据医院或医生服务的被保险者人数，定期向医院或医生支付一笔固定的费用。在此期间，医方负责提供合同规定的一切医疗服务，不再另外收费。按人头支付属于预付制的一种。

该种偿付方式对医疗机构的服务和费用均有高度的控制，可以促使医院开展预防工作，以减轻将来的工作量，降低医疗费用支出。同时，由于对医疗服务供方实行按人头付费，每一人头的支付标准固定，因此，有利于医疗服务供方强化内部管理，增强医院的费用意识和经济责任，控制医院过度提供医疗服务的行为。此外，按人头付费方式适用范围比较广泛，只要每一人头的支付标准确定，无论医院的服务对象是否是医疗保险的对象，都可以实施此种方式，管理成本相对较低。

但是，在实施按人头付费的情况下，医疗服务提供方出于自身利益的考虑，为了节省费用，可能减少必要的服务提供，降低服务质量或拒绝重症患者等现象，如可能出现医疗保险需方就医等待、医疗服务供方拒绝接收危重患者就医、减少高新医疗技术的使用等问题，这些问题可能引发医患矛盾。为保证医疗服务质量，按人头付费方式通常规定服务对象的最高人数限额，以防止病人太多，医院因对病人的照顾不周而降低服务质量。

3. 定额付费

定额付费是指医疗保险机构根据历史资料以及其他因素制定出平均服务单元费用标准，然后根据医疗机构的服务单元量进行偿付，其总费用公式为：

$$总费用 = \sum 平均服务单元费用 \times 服务单元量$$

服务单元是指将医疗服务的过程按照一个特定的参数分为若干相同的部分，每一个部分成为一个服务单元，例如一个门诊人次、一个住院人次和一个住院床日。

定额付费的突出优点是操作简便，管理成本低。对同一家医院来说，按这种方式偿付医疗费用，所有病人每次门诊和每日住院费用都是相同的，无论病人实际花费的医疗费用是多少，都按标准偿付；定额付费能够促使医院降低服务成本，减少过度用药和过度利用高新医疗技术的现象，对医疗费用的控制效果较好；由于定额付费费用支付标准固定，延长住院时间意味着医疗服务供方收入的减少，因此，定额付费有利于缩短患者的住院时间。

但是定额付费也可能刺激医院和医生增加门诊次数和平均住院日天数。对医疗机构而言，虽然平均费用标准在某种程度上限制了所提供的服务量，但医生或医院可以通过增加服务次数达到增加服务量，以获取更多服务收入的目的，这种状况不但会给病人带来多次就诊以及延长住院日的麻烦，也会造成医疗费用的增加。这就要求医疗保险机构在与医院制定标准时要格外慎重，并且对医院制定监督制约机制。

4. 按病种付费

按病种付费，又称按疾病诊断分类定额预付制。它是根据国际疾病诊断分类标准，将住院患者的疾病按诊断、年龄和性别等分为若干组，每组又根据疾病的轻重程度及有无合并症、并发症分为几级，结合循证医学依据，通过临床路径测算出病种每个组各个分类级别的医疗费用标准，按此标准对某组某级疾病的诊疗全过程一次性向医疗机构偿付费用。在按病种付费方式下，医疗服务机构获得医疗保险机构的费用偿付是按每位病人所属的疾病分类和等级定额预付的，医院的收入与每个病种及诊疗规范和医护计划有关，而与该病种的实际费用无关。

按病种付费会激励医院从经济上以低于固定价格（标准价格）的费用提供服务，保留固定价格与实际成本的差额。这在客观上将促进医院节约成本，缩短住院时间，减少诱导性消费；注意病人检查治疗的有效性，避免不必要的支出，在一定程度上能减缓和控制医疗费用上升的趋势。

该方案的问题和缺点在于医院有可能在自身利益的驱动下，为了多获取收入，在诊断界限不明时，使诊断升级，将病人重新分类到高补偿价格的按病种付费分组中，诱导病人做手术和住院，让病人出院后再住院，这样虽然缩短了住院日却增加了住院次数；由于每一病种的支付标准固定，医疗服务供方从自身的经济利益考虑，可能减少对患者的必要服务，降低服务成本，从而影响医疗服务质量；另外，尽管按病种付费结算方法简单，但这种支付方式要求有完善的信息系统和较高的管理水平支持，因而管理成本较高。

5. 总额预算制

总额预算制又称总额预付制。它是由医疗保险机构根据与医院协商确定的年度预算总额进行偿付。在总额预算制下，医院预算额度一旦确定，医院的收入就不能随服务量的增长而增长，一旦出现亏损，医疗保险机构不再追加偿付，亏损部分由医院自付。年度预算总额的确定往往要考虑医院规模、服务质量、服务地区人口密度、医院设备与设施情况、上年度预算执行情况和通货膨胀率，等等。年度预算总额一般每年协商调整一次。

总额预算制的最大优点是费用结算简单，医疗服务提供方成为医疗费用支出的控制者，费用风险意识增强，医疗服务提供者将在总额内精打细算，努力以最低成本提供一定量的医疗服务，也有利于医疗保险机构宏观控制医疗费用总支出，降低管理成本，减小费用风险。

总额预算制的缺点是预算标准难以准确制定，预算过高，将导致医疗服务供给不合理的情况增加；预算偏低，将影响医疗服务提供者和被保险人的经济利益。同时，在监督机制不健全的情况下，医疗服务供方可能会不合理地减少医疗服务供给，抑制需方的合理医疗需求，还可能阻碍医疗服务技术的更新与发展。但是在这种方式下，医疗保险机构应对医疗服务质量进行有效的监督，以保障参保人不至于因医疗机构"偷工减料"而享受不到应有的医疗待遇。

小链接 6-4

DRGs 医保支付方式（按病种付费）与其他付费类型的区别

DRGs（Diagnosis Related Groups）是一种以疾病诊断和手术操作为主要分类轴的病例分类体系，这个体系涵盖所有的疾病类型和手术方式。DRGs 根据病人年龄、性别、住院天数、主要诊断、病症、手术处置、疾病严重程度及合并症、并发症等因素，按照临床过程相似、资源消耗相近的原则，将各种病例划分为有限的（通常为 600~1 000）组别，每个组别都有既定的、清晰的边界。正因如此，每一个 DRGs 组都可以给定一个反映其特征的参数，称作"权重"，表示各个特定的组别在整个病例分类体系中相对于其他组别的临床技术难度和资源消耗程度；以组为单位打包确定价格、收费、医保支付标准。在全球范围内，DRG 付费已成为美国、澳大利亚、德国等多个国家广泛采取的支付方式。为深化医保支付方式改革，加快推动疾病诊断相关分组付费国家试点工作，2019 年我国相关部门确定了北京、天津等 30 个城市作为按疾病诊断相关分组付费国家试点城市。

（资料来源：简伟研、叶志敏. DRGs 付费的应用范围和应用条件分析. 中国医疗保险，2018（6）.）

链接6-4：
视频讲解

三、医疗费用影响因素及发展趋势

近年来，随着人们经济生活水平的提高，世界各国的医疗保险都呈现出新的发展趋势。20 世纪 60 年代至 70 年代中期，发达国家普遍出现医疗费用增长速度高于 GDP 增长速度的现象。20 世纪 70 年代中期至 80 年代中期，各国均加强了对医疗费用的控制，采取了诸多的措施，遏制了其高速增长的势头。20 世纪 80 年代中期后，各国对医疗费用的控制取得了一定的成效，普遍把医疗费用增长控制在 GDP 增长速度以内。由于医疗费用涉及多方，因此，对医疗费用的有效管理和控制是一个复杂的难题。

（一）医疗费用的影响因素

要将医疗保险费用的增长控制在人们可接受的合理范围内，必须明确影响卫生费用增长的主要因素，分析哪些因素可能引起卫生费用的合理增长，哪些因素可能导致卫生费用的不合理增长，进而针对不同因素制定相应的费用控制策略。

1. 人口数量和结构

人口数量增加，必然导致医疗需求总量的扩大及医疗保险费用支出的增加。但对医疗保险基金产生主要影响的还是人口结构的变化，特别是人口老龄化。我国 65 岁及以上老年人口规模和比重快速增加，而与年轻人相比，老年人的医疗支出水平相对较多，因此，随着我国老龄化程度不断加深，老龄化导致的医疗费用的消耗也将大幅度增长。

2. 疾病谱的变化

所谓疾病谱，是指某一地区危害人群健康的诸多疾病中，按其危害程度的顺序排列成的疾病谱带。近100年来，人类的"疾病谱"发生了明显的变化，由主要威胁人类健康的急性和慢性传染病、营养不良及寄生虫病等转变为慢性非传染性疾病，且慢性非传染性疾病会随着人群生存时间的延长呈现发病率增高的趋势。虽然由于医学科学技术的进步，慢性疾病可以通过手术或药物得到一定的治疗和控制，但治疗效果差、病程长、费用高，对医疗保险基金的消耗大的问题也不容忽视。

3. 居民健康和保健意识增强

随着社会经济的发展、人民生活水平的提高，居民医疗保健意识不断增强，人们更注重自身的健康状况与健康投资，导致医疗服务需求量增加。医疗服务需求的增加可增加患者的就诊次数以及对医疗服务的利用水平，最终导致医疗费用增加。居民健康和保健意识的强弱取决于经济水平、文化素质、医学知识水平等。保健意识强，则消耗的医疗费用高；反之，保健意识弱，消耗的医疗费用低。

小链接 6-5

中国居民疾病谱及其变化

研究显示，1990—2017 年，中国居民疾病谱发生重大变化——中风和缺血性心脏病取代下呼吸道感染和新生儿疾病，成为疾病负担的主要原因。1990 年至 2017 年，死亡率下降超过 50% 的疾病有下呼吸道感染、新生儿疾病、慢阻肺等。但与此同时，缺血性心脏病死亡增加了 20.6%，肺癌死亡率增加了12%。2017 年，中国三大主要致残病因依次为肌肉骨骼疾病、精神疾病和感觉器官疾病（如听觉、视觉等丧失）。作为全球疾病负担报告（GBD）研究的一部分，该研究还对 1990—2017 年中国 34 个省级行政区的疾病负担情况进行了分析。文章认为，近 30 年来，中国传染性疾病、母婴疾病、营养相关疾病负担大幅降低，而慢性非传染性疾病负担增加。中国医疗系统的首要目标应是防控慢性疾病，尤其是在老年人群中。

4. 医疗科技的进步

医学和医疗科学技术的不断发展带来了药品的更新换代，检查和治疗设备的推陈出新。对患者来说，这些变化确实改善了他们的就医诊治状况，但新药品和新技术的使用，则带来了医疗服务成本的提高。所以医疗科技水平提高的后果必然是推动医疗费用增长，从而导致医疗保险费用支出增加。

除了上述的影响因素外，还有其他因素也影响着医疗费用，如价格的波动，医疗保险系统内部的因素等。

（二）医疗费用控制的发展趋势

医疗费用的持续上涨已经给许多国家带来了沉重的经济负担。为了使卫生费用保持在国民经济可以承受的范围之内，各国纷纷开始进行医疗保险制度的改革，费用控制方式发生了很大的变化，以控制卫生费用的过度膨胀，化解低速经济与高额费用之间的矛盾，协调保障水平与经济发展的关系，减少卫生资源浪费，提高资源配置与利用效率。

1. 由重视需方费用控制向重视供方费用控制发展

由于医疗市场存在信息不对称、消费代理、技术与地域垄断等特征，其成为供方主导的不完全竞争市场。医疗消费的数量、价格、质量、规格等主要由供方决定；医疗保险的实施又降低了需方对费用的敏感性，带来一定的消费膨胀。因而，费用控制的方向应以供方为主，兼顾供需双方才能取得满意的效果。各国在医疗保险的改革中普遍认识到了这一点，一方面对供方实施资源配置的区域规划和预算控制；另一方面对需方实施以费用分担为主的控制措施，以增强患者的费用意识。

2. 由单纯控制医疗费用到全面控制医疗成本

卫生费用的持续上涨既有"需求拉动"，又有"成本推动"，属于"供求混合推进"型费用膨胀，其中又以"成本推动"为主。另外，在人力成本中由于专科医生与通科医生在比例、投入及报酬等方面的不均衡性，还存在着一定的"结构性"费用膨胀的作用。进入20世纪80年代以来，发达国家对卫生费用的控制逐步延伸到对卫生服务成本的全面控制，其中又以人力成本与药物成本为主要控制目标。

3. 由后馈式控制变为前馈式与后馈式相结合的双重控制

在保险运营的过程中有两种经济调节方式：一种是风险发生后由医疗保险机构被动偿付，即后馈式风险调节方式；另一种是医疗保险机构采取相应预防措施规避风险或降低风险发生强度，即前馈式风险调节方式。通过前馈式风险控制，加强预防，促进社区保健与服务，大大降低疾病尤其是慢性病发病率，从而有效控制医疗费用的支出。各国在改革中由以往的后馈式被动偿付保险费开始逐渐注重以加强预防和社区服务为主的前馈式风险控制，构筑事前减少风险频率、事后提供风险保障的双重保险机制。

4. 由司控与被控的关系向共同控制的协同关系发展

传统的医疗保险运作方式是：参保人向保险机构缴纳保险费，医疗机构为参保人提供服务，保险机构作为第三方向约定医疗机构支付费用。20世纪70年代以来，在美国迅速发展起来的"健康维持组织"（HMO）、"优选提供者组织"（PPO）打破了传统的三方关系格局。这类组织拥有自己的医院和医生，它们所提供的不是偿付保险金或作为第三方支付医疗费用，而是直接向参保人提供医疗服务。从控制论角度看，传统的费用控制系统是由司控主体与被控客体构成的，而 HMO、PPO 等组织将保险机构与医疗机构合二为一，使被控客体变成了自我控制的司控主体。从系统论角度看，它完善了费用控制系统；从控制论角度看，它大大缩小了原被控客体的行为空间。实践证明，它强化了供方自我控制机制，有效地控制了医疗费用的上涨。

第三节 我国基本医疗保险制度

一、基本医疗保险制度变迁

长期以来，我国社会结构呈现城乡二元分割局面，社会医疗保险制度也按照城乡地域和户籍制度分为两个部分。计划经济时期，在城镇有劳保医疗和公费医疗，在农村有农民合作医疗。改革开放后，社会医疗保险制度也随之发生了根本性变革。在农村主要实行的是新型农村合作医疗制度。

（一）1949—1978年：计划经济时期的医疗保障制度

1. 在城镇地区实行了公费医疗与劳保医疗

新中国成立之后，在国家财政经济没有全面恢复的情况下，我国逐步建立了与计划经济相适应的医疗保障制度，即由国家向城镇公有单位职工提供公费医疗和劳保医疗。1951年政务院颁布的《中华人民共和国劳动保险条例》（以下简称《劳动保险条例》）标志着我国对实行劳动保险的企业职工及家属规定的伤病免费医疗及预防疾病医疗的劳保医疗制度的正式建立，1952年政务院颁布的《关于全国各级人民政府、党派、团体及所属事业单位的国家工作人员实行公费医疗预防的指示》，标志着对国家机关、事业单位工作人员实行的免费治疗和疾病预防的公费医疗制度的正式建立。它们基本保证了国家机关、事业单位和企业职工在发生医疗需要时得到一定的物质帮助。

2. 在农村地区实行农村合作医疗制度

我国农村正式出现具有医疗保险性质的合作医疗制度是在1955年。当时正值农业生产合作化高潮时期，山西、河南、河北等省的农村出现了一批由农业生产合作社举办的保健站，先后建立了合作医疗制度。1956年，全国人大一届三次会议通过《高级农业生产合作社示范章程》，赋予集体介入农村社会成员疾病医疗的职责。随后，许多地方开始出现以集体经济为基础、集体和个人相结合的互助互济的集体保健医疗站、合作医疗站或统筹医疗站。1959年，卫生部在山西省稷山县召开全国农村卫生工作会议，正式肯定了农村合作医疗制度。此后这一制度在广大农村逐步被推广。

农村合作医疗制度的构建是和当时的社会经济状况相适应的，具有自愿性、民办性和互助共济性的特点。自愿性表现在合作医疗由农民群众自发兴起，农民根据自己的意愿自主决定是否参加合作医疗；民办性表现在合作医疗经费主要由农民自己缴纳一部分和集体经济（公益金）出资一部分组成，合作医疗的保障水平（如保障范围、补偿比例等）与集体经济的强弱以及农民收入的多少有直接的联系；互助共济性表现在合作医疗以乡村集体经济为依托，集体经济对合作医疗起一定的扶持作用，参合农民互助共济，共同抵御疾病风险。合作医疗的这种互助共济是社会医疗保险的初级形式。

（二）1978—1994 年：转型时期的医疗制度改革

1. 城镇地区公费医疗与劳保医疗制度的改革

随着经济发展和改革开放的深入，医疗机构顺应形势显示出了自己的市场化、商品化取向，既为其带来了一定的活力，也暴露出在"单位保障"的框架下，劳保医疗和公费医疗制度的根本性缺陷。因此，从 20 世纪 80 年代初期开始，部分企业和单位开始了自发控制医疗费用的变革。为摆脱难以承受的费用负担，一些单位将医疗费定额发给职工个人，节约归己，超支自理；还有一些单位采取了医疗费与职工利益挂钩的办法。1985 年以后，地方政府开始直接介入医疗制度的改革，通过社会统筹方式，制度变革开始追求使用效率。将单个企业承担的疾病风险转为由参加统筹单位共同承担，保证了职工患病及时治疗，减轻了企业在经济上、事务上的负担，向医疗保障社会化迈进了一步，也为医疗保障制度全面改革积累了经验。随着经济体制改革的步伐明显加快，我国提出了要建立社会统筹和个人账户相结合的社会医疗保险制度，从而拉开了对中国职工医疗保障制度进行全局性和根本性改革的序幕。

2. 农村合作医疗制度的改革

20 世纪 70 年代末期，由于农村推行了以家庭联产承包责任制为主要内容的经济体制改革，集体经济的形式发生变化，不少地区集体公共积累明显减少，因而依赖于集体经济的合作医疗失去了主要的资金基础。失去了集体经济的支持，再加上合作医疗制度本身抗风险能力差，它对农民的吸引力就大大降低了，农村合作医疗出现了解体、停办的趋势。20 世纪 80 年代以来，党和政府为了扭转农村合作医疗制度的颓废局面，在加大投资改造公共卫生保健设施和整顿医药市场的同时，寄希望于改革和重建农村合作医疗制度。但是这次改革除了部分试点地区和城市之外，农村合作医疗保障制度并没有像希望的那样恢复和重建起来。1998 年卫生部的第二次国家卫生服务调查结果显示，全国农村居民中得到某种程度的医疗保障的人口只有 12.6%，其中合作医疗的比重仅为 6.5%。2000 年世界卫生组织在对 191 个会员方进行的医疗卫生公平性评价中，把中国排在倒数第四位，其原因就是占人口绝大多数的农民失去了医疗保障。

（三）1994—2012 年：新型基本医疗保险制度的试点与建立

1. 城镇职工医疗保险制度

加快医疗保险制度改革，保障职工基本医疗，是建立社会主义市场经济体制的客观要求和重要保障。党的十四届三中全会《中共中央关于建立社会主义市场经济体制若干问题的决定》指出：城镇职工养老和医疗保险金由单位和个人共同承担，实行社会统筹和个人账户相结合。1994 年颁布《关于职工医疗制度改革试点的意见》，选取江苏镇江、江西九江两个试点城市，即"两江"试点。经过四年多的"两江"试点和 50 多个城市的扩大试点，1998 年颁布了《国务院关于建立城镇职工基本医疗保险制度的决定》，规定城镇所有用人单位都要参加基本医疗保险，包括企业（国有企业、集体企业、外商投资企业、私营企业等）、机关、事业单位、社会团体、民办非企业单位及职工。该文件的颁布，标志着我国医疗保险制度的改革进入了一个崭新的阶段，在我国实行了近半个世纪的公费医疗和劳保医疗制度，被新的职工基本医疗保险所取代。

2. 新型农村合作医疗制度

随着农村合作医疗制度的失效，农村居民家庭因病致贫、因病返贫的现象随之产生，中央提出"建立以大病统筹为主的新型农村合作医疗制度"。2003 年 1 月 23 日，国务院办公厅转发了卫生部、财政部和农业部所发的《关于建立新型农村合作医疗制度的意见》，明确了建立新农合制度的目标、原则与政策框架等。新农合被定义为"由政府组织、引导、支持，农民自愿参加，个人、集体与政府多方筹资，以大病统筹为主的农村医疗互助共济制度。2004 年 1 月 13 日，根据地方初步实践情况，国务院办公厅转发卫生部、民政部等部门《关于进一步做好新型农村合作医疗试点工作的指导意见》，进一步有针对性地明确了若干政策措施。从 2004 年开始，新农合开始试点且试点范围逐步扩大，到 2008 年，基本实现新农合制度的全面覆盖。

3. 城镇居民医疗保险制度

为了解决城镇人口中的非从业居民（包括未就业者和不符合进入城镇职工基本医疗保险条件的老年居民）医疗保险问题，国务院发布了《关于开展城镇居民基本医疗保险试点的指导意见》，在全国部分城市开始进行城镇居民基本医疗保险试点，到 2010 年在全国推广，建立起以大病统筹为主的城镇居民基本医疗保险制度。城镇居民基本医疗保险覆盖了不属于城镇职工医疗保险制度覆盖范围的中小学阶段的学生（包括职业高中、中专、技校学生）、少年儿童和其他非从业城镇居民。

4. 城镇居民医保和新农合并行推进

2009 年，中央将加快基本医疗保障制度建设列在深化医改各项任务的首位，并提出：到 2011 年，城镇职工医疗保险、城居医保和新农合参保率提高到 90% 以上，基本医疗保障制度全面覆盖城乡居民。从此之后，城镇居民医保与新农合继续并行发展，工作重点从制度试点、扩大覆盖转向完善政策、规范管理，稳步提高保障水平并与医疗卫生和药品流通体制改革更紧密结合的新阶段。2010—2012 年全国城居医保和新农合的财政补助标准逐步提高，从 2010 年每人每年不低于 120 元提高至 2012 年的每人每年 240 元。2012 年，城乡居民基本医保基金决算总收入 3 262 亿元，其中各级政府财政补助 2 604 亿元；基金总支出 2 994 亿元，合计有近 20 亿人次受益。

（四）2012 年至今：整合制度，进一步提升保障能力

党的十八大以来，我国医疗保障制度改革持续推进，逐步实现从制度全面普及推进到对全体人民普遍覆盖。2016 年 1 月，国务院发布《关于整合城乡居民基本医疗保险制度的意见》，提出"从完善政策入手，推进城镇居民医保和新农合制度整合，逐步在全国范围建立起统一的城乡居民基本医保制度"。这个文件是落实党的十八届三中全会"整合城乡居民基本医疗保险制度"和十八届五中全会"整合城乡居民医保政策和经办管理"的具体部署。

党的十九大进一步提出要"完善统一的城乡居民基本医疗保险制度（以下简称"城乡居民医保"）和大病保险制度"。截至 2019 年年底，按照党中央、国务院部署要求，我国全部地区实现了两项制度并轨运行向统一的城乡居民医保制度过渡，无论是农村居民还是城镇居民，都享受同样的筹资水平、报销目录、报销比例。

为着力解决医疗保障发展不平衡不充分的问题，2020 年 2 月，中共中央、国务院印发《关于深化医疗保障制度改革的意见》（以下简称《意见》）。《意见》以习近平新时代中国特色社会主义思想为指导，坚持以人民健康为中心，明确了"1+4+2"的改革体系，这是党的十九届四中全会后首批出台的重大改革方案之一，是对新时代医疗保障制度的重要顶层设计。"1"是明确一个目标，即力争到 2030 年，全面建成以基本医疗保险为主体，医疗救助为托底，补充医疗保险、商业健康保险、慈善捐赠、医疗互助共同发展的多层次医疗保障制度体系；"4"是建立四个机制，即公平适度的待遇保障机制、稳健可持续的筹资运行机制、管用高效的医保支付机制、严密有力的基金监管机制；"2"是加强两个支撑，即推进医药服务供给侧改革、优化医保公共管理服务；"1+4+2"搭建了未来医疗保障制度改革的四梁八柱，有利于推动医保制度更加成熟定型。

链接6-5：
视频讲解

二、基本医疗保险制度现状与特点

现阶段，在"广覆盖、保基本、多层次、可持续"基本方针的指导下，我国已经建立了覆盖全民的基本医疗保险制度，其中包括：覆盖企事业单位的城镇职工基本医疗保险制度和覆盖城乡居民的城乡居民基本医疗保险制度。

（一）城镇职工基本医疗保险制度

中国现行的城镇职工基本医疗保险制度，是在总结以往各地医疗保险改革试点经验的基础上，根据 1998 年 12 月国务院发布的《关于建立城镇职工基本医疗保险制度的决定》建立起来的，这一法规性文件明确了城镇职工医疗保险改革的目标任务、基本原则和政策框架。

1. 指导思想

坚持从经济社会发展的实际出发，建立城镇职工基本医疗保障制度，即建立一个适应社会主义市场经济体制，根据财政、企业和个人的承受能力，保障职工基本医疗需求的社会医疗保障制度。

2. 基本原则

建立的基本原则可概括为"基本水平、广泛覆盖、双方负担、统账结合"。"基本水平"是指目前我国处于社会主义初级阶段，生产力水平不高，只能从我国国情和国家财政、企业的承受能力出发，确定合理的基本医疗保障水平；"广泛覆盖"是指所有城镇用人单位及其职工都要参加基本医疗保险，发挥社会互助共济功能，创造公平竞争的社会环境；"双方负担"是指基本医疗保险费用由用人单位和职工个人共同缴纳，职工发生就诊的费用，职工个人也要负担一定的比例；"统账结合"是指基本医疗保险实行社会统筹和个人账户相结合的基金管理模式。统筹基金和个人账户的支付范围要分别核算，不能相互挤占。实行社会统筹是为了建立互助共济的社会团体机制，以解决职工大病风险对职工个人的经济负担；实行个人账户是为了解决个人小额医疗费用负担，并通过个人账户归个人所有的机制，对医疗费用的支出进行控制。

3. 主要内容

（1）参保范围。城镇所有用人单位的职工，包括企业（国有企业、集体企业、外商投资企业、私营企业等）、机关、事业单位、社会团体、民办非企业等单位的职工。乡镇企业及其职工、城镇个体经济组织业主及其从业人员是否参加基本医疗保险，授权各省级政府决定。

（2）资金筹集。医疗保险费由用人单位和职工共同缴纳。用人单位缴费率控制在工资总额的6%左右，职工个人缴费比例从本人工资的2%起步，并以此建立统筹资金。各统筹地区的具体筹资标准由当地政府确定。

（3）统筹层次。原则上以地级以上行政区为统筹单位，所有用人单位及其职工都要按照属地管理原则参加所在统筹地区的基本医疗保险、执行统一政策，实行基本医疗保险基金的统一筹集、使用和管理。

（4）待遇支付。统筹基金主要用于支付大额和住院医疗费用，个人账户主要支付小额和门诊医疗费用。统筹基金支付时，要按照"以收定支、收支平衡"的原则，根据各地的实际情况和基金的承受能力，确定起付标准和最高支付限额。起付标准原则上控制在当地职工年平均工资的10%左右，最高支付限额原则上控制在当地职工年平均工资的4倍左右。统筹基金起付标准以下的医疗费用由个人账户支付，不足部分由个人自付；起付标准以上、最高支付限额以下的医疗费用，主要从统筹基金中支付，但个人也要负担一定的比例。

（二）城乡居民基本医疗保险制度

为推进医药卫生体制改革、实现城乡居民公平享有基本医疗保险权益、促进社会公平正义、增进人民福祉，2016年1月，国务院发布《关于整合城乡居民基本医疗保险制度的意见》，提出了"从完善政策入手，推进城镇居民医保和新农合制度整合，逐步在全国范围内建立起城乡居民医保制度"。明确了城乡居民基本医疗保险制度建立的总体思路、基本原则、主要内容。

1. 总体思路

从政策入手，先易后难、循序渐进，"统一制度、整合政策、均衡水平、完善机制、提升服务"。突出整合制度政策，实行"六统一"；突出理顺管理体制，整合经办机构，提供城乡一体化经办服务；突出提升服务效能，实现逐步过渡和平稳并轨，建立城乡统一的居民基本医疗保险制度。

2. 基本原则

一是统筹规划、协调发展。把城乡居民医保制度整合纳入全民医保体系，发展和深化医改全局，突出"医保、医疗、医药"三医联动，加强制度衔接。二是立足基本、保障公平。立足经济社会发展水平、城乡居民负担和基金承受能力，充分考虑并逐步缩小城乡差距、地区差异，保障城乡居民公平享有基本医保待遇。三是因地制宜、有序推进。加强整合前后的衔接，确保工作顺畅接续、有序过渡，确保群众基本医保待遇不受影响，确保基金安全和制度运行平稳。四是创新机制、提升效能。坚持管办分开，完善管理运行机制，深入推进支付方式改革。充分发挥市场机制作用，调动社会力量参与基本医保经办服务。

3. 主要内容

从政策入手整合城乡居民医保制度，重点是要整合其筹资和待遇保障政策。在考虑原有两项制度差异并总结各地实践经验的基础上，提出了"六统一"政策整合、理顺管理体制、提升服务效能等要求。

（1）统一覆盖范围。城乡居民医保制度覆盖范围包括现有城镇居民医保和新农合所有应参保（合）人员，即覆盖除职工基本医疗保险应参保人员以外的其他所有城乡居民。农民工和灵活就业人员依法参加职工基本医疗保险，有困难的可按照当地规定参加城乡居民医保。各地要完善参保方式，促进应保尽保，避免重复参保。

（2）统一筹资政策。坚持多渠道筹资，继续实行个人缴费与政府补助相结合为主的筹资方式，鼓励集体、单位或其他社会经济组织给予扶持或资助。各地区统筹考虑城乡居民医保与大病保险保障需求，按照基金收支平衡的原则，合理确定城乡统一的筹资标准。城镇居民医保和新农合个人缴费标准差距较大地区可采取差别缴费的办法逐步过渡。逐步建立个人缴费标准与城乡居民人均可支配收入相衔接的机制。

（3）统一保障待遇。遵循保障适度、收支平衡的原则，均衡城乡保障待遇，逐步统一保障范围和支付标准，为参保人员提供公平的基本医疗保障。妥善处理整合前的特殊保障政策，做好过渡与衔接。

（4）统一医保目录。各地区根据国家有关规定，遵循临床必需、安全有效、价格合理、技术适宜、基金可承受的原则，在现有城镇居民医保和新农合目录的基础上，适当考虑参保人员需求变化，制定统一的医保药品和医疗服务项目目录。

（5）统一定点管理。统一定点机构管理办法，强化定点服务协议管理，健全考评机制，实行动态准入退出。对社会办医采取一视同仁的政策。

（6）统一基金管理。执行统一的基金财务制度、会计制度和基金预决算管理制度，强化内控管理、外部监督制度，推进付费总额控制，健全基金运行风险预警机制，合理控制基金结余，防范基金风险，提高使用效率。

（三）基本医疗保险制度发展特点

截至 2020 年年底，我国已建立了世界上规模最大的基本医疗保障网，全国基本医疗保险参保人数达 13.6 亿人，参保率稳定在 95% 以上；医疗保障基金收支规模和累计结存稳步扩大，整体运行稳健可持续。梳理中国新型医疗保障制度发展的历史，可以总结出以下主要特征。

1. 制度全面覆盖，规模世界最大

1998 年出台《关于建立城镇职工基本医疗保险制度的决定》，中国政府在坚持造福全体人民的目标取向下，经过 20 多年的艰辛探索，逐步建立起覆盖全民的医疗保障制度，取得了许多国家经历几十年甚至更长时间才能实现的成就，彰显中国制度优势。1994 年至 2002 年的 9 年，从"两江"试点发端，以城镇为中心改革职工医保制度，建立了统账结合的基本医保制度，初步形成了系统管理的构架；2003 年至 2012 年的 10 年，以城乡居民为重点，建立了新农合、城居医保和医疗救助制度；到 2016 年整合建立举世瞩目的最大医保体"城乡居民医保"，实现全民医保。到 2020 年，城镇职工基本医疗保险和城乡居民医疗保险参保人数超过 13 亿人，全体国民"病有所医"的美好向往得到初步实现，我国建立起世界上规模最大的基本医疗保障网。

2. 以"保基本"为核心原则

1998 年颁布的《国务院关于建立城镇职工基本医疗保险制度的决定》中，提出建立城镇职工基本医疗保险制度的最核心的原则就是"保基本"，即要根据财政、企业、个人的承受能力，建立保障职工基本医疗需求的社会医疗保险制度，同时把"基本医疗保险的水平要与社会主义初级阶段生产力发展水平相适应"作为建立城镇职工基本医疗保险制度的第一项原则。20 年来，"保基本"的原则不仅保证了城镇职工基本医疗保险事业的顺利发展，而且成功指导了新农合和城镇居民基本医保制度的建立和发展，进而被写入《中华人民共和国社会保险法》，成为社会保险法的核心理念。

3. 注重"多层次"，鼓励其他医疗保险发展

中国已基本实现基本医疗保险全民覆盖的目标，但这一目标是在"保基本"原则下实现的，这使得社会成员疾病医疗费用特别是重大疾病的医疗费用仍是影响生计甚至导致灾难性生活后果的重大风险，因此建立多层次的医疗保障制度，提高居民应对重大疾病风险的能力，一直是政府最为关注的民生问题之一。2009 年，中央就提出要"加快建立和完善以基本医疗保障为主体，其他多种形式补充医疗保险和商业健康保险为补充，覆盖城乡居民的多层次医疗保障体系"。2020 年出台的《关于深化医疗保障制度改革的意见》又进一步强调要"坚持以人民健康为中心，加快建成覆盖全民、城乡统筹、权责清晰、保障适度、可持续的多层次医疗保障体系"，并明确提出"到 2030 年，全面建成以基本医疗保险为主体，医疗救助为托底，补充医疗保险、商业健康险、慈善捐赠、医疗互助共同发展的医疗保障制度体系"。

三、基本医疗保险近期改革举措

党的十八大以来，全民医疗保障制度改革持续推进，在破解看病难、看病贵问题上取得了突破性进展。党的十九大报告进一步提出，要完善统一的城乡居民基本医疗保险制度和大病保

险制度，全面建立中国特色医疗保障制度。党的十八大以来国家在医疗保障领域的主要改革，可以总结为以下几点。

（一）成立国家医疗保障局

为了扫除长期制约医保改革的体制性障碍，实现全国医保事业的集中统一管理，2018年3月，中共中央印发《深化党和国家机构改革方案》，明确提出，为完善统一的城乡居民基本医疗保险制度和大病保险制度，不断提高医疗保障水平，确保医保资金合理使用、安全可控，推进医疗、医保、医药"三医联动"改革，更好保障病有所医，将人力资源和社会保障部的城镇职工和城镇居民基本医疗保险、生育保险职责，国家卫生和计划生育委员会的新型农村合作医疗职责，国家发展和改革委员会的药品和医疗服务价格管理职责，民政部的医疗救助职责整合，组建国家医疗保障局，作为国务院直属机构。国家医疗保障局的建立，不仅可以解决基本医保分散管理的现实问题，而且可以通过各项基本医保的统一管理，为制度的完善、制度间的整合协调以及地区间的制度整合协调创造了管理条件。

（二）取消城乡居民医保个人（家庭）账户，向门诊统筹平稳过渡

城乡居民医保个人（家庭）账户，主要用于支付参保人在门诊发生的医疗费用，在制度建立初期对培育个人参保意识、促进个人参保缴费、迅速扩大参保覆盖面等发挥了积极作用，然而随着居民医保筹资标准提高和保障能力增强，其弊端逐渐显现，表现为：① 额度很小、保障不足，实际上难以起到门诊保障的作用；② 共济能力差，仅限于个人或家庭使用，还削弱基金整体保障能力；③ 易诱发滥用。为此，2019年国家医保局会同财政部印发《关于做好2019年城乡居民基本医疗保障工作的通知》提出，实行个人（家庭）账户的，应于2020年年底前取消，向门诊统筹平稳过渡。城乡居民医保个人（家庭）账户取消并不会降低居民的医保待遇，而是通过推进门诊统筹进行替代。门诊统筹有利于提高城乡居民医保基金共济能力、增强基金共济效应，能更好地保障城乡居民医保待遇。

（三）实行大病保险制度，与医疗救助等制度紧密衔接

基本医疗保险只能满足普遍的基本需求，而有些重大疾病患者因不得不接受基本医疗保险政策规定之外的诊疗项目和自费药品，承受着高额医疗费用的压力。为此，2015年7月，国务院办公厅印发了《关于全面实施城乡居民大病保险的意见》，要求各地在当年年底前，使大病保险覆盖城乡居民基本医保参保人群，大病保险基金支付比例达到50%以上，有效减轻了大病患者看病负担；到2017年，建立起比较完善的大病保险制度，与医疗救助制度等紧密衔接，共同发挥托底保障功能，有效防止家庭灾难性医疗支出，城乡居民医疗保险的公平性得到显著提升。大病保险实施后，数千万大病患者享受到资金支持，加上基本医保、医疗救助、社会慈善捐助等多重政策，避免了许多家庭的灾难性医疗支出，减少了因病致贫、因病返贫的概率。

（四）逐步实现跨地区医疗费用的直接结算

随着我国人口流动性逐步增强，在实现了全民医保后，跨地区就医的医保结算成了群众新

的诉求。为此，人力资源和社会保障部、财政部 2016 年印发《关于做好基本医疗保险跨省异地就医住院医疗费用直接结算工作的通知》，部署全面开展基本医疗保险跨省异地就医住院医疗费用结算工作，确定的目标是 2016 年年底基本实现全国联网，启动跨省异地安置退休人员住院医疗费用直接结算工作；2017 年开始逐步解决跨省异地安置退休人员住院医疗费用直接结算，并扩大到符合转诊规定人员的异地就医住院医疗费用直接结算。在此基础上，2018 年提出了更高的目标——巩固完善异地就医住院费用直接结算工作，妥善解决农民工和"双创"人员异地就医问题，为城乡居民规范转外就医提供方便快捷服务，减少跑腿垫资。截至 2020 年年底，北京、天津、河北、上海、江苏、浙江、安徽、重庆、云南的所有统筹地区，以及四川、贵州、西藏的部分统筹地区，开通门诊费用跨省直接结算定点医疗机构和定点零售药店双双突破 1 万家，累计直接结算人次突破 300 万。

链接6-6：
视频讲解

本章小结

疾病风险是指由于患病或意外损失而引起的风险。因疾病风险所危害的对象是人，导致对人体健康的损害甚至死亡，因而对疾病给人们带来的经济损失应该给予补偿。医疗保险是保险的一种，是为补偿因疾病带来的直接医疗费用损失而提供的保险。

医疗保险系统是由医疗保险机构、被保险人、医疗服务提供者三方组成的复杂关系，而这样的三方关系就导致了信息的不对称，因此需要政府的引导。政府与三方之间的相互作用形成了医疗系统运作的动力。

在现实中，一般人们兼顾医疗保障在资金筹集方式、对医疗机构的支付方式、医疗费用的分担方式等方面的差异，将其区分为四种不同的医疗保障模式，即社会医疗保险模式、全民健康服务模式、商业医疗保险模式和储蓄医疗保险模式。

医疗保险费用分担方式指的是在医疗保险费用支付过程中，被保险方参与分担一部分医疗费用的支付方法。其意义在于让被保险方树立费用意识，控制自己的医疗需求行为，达到合理使用医疗服务和控制医疗费用的目的。一般常见的费用分担方式主要有起付线、共同付费、最高限额和混合式。

关键名词

疾病风险　医疗保险　逆选择　道德风险　医疗保险系统　医疗保险模式　预付制
后付制

复习思考题

1. 疾病风险和医疗保险之间的关系是什么？
2. 医疗保险的性质有哪些？如何处理好医疗保险福利性与经济性之间的关系？
3. 医疗保险系统是如何构成的？各个主体之间有怎样的复杂关系？
4. 医疗保险费用分担方式有哪些？请结合当地基本医疗保险的实际情况，阐述基本医疗保险的费用是如何分担的。
5. 医疗保险费用的支付方式有哪些？哪种方式对费用控制作用较大？

6. 面对医疗保险费用上涨这一大趋势，如何有效区分合理与不合理的医疗费用上涨？如何控制不合理的医疗费用上涨？

7. 结合改革开放以来，我国新型基本医疗保险制度的建立与完善，请阐述我国医疗保险制度发展的主要特点？

8. 我国现行的基本医疗保险改革的主要内容有哪些？党的十八大以来，中国医疗保障制度的主要改革有哪些？如何评价这些改革？

案例分析

中国医改在路上

20 世纪 90 年代初至 21 世纪初，我国进入医疗卫生体制深化改革阶段。这个时期，在以市场为主导的改革体制下，我国医疗卫生体制在医疗卫生服务体系、医疗保障体系和药品流通体系的改革等方面进行了有益的探索。可是从效果上看，这个时期却也是我国医疗卫生体制改革矛盾和问题不断积累的时期。"看病贵，看病难"，区域医疗卫生发展不平衡等问题尤为突出。

2005 年，针对当时我国医疗卫生体制出现的问题，国务院发展研究中心课题组在"中国医疗卫生体制改革"的课题研究报告中指出，当前的一些改革思路和做法，都存在很大问题，其消极后果主要表现为医疗服务的公平性下降和卫生投入的宏观效率低下。报告还指出，现在医疗卫生体制出现商业化、市场化的倾向是完全错误的，违背了医疗卫生事业的基本规律。

报告课题组参与者评称，中国卫生系统染上了"美国病"。他们分析认为，"美国病"有两个特征：一是效率低；二是公平性差。效率低下的原因主要是资源浪费，资源没有用于成本效益好的项目或干预措施上。公平性差主要因为资源再分配不到位。

以上研究报告主笔人指出：现在的医疗卫生改革走入困局，根源在于它的基本方向有问题，不能走市场化的道路。基于医疗卫生事业的特殊性，无论是基本保障目标选择还是医疗卫生的干预重点选择，靠市场都无法自发实现合理选择，必须强化政府职能。政府的责任应主要体现在两个方面：一是强化政府的筹资和分配功能；二是全面干预医疗卫生服务体系的建设和发展。

这时，无论在舆论界，学术界还是决策层都开始了对于医疗服务市场化的怀疑和批评，更有甚者提出让医疗保障体制回归计划经济时代，认为政府应完全负担国民的医疗服务，最终实现全民公费医疗。

学术界有学者指出，推进全民医保，应当是新医改的重中之重，并且唯有政府主导，全民医保才能实现，医疗服务可以进行市场化，并且政府主要的职能应当是监管者、补缺者和引导者，而不是主办者。政府去主导医疗保障，市场去主导医疗服务，这是全球医改的一大趋势。顾昕认为，中国医改应该探寻政府主导与市场机制的结合之道。

2006 年，国务院委托多家机构针对我国医改中集中体现的问题进行独立研究，在综合各家研究机构的意见和建议的基础上，于 2008 年 10 月 14 日公布了《关于深化医药卫生体制改革的意见（征求意见稿）》，紧接着在 2009 年 1 月 21 日通过了新医改方案。新医改方案提出了"有效减轻居民就医费用负担，切实缓解'看病难、看病贵'"的近期目标，以及"建立健全覆盖城乡居民的基本医疗卫生制度，为群众提供安全、有效、方便、价廉的医疗卫生服务"的长远目标。

2009 年新医改方案的出台，标志着我国正式迈入医改新纪元。自此，全民医保、取消药品加成、推进分级诊疗等一个个与医疗、看病紧密关联的关键词，串联起 10 年的新医改之路。中国医学科学院于 2020 年 7 月 15 日发布的《中国医改发展报告（2020）》认为，新医改以来，我国实现了医保覆盖全民，跨省就医结算更快，药品、检查大幅降价，医院、床位、医生快速增加，住院时间更短，大数据、云计算、移动互联、人工智能等现代信息技术在看病就医中应用更为广泛，居民健康水平上升，因病致贫现象大幅减少等。但新医改在取得诸多成绩的同时，医疗保障领域仍存在一些问题，这些问题表现在：大量资源集中在大医院、分级诊疗难以贯彻、基层医疗改革成果不巩固、医药行业"多、小、散、乱、弱"的格局未扭转、药品流通环节的灰色利益链条还没有消除、医疗、医药、医保"三医"不联动等。

为完善统一的城乡居民基本医疗保险制度和大病保险制度，不断提高医疗保障水平，确保医保资金合理使用、安全可控，统筹推进医疗、医保、医药"三医联动"改革，更好保障病有所医，2018 年 3 月，十三届全国人大一次会议表决通过了关于国务院机构改革方案的决定，将人力资源和社会保障部的城镇职工和城镇居民基本医疗保险、生育保险职责，国家卫生和计划生育委员会的新型农村合作医疗职责，国家发展和改革委员会的药品和医疗服务价格管理职责，民政部的医疗救助职责整合，组建国家医疗保障局，作为国务院直属机构。

虽然新一轮医改取得了巨大的成就，但是我们也必须清醒认识到深化医改依然面临着一系列重大挑战：改革依然任重道远，全民医疗体系还不健全，医保管理体制趋于理顺，巩固基层改革任务还很艰巨，推动公立医院改革涉及各方利益格局重大调整，遇到阻力会越来越大，因此，我国医改也注定前路坎坷。

（资料来源：① 李玲. 健康强国. 北京：北京大学出版社，2010；
② 王俊秀. 国务院研究机构最新报告说"中国医改不成功". 中国青年报，2005-07-29；
③ 胡晓义. 医疗保险和生育保险. 北京：中国劳动社会保障出版社，2011；
④ 新华社 2018 年 3 月 13 日电《关于国务院机构改革方案的说明——
2018 年 3 月 13 日在第十三届全国人民代表大会第一次会议上》.）

案例思考：

1. 请分析形成医疗卫生服务的商品化、市场化矛盾的原因有哪些。
2. 当今国际医改形势如何？国际上有什么新的医改政策和方向？
3. 我国未来医改的重点有哪些？方向是什么？

本章实训

医疗费用该如何分担？

一、实训目的

1. 通过熟悉医疗保险费用的计算，明晰我国医疗保险费用的分担形式。
2. 培养学生的逻辑思考能力以及理论联系实际的能力。

二、实训题目

假设某地职工医疗保险由基本医疗保险和大额医疗互助两部分组成，实行的是"板块式"医疗保险方案，即分离门诊和住院，并实行不同的费用分担方式，其中针对在职职工住院发生的医保目录内的费用，医疗保险统筹基金按照表 6-1 进行支付。医保目录外的费用完全由个人负担。

表 6-1 在职职工医疗保险住院（基本医疗+大额互助）统筹基金支付比重

	费用分担情况	一级医院	二级医院	三级医院
基本医疗保险	住院起付线	第一次：1 300 元，第二次及以后：650 元		
	起付至 3 万元	90%	87%	85%
	3 万~4 万元	95%	92%	90%
	4 万元以上至封顶线	97%	97%	95%
	住院累计报销	住院累计报销 10 万元		

	费用分担情况	一级医院	二级医院	三级医院
大额医疗互助	住院起付线	基本医疗统筹最高支付限额以上部分		
	报销比例	85%		
	住院累计报销	住院累计报销 20 万元		

请回答下列问题（为简化计算，不考虑乙类药物）：

1. 假设 A 在职人员第一次住院（在三级医院），目录内总费用为 10 万元，目录外费用为 1.5 万元。根据当地"板块式"医疗保险改革方案，A 先生的目录内费用可以进入社会统筹报销范畴。请根据上表的报销情况，计算 A 先生医疗保险费用分担情况。

2. 假设 B 在职职工第一次住院（在三级医院），基本医疗保险统筹基金支付费用为 10 万元。请根据上表的报销情况，计算 B 先生医疗总费用花费最少为多少？个人支付费用占医疗总费用的比重为多少？

3. 假设 C 在职职工第一次住院（在三级医院），基本医疗保险统筹基金支付费用为 10 万元，大额医疗互助统筹基金支付 50 万元。请根据上表的报销情况，计算 C 先生花费的医疗总费用最少为多少？个人支付费用占医疗总费用的比重为多少？

即测即评

请扫描右侧二维码，进行在线测评。

引例

失业保险费率整体下调会影响待遇吗？

为落实中央"三去一降一补"决策部署，从 2015 年起，人力资源和社会保障部、财政部接连发文，连续三次降低失业保险费率，总费率由现行条例规定的 3% 阶段性降至 1%，累计为企业减负超过 1 000 亿元，降低了企业成本，促进了实体经济发展，助推了供给侧结构性改革。

各项社会保险费中只有失业保险与个人福利待遇挂钩较少，并只针对极少数失业人群，降低缴费并不会影响失业人员待遇，还可以减轻企业税费负担。阶段性降费政策的落实，最直接也是最广泛的受益者就是小微企业，他指出，小微企业具有数量多、成长快的特点，每一个小微企业解决的就业人数虽然不多，但就像蚂蚁搬家一样，形成的合力能提供数量巨大的就业岗位。

社保降费率有助于企业降成本，但社保的另一头也牵系着广大参保人员。人社部失业保险司负责人强调，连续降费率后，不会影响失业保险待遇标准，不会影响失业保险待遇按时足额发放。据测算，将失业保险总费率降至 1% 后，一些统筹地区将会出现收不抵支的情况，但可以动用历年滚存结余和省级调剂金解决，确保失业保险待遇水平不降低和按时足额发放。

专家表示，失业保险的基础功能是保生活，其标准是按照低于当地最低工资标准、高于城市居民最低生活保障标准制定的。无论缴费比例如何调整，失业人员享受的待遇应随着最低工资水平的调整而增加。同时，随着社会救助和保障标准与物价上涨挂钩联动机制的实施，失业人员还能随居民消费物价指数和食品价格的上涨享受到额外的失业保险临时价格补贴。

评价：

我国失业保险发展至今，在促进就业、维护稳定、保障和改善民生方面起着重要作用。而失业保险缴费率的下降和减免，更是我国政府主动适应经济发展形势和应对疫情的重要决策，可以进一步支持和维护市场经济的发展。对于减轻企业负担、支持企业发展、促进就业稳定，维护经济社会健康稳定地发展都具有重要意义。

本章知识结构图

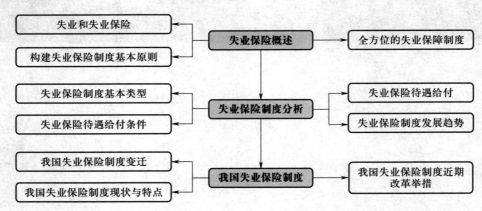

第一节　失业保险概述

失业是市场经济社会的必然产物，有就业，就有失业。西方工业国家在 20 世纪初就建立了失业保险、失业救助等制度，以缓解失业对社会、经济和家庭的负面影响与巨大压力。各国都非常重视具有保障基本生活和促进就业双重职能的失业保险制度的建立和完善。

一、失业和失业保险

（一）失业

失业是与就业相对立的。就业是指在法定年龄内的有劳动能力和劳动愿望的人们所从事的为获取报酬或经营收入进行的活动。失业一般是指在国家规定的劳动年龄内，有劳动能力并愿意就业的劳动者找不到工作的一种社会经济现象；广义的失业也泛指劳动者与生产资料相分离的一种状态。

为了更准确地分析失业现象，现代市场经济国家给出了一个具体的、便于量化的失业定义：凡是统计时被确定有工作能力却没有工作，且在此之前 4 周内曾做过专门努力寻找工作但没有找到工作的人都应被统计为失业者。此外，还包括暂时被解雇并正等待恢复工作的人和正等待到新工作岗位报到的人（等待时间为 30 天）。由此可见，失业的界定是以劳动力是不是面向市场的经济活动人口为依据的。

失业状况下，劳动者不能与生产资料相结合，从而导致失业者丧失收入来源，还有可能致使失业者丧失尊严，情形严重时会导致失业者对社会失去信心，带来其他负面的心理影响。同时，失业作为劳动者与生产资料相脱离的不良经济状态，使社会资源分配和使用失当，导致在宏观层面上出现"非均衡"表现，对宏观经济的运行以及经济增长和整个社会的发展都造成不良的影响。

（二）失业保险

失业保险是指对非因本人意愿中断就业、失去工资收入的劳动者，提供基本生活保障并促进其再就业的一种社会制度。这种制度有两大功能，一是保障基本生活，二是促进就业，所以失业保险制度被称为失业现象的"减震器""安全网"。

失业保险同其他社会保险项目一样，都是政府行为，但是同其他保险项目相比，失业保险还具有如下主要特点：

1. 保障对象不同

失业保险是为了保障有工资收入的劳动者失业后的基本生活而建立的，所以其制度覆盖的对象主要是虽然具有劳动能力，但由于失去工作机会而丧失了生活来源的劳动者，而养老、医疗、工伤等保险保障的对象则是暂时或永久丧失劳动能力的劳动者。

2. 享受条件不同

失业保险除了与其他社会保险一样同劳动者的工作年限、缴费情况等有关，更重要的是，它还与劳动者的就业意愿有关，即失业保险的保障对象必须是非自愿失业并且有就业意愿的劳动者，那些自愿失业或者虽然是非自愿失业但是已经没有就业意愿的劳动者是不能享受失业保险待遇的。

3. 保障目的不同

虽然失业保险和其他保险一样，最终的目的都是保障劳动者的基本生活，但失业保险还肩负着提高劳动者就业能力和增加工作机会，以及促进劳动者再就业的任务，因此它和就业政策有着密切的联系，这也是失业保险与其他保险制度最大的差别。其他社会保险的主要职能是对因某种风险事故而失去劳动能力的劳动者提供基本生活保障，被称为"被动"的保险制度。而失业保险除了为失去劳动机会的有劳动能力的劳动者提供基本生活保障外，还负有促进其尽快就业的职责，如职业指导、职业培训、生产自救等，是一种主动的保险制度。

二、构建失业保险制度基本原则

（一）保障基本生活原则

失业保险待遇的确定应当要能保障失业者及其家庭的基本生活，维持其基本生活需要，为其重新就业创造条件。考虑失业者失业前为社会做过贡献，其待遇标准应当适当高于社会救济水平。但是，失业保险待遇标准不应定得过高，以至于造成"养懒汉"现象的出现，会使得失业者依赖失业保险金而不去积极找工作，丧失了对失业者再就业的激励，也不利于促进国内劳动力市场的完善和经济的持续健康发展。

（二）与失业预防和就业援助相结合原则

仅仅依靠失业者领取失业保险金并不能有效解决失业问题，失业保险应当向就业保障方面转变，与失业预防和就业援助相结合。失业保险最重要的目的是促进再就业，对此失业保险应该以"就业促进"为导向，采取支付企业"稳岗补贴"等预防失业的措施及职业介绍、职业培训等就业援助的措施，来促进失业者再就业。

三、全方位的失业保障制度

早期的失业保险只是给予失业者基本生活的帮助及介绍工作岗位，还不足以应对现代社会严重的失业矛盾。1980 年，经济合作与发展组织在《危机中的福利国家》中，提出了"福利国家危机"警告：随着失业保险待遇标准的提高，失业保险制度在保护失业者利益的同时，也在某种程度上创造着失业，即失业保险制度本身含有抑制再就业的负面因素。随后，许多国家开始进行失业保险制度改革，工作重点由过去的失业保险、失业救济向就业援助和失业预防转变，全方位地思考和解决失业问题，着手构建"失业保险＋失业预防＋就业援助"于一体的全方位失业保障制度，实现充分就业。

小链接 7-1

西方发达国家失业保险改革的措施

面对失业率居高不下和失业保险的制度性缺陷困境，西方发达国家纷纷对失业保险进行改革，概括地说即"开源节流"，尤其体现在失业保险资金支出上，主要是削减失业保险的支出，严格享受失业津贴的资格标准或延长等待期，一些国家还增大失业保险基金用于就业部分的比重。比如德国缩短失业保险金领取期限，对失业者接受低报酬的工作以薪水补贴，还为在职者和谋求新的就业岗位者提供职业进修和改行培训，向能为经过培训的失业人员提供工作岗位的企业支付"熟悉工作补贴"等举措；法国强调失业者必须进行求职登记或参加培训，每月报告求职情况，积极寻找工作，并将失业保险基金的 50% 用于转业培训、市场服务和再就业安置等方面；美国规定，从领取失业津贴的第一天起就要寻找工作或接受"合适"的工作，积极参加再培训等活动，成为可以继续领取失业保险津贴的条件等。

（资料来源：改编自邓大松. 社会保险. 3 版. 北京：中国劳动社会保障出版社，2015.）

（一）失业预防

失业预防措施主要包括约束企业的解雇行为、加强职业教育和职业培训、建立失业预警制度等。

1. 约束企业解雇行为

许多国家出台相应的法律，对企业解雇员工的行为进行约束，以防止其随意解雇员工。如规定解雇行为必须有正当合法的理由，解雇前必须提前通知政府有关机构、工会或员工本人，并征得政府有关机构或工会的同意，同时还要求给予员工一定的解雇补偿金。此外，各国还对多人被解雇的集体解雇规定了极其严格的条件。目前除美国外，其他发达国家都对企业集体解雇行为进行了立法约束，规定解雇应是企业迫不得已而采取的措施。即企业必须在实行解雇前采取了诸如转换岗位、培训、调整工时等方法后仍不得已而采取的行动。

2. 加强职业教育和职业培训

职业教育和职业培训是促进就业、预防失业的一条重要而有效的途径。很多国家通过出台相应的法律法规来指导教育和培训活动。政府直接参与组织职业培训或出资专门支持（或购买）企业、个人及社会组织举办职业培训（的成果）；在职业教育中，注重加强职业指导，帮助增强就业能力和提升职业意识。

3. 建立失业预警制度

监测失业并适时采取措施，将失业率控制在安全水平以下。具体的内容有：一是确定失业控制目标，在调查分析和综合考察社会经济因素的基础上划定无警失业线、失业警戒线和恶性失业线；二是建立失业监测系统，对失业进行调查、统计、预测和报告；三是健全失业控制对策并加强实施，对策分为长期对策和短期对策，涉及金融财政对策、人口政策、经济社会发展规划、税收及物价政策、教育培训政策等。

（二）就业援助

就业援助主要是政府对劳动力市场进行指导和干预，通过优惠政策等提供全方位就业服务，鼓励失业者积极实现再就业。具体做法有：

1. 出台优惠政策鼓励创业

如发给津贴，提供小额贷款或补助、减免税收等扶持失业者创办小型企业。

2. 开发社区公益工作岗位

许多国家采取积极措施，为失业者提供社区公益工作岗位，这样既可以让失业者获得工作和收入，又可以促进和健全社区建设。

3. 实行职业轮换

鼓励企业招聘失业人员临时替代接受培训的正式员工来工作。这样一方面可以使企业借助职业轮换制度顺利开展对在职员工的职业培训，提高员工素质和技能；另一方面可以使失业者在职业轮换中增长工作经验和求职技能，进而提高就业能力。

4. 对特殊失业群体提供专门援助

最难就业的是那些特殊群体，如长期失业者、年老失业者等。针对不同群体采取不同的援助措施，如对长期失业者，奖励和刺激他们主动寻找工作，缩短失业时间等。

5. 鼓励失业者流动就业

许多国家制定一系列措施，鼓励失业者在地区间流动就业，如为在地区间流动的失业者提供搬家费及两地分居补贴等。

链接7-1：
视频讲解

除以上措施外，一些国家还采取了其他措施来促进就业，如开辟家庭雇工就业领域，加强就业信息的收集和发布，提供就业指导和创业指导，缩短在职者的工作时间，降低退休年龄等。

第二节　失业保险制度分析

失业保险制度的发展与一个国家的工业化和市场化程度密切相关。到目前为止，在西方发达的工业化国家，失业保险制度也比较完善，因为这些国家劳动力市场的组织程度较高，为失业保险制度提供了基础和要求。现在经济发达的西方国家都实行了强制性的或自愿性的失业保险制度，失业保险的范围已得到扩展。

一、失业保险制度基本类型

世界各国所实施的失业保险制度的基本类型通常有三种，即非强制性失业保险制度、强制性失业保险制度和失业救济制度。

（一）非强制性失业保险制度

非强制性失业保险制度是指失业者自愿参加的由公共团体对失业人员支付一定数额保险金

的保险制度。在这种制度模式下，失业保险制度不限定其实施范围，雇员和雇主可以根据自己的意愿选择是否参加失业保险，并且失业保险通常是由工会组建，政府提供大量的资金，由失业基金会负责失业保险基金的管理。非强制性失业保险制度一般只是针对某些职业及容易失业的雇佣劳动者而举办。

（二）强制性失业保险制度

强制性失业保险制度是指由国家以法律的形式规定多种条件，如缴纳保险费、非自愿失业等，雇主和雇员都必须参加失业保险，缴纳失业保险费。在这种制度模式下的失业保险，通常是由政府直接管理或委托一个机构管理，凡属失业保险覆盖范围的劳动者都必须依法参加，个人没有选择的自由。最初的失业保险只涉及一些风险比较大的行业，如建筑业和机械业等。随着时代的发展，失业保险覆盖范围越来越大。目前，世界上大多数国家都实行强制性的失业保险制度。

（三）失业救济制度

失业救济制度是指相关政府机构对无资格享受失业保险或者享受失业保险的资格期限已满的人员，以及符合经济收入规定的雇员给予物质补贴以保证其基本生活的保障制度。这一制度的具体方式有多种：一是由政府或雇主支付一次性失业救济金或一次性解雇费；二是对不具备享受失业保险待遇的失业者提供标准较低的失业救济；三是不具备领取失业保险金资格的失业者可以申请失业救济，但要接受家庭经济状况调查，符合救济条件者才可领取。

二、失业保险待遇给付条件

失业者要取得享受失业保险待遇的权利，必须具备一定的资格和条件。各国失业保险制度对此都有具体而严格的规定，其目的在于避免逆选择行为，促进失业者尽快重新就业。虽然各国对失业保险金的享受资格条件规定不一，但一般具有下列条件：

（一）原因条件——是否属于非自愿失业

失业保险要求享受者都应是非自愿失业的，即失业并非因本人意愿，而是出于个人无法控制的社会因素。这样规定的目的是防止在失业保险上的逆选择行为，避免因失业保险的存在而使劳动者感到可以擅自离职或利用失业保险待遇达到不劳而获的不正当目的。因此，绝大多数国家都将"自愿性失业"排除在失业保险的范畴之外。

（二）身份条件——是否有缴费记录

一般国家都规定失业者失业前缴纳保险费的时间要达到规定的最低期限，很多国家又同时要求失业者失业前的就业时间要达到规定的下限。规定工龄条件的主要目的是确认失业者曾是社会劳动者队伍中的一员，对社会经济发展以及社会保险所需的资金做了一定的贡献，理应取得享受社会保险待遇的资格。规定必须缴纳一定期限的失业保险费是为了体现保险中的权利和义务的对等关系。

（三）年龄条件——是否符合法定劳动年龄

失业者必须符合劳动年龄条件，低于法定劳动年龄，即便有过就业也无权享受失业保险待遇；超过法定劳动年龄的劳动者，原则上也不能享受失业保险待遇。世界银行将劳动年龄统一规定为 15~60 岁。我国规定的劳动年龄为男 16~60 周岁，女干部 16~55 周岁，女工人 16~50周岁。

（四）主观条件——是否有就业愿望

失业者必须有就业愿望，具体表现为主动到就业管理部门登记，接受就业指导、就业介绍或职业培训等。

在规定享受失业保险待遇条件的同时，几乎所有的国家都有在某些条件下取消待遇资格的规定，如拒不接受职业介绍、职业培训，个人自动辞职等。

三、失业保险待遇给付

（一）失业保险待遇给付原则

建立失业保险制度的目的就是既保证失业者及其家属的基本生活需要，又能促进失业者尽快再就业，为此，失业保险待遇的给付标准一般应遵循以下原则：

• 保障本人及供养直系亲属（按平均赡养系数计算）的基本生活，保护劳动力使之维持重新就业的基本身体条件。

• 待遇要低于劳动所得。失业保险的给付对象毕竟是在失业中，没有参加劳动，不能为社会创造财富，其享受的待遇必须低于劳动所得，低于最低工资标准或低于本人失业前原工资水平，以体现劳动和不劳动的差别，促进其尽快重新就业。如果保险待遇过高，可能出现"养懒汉"的现象，不利于调动劳动者的积极性。

• 失业保险待遇要能体现"权利与义务相对等"的原则，缴费时间越长，缴费越多，本人应获得的失业保险待遇就越高。

不同的国家在具体确定失业保险金标准时，既有薪酬比例制，也有均一制。薪酬比例制一般按照失业者失业前一定时期工资的 40%~70% 进行发放，如日本的雇佣保险金给付是根据失业者的收入来计算的。均一制是对符合规定的失业者一律按同一基数标准的一定比例计发失业保险金，与失业前的工资收入无关联。

（二）失业保险给付期限和等待期

同其他保险项目不同的是，劳动者失业后一般不能马上领取到失业保险金，通常有 3~7天等待期。之所以有这样的规定，一是可以排除失业期限很短时的给付，减少管理部门的工作量；二是可防止冒领失业保险金，以便于管理机构对"失业者"进行待遇资格调查和甄别。此外，几天的等待期一般不会影响失业者的生活。关于具体的等待期限，各国的规定不完全一样，一般为 7 天。有的国家规定每次失业都有一个等待期，有的国家规定在同一年第二次失业时不需要等待期。

除了保障失业者基本生活、维护社会稳定之外，失业保险的另一个目标是促进失业者尽快重新就业，因此，它不能像其他保险项目那样可以由被保险人无限期地享受，而必须规定一个适当的待遇给付期限，超过此期限，即使仍然符合失业的条件，也不能继续享受失业保险待遇。此外，给付期限通常还与失业者的年龄大小、缴费时间的长短以及失业期间的失业率有关。以"大多数失业者重新就业前不能过多地减少收入"为原则，不少国家限定连续领取失业保险金的期限是 8~39 周，通常为 26 周。美国经济景气时期的失业保险给付期为 20~36 周，经济不景气时为 52 周。

失业保险待遇期限的计算有两种办法：一是连续计算，即享受失业保险待遇最长期限连续计算，不间断，世界上实行失业保险制度的国家中有一半是按照这种办法计算的；二是累计计算，即享受失业保险待遇期限是在一定时间内累计计算，超过一定时间即使又处于失业状态，也不能再享受失业保险待遇。

小链接 7-2

失业保险与失业陷阱的关系

失业陷阱指的是在失业保险的作用下，当失业者失业期间享受的失业保险金收入和其他补助与找工作的净收入相比具有很高的替代率时，失业者宁愿选择失业而不愿再就业。失业陷阱是失业保险中最主要的效率损失，为防止"失业陷阱"问题的发生，各国近年来纷纷采取失业保险金随给付期累退发放的方式，实行差别化的失业保险给付期限与标准，即在开始领取时待遇水平较高，以后每隔一定期限逐步降低待遇。大多数国家失业保险支付期缩短为 90 天到 1 年，按失业期限长短确定失业给付标准。失业时间越短，给付标准就越高。调整失业保险给付期限和标准的做法，在客观上起到了迫使失业人员尽快实现再就业的效果。

（资料来源：李珍. 社会保障理论. 3 版. 北京：中国劳动社会保障出版社，2013.）

四、失业保险制度发展趋势

世界各国的失业保险都经历了一个由发展到逐步完善的过程，目前失业保险制度的发展趋势有以下几点：

（一）失业保险的覆盖范围扩大

失业保险制度的根本问题之一是给谁提供保障，它不仅表明受保障群体的范围，还表现出失业保险的性质，体现着国家社会保障政策目标的选择。目前，国外失业保险在覆盖范围方面的发展趋势表现为从仅覆盖某些行业扩大到几乎覆盖所有行业，从仅覆盖部分劳动者扩大到几乎覆盖所有有就业意愿的劳动者。

（二）　失业保险的目标越来越明确

失业保险区别于其他社会保险的一个最大的特点就是它的主动性，即失业保险不仅要保障失业者的基本生活，还肩负着促进劳动者再就业的任务。随着失业保险的不断发展，如今的失业保险目标越来越明确，已经由最初保证失业工人的基本生活转向既保证基本生活又促进积极就业，并且促进就业成为失业保险发展的主流。比如美国的失业保险制度就有三个明确的有层次的目标：一是要减轻失业者的痛苦；二是阻止失业的再发展；三是促进重新就业。

为了达到这些目标，很多国家都制定了一系列政策、计划以抑制解雇员工，促进就业。如在日本，失业保险机构从稳定就业出发，对某些不景气而被迫缩小经营规模的企业给予资助，力争使这些企业不裁员或者少裁员；又如英国对参加受训并取得资格证书的失业人员，分别按资格等级增加失业保险的给付。

（三）　失业保险向失业预防和失业补救相结合转变

早期的失业保险只是保障有职业而又失去职业的人，失业保险的工作也只是收缴、发放和管理失业保险基金。为了解决经济迅速发展与失业贫困加剧的矛盾，许多发达国家采取不断提高失业保险待遇的方法，但是，这种做法加剧了国家财政的负担。为此，有专家提出了要建立一个全方位的失业保障制度，即失业保险+失业预防+就业援助。失业预防包括约束企业的解雇行为，加强职业教育和职业培训以及建立失业预警制度等；而就业援助主要是政府对劳动力市场进行指导和干预，通过优惠政策等提供全方位就业服务，鼓励失业者积极地实现再就业。目前有很多西方国家都采取了这种全方位的失业保障制度，它在保障劳动者就业、促进经济发展方面起到了很大的作用。

小链接 7-3

从失业保险到就业能力提升的政策措施

自 20 世纪 70 年代以来，西方发达国家采取了各种积极政策和措施以改善就业状况，降低失业率从而促进经济的发展，维护社会的稳定。这些政策和措施的总体导向就是改革失业保险制度，突出就业导向，重视失业者和在职人员就业能力的提升。如把改革失业保险制度、鼓励失业者再就业，作为失业保险发展的方向；鼓励失业者接受低报酬的工作或临时职业，也允许他们能够继续享有适度的失业津贴；普遍重视职业培训，以帮助失业者尽快适应社会经济结构的变化；资助企业创造就业机会，抑制企业解雇员工，稳定就业。

（资料来源：改编自：李珍. 社会保障理论. 3 版. 北京：中国劳动社会保障出版社，2013.）

链接7-2：
视频讲解

第三节　我国失业保险制度

就业是民生之本，是人民改善生活的基本前提和基本途径。中国是世界上人口最多的国家，我国政府从人民的根本利益出发，历来高度重视就业和失业问题，逐步完善失业社会保险制度和失业保障制度，成功地实现了从制度象征到有效制度的转变。

一、我国失业保险制度变迁

（一）新中国成立初期的失业救济制度（1950—1985 年）

新中国成立之初，我国面临着巨大的就业压力。为了解决严重的失业问题，1950 年 6 月，政务院发布《关于救济失业工人的指示》，劳动部也同时颁布了《救济失业工人暂行办法》，其中规定了救济失业工人的范围、失业救济标准、失业救济金的来源、救济原则及救济措施，对国营、私营企业与码头运输失业的职工以及文教部门失业人员实行失业救济与就业安置相结合的保障措施，这两个文件的实施极大地缓解了当时的就业压力。但此后，由于实行统包统配的就业制度，这一阶段的失业救济工作最终被政府强有力的就业安置工作所淹没。

我国实行了高度集中的计划经济体制，并且排斥商品经济和市场机制发挥作用，因此形成了劳动力计划配置、统包就业、行政调配、城乡分割的劳动就业制度。1957 年我国宣布消灭失业，逐步形成了城镇劳动者"低工资、广就业"的"铁饭碗"式的劳动用工态势，整个城镇社会处于一种无失业的状态。20 世纪 70 年代末期，随着知识青年陆续返城，加上千万农民进城就业，使当时城镇青年就业矛盾十分突出，"统包统配"的就业政策面临严峻的挑战。

（二）失业保险制度创立与探索阶段（1986—1998 年）

在这个阶段，中国失业保险制度是作为深化企业改革、建立现代企业制度的配套制度而创立和逐渐发展的。

1. 制度的创立阶段（1986—1992 年）

1986 年国务院出台了有关改革企业招工、用工、辞退和待业保险的规定，这是一项重大举措，直接触动了长期以来包得过多、统得过死、能进不能出的业已僵化的旧制度，推动企业招工面向社会、公开招收、全面考核、择优录用，允许企业辞退违纪职工。在此背景下，1986 年 7 月 12 日，国务院颁布《国营企业职工待业保险暂行规定》（以下简称《暂行规定》），标志着我国失业保险制度的建立。《暂行规定》中没有使用"失业"的概念而用"待业"来表示，是因为当时在理论上仍然否认中国存在"失业"，而是只存在"待业"问题。《暂行规定》为初创期的失业保险勾画出了制度框架，对构成该制度的一些最基本内容，诸如待业保险的适用范围、职工待业保险基金的筹集和管理、职工待业保险基金的使用、管理机构等方面做出了明确规定。虽然 1986 年建立的"待业保险"制度是一种范围很小（仅限于国营企业）、层次很低的失业保险制度，但却从此使我国的失业保险制度走上了法制化、制度化的轨道。

2. 制度的探索阶段（1993—1998 年）

随后几年，国家又陆续制定了一系列失业保险制度的补充政策，积极探索和完善失业保险制度。1993 年 4 月，国务院颁发《国有企业职工待业保险规定》，同时废止了 1986 年的《国营企业职工待业保险暂行规定》，它标志着我国失业保险制度进入了正常运行阶段。新规定针对原《暂行规定》实施范围窄、保障水平低、基金承受能力弱等方面进行了调整。与 1986 年《暂行规定》相比，修改了缴费费率和发放标准，同时还增加了救济的内容、失业保险与再就业服务相结合的内容等。

同我国社会主义市场经济体制的改革目标和下岗、失业的严峻现实对照，已建立的待业保险制度仍存有不足。1994 年，我国正式使用"失业"的概念，国家统计部门也放弃了曾经使用多年的"待业率"指标，正式公布"失业率"（实为"城镇登记失业率"），并且国家有关部门也正式将"待业保险"改为"失业保险"。

（三）失业保险制度改革与完善阶段（1999 年至今）

1. 制度的改革阶段（1999—2005 年）

20 世纪 90 年代中后期，由于《国有企业职工待业保险规定》不要求个人缴费，不要求失业者履行相应的义务，导致失业保险的保障功能十分脆弱，客观上使得企业的劳动用工制度改革无法到位。1999 年，国务院颁发《失业保险条例》（以下简称《条例》），标志着中国失业保险制度的发展进入了一个新的阶段。《条例》在法规上第一次明确将过去的"待业保险"更名为"失业保险"，并在 1993 年《规定》的基础上，对原制度框架在若干重要方面作了改进。此项改革扩大了失业保险的覆盖范围，提高了单位对失业保险的缴费率，将失业保险金的给付标准与最低工资和城镇居民最低生活保障线挂钩，提高了失业保险基金的统筹层次。

2000 年，劳动和社会保障部颁发了《失业保险金申领发放办法》。在此基础上，一些地区先后颁行地方性法规以及用失业保险取代待业保险，这些都标志着我国失业保险制度发展到了一个新的阶段，正逐步走向健全和完善。

2. 制度的完善阶段（2005 年至今）

社会主义市场经济的建立，为深化就业制度的改革提出了更进一步的目标。根据我国基本国情和社会主义市场经济体制的要求，失业保险促进再就业的功能日趋重要。2005 年，国务院下发《关于进一步加强就业再就业工作的通知》，要求进一步发挥失业保险制度促进再就业的功能。2006 年 1 月，劳动和社会保障部、财政部下发了《关于适当扩大失业保险基金支出范围试点有关问题的通知》，试点地区的基金可用于职业培训、职业介绍、社会保险补贴、岗位补贴和小额担保贷款贴息支出等内容。随后几年，各地政府都出台了相应政策，以加强失业保险促进就业的功能。

2015 年 3 月 4 日，人力资源和社会保障部、财政部印发了《关于调整失业保险费率有关问题的通知》，明确失业保险费率整体下调 1 个百分点。通知提出，为了完善失业保险制度，建立健全失业保险费率动态调整机制，进一步减轻企业负担，促进就业稳定，从 2015 年 3 月 1 日起，失业保险费率暂由现行条例规定的 3%降至 2%，单位和个人缴费的具体比例由各省、自治区、直辖市人民政府确定。在省、自治区、直辖市行政区域内，单位及职工的费率应当统一。

在之后的几年里，失业保险都延续了阶段性降费的政策，为企业减轻负担，促就业稳就业。

小链接 7-4

失业保险将实行省级统筹

　　为推动提高失业保险基金统筹层次，提高基金使用效率，增强基金保障能力，人社部对失业保险基金的筹集管理进行了改革。2019 年 9 月，人力资源社会保障部联合财政部、国家税务总局下发《关于失业保险基金省级统筹的指导意见》，提出失业保险基金在直辖市实行全市统筹。省、自治区人民政府决定实行省级统筹的，人力资源社会保障部门要在省（自治区）内统一失业保险参保范围和参保对象，统一失业保险费率政策，统一失业保险缴费基数核定办法，统一失业保险待遇标准确定办法，统一失业保险经办流程和信息系统。未实行失业保险基金省级统筹的，要提高到市级统筹。

（资料来源：《关于失业保险基金省级统筹的指导意见》. 人力资源社会保障部. 2019-9-11.）

二、我国失业保险制度现状与特点

我国现行失业保险制度是以 1999 年的《失业保险条例》为依据建立的。2020 年年末参加失业保险人数为 21 689 万人，领取失业保险金人数为 270 万人。

（一）制度指导思想

我国的失业保险制度的定位是保障失业人员的基本生活和促进劳动力正常流动，这是完善的社会保障体系和市场导向就业机制对失业保险制度的要求，也是失业保险制度必须担负起来的社会责任。

我国的失业保险制度坚持"强制性、广覆盖、适度性"的基本原则，从我国目前经济发展阶段的特点出发，坚持公平与效率相统一的原则，在贯彻公平的同时，须强调效率，以保证经济发展的活力；坚持权利与义务相结合的原则，以调动人们缴费的积极性；坚持就业促进原则，这是使失业保险制度步入良性运行的关键。随着市场经济改革的不断深入，就业促进原则逐渐成为失业保险制度的核心原则。

（二）制度主要内容

1. 参保范围

城镇企事业单位，其中城镇企业是指国有企业、城镇集体企业、外商投资企业、城镇私营企业以及其他城镇企业。此外，省级人民政府根据当地实际情况，可以决定将社会团体及其专职人员、民办非企业单位及其职工、有雇工的城镇个体工商户及其雇工纳入失业保险。

2. 基金筹集

主要来源于城镇企业事业单位、城镇企业事业单位职工缴纳的失业保险费、失业保险基金的利息和失业保险基金入不敷出时地方财政的补贴以及依法纳入失业保险基金的其他资金。城镇企业事业单位按照本单位工资总额的 2% 缴纳失业保险费，城镇企业事业单位职工按照本人工资收入的 1% 缴纳失业保险费。目前的阶段性降费方案已经将失业保险总费率降至 1%。

3. 领取条件

领取条件主要有所在单位和本人按照规定履行缴费义务满 1 年的；非本人意愿中断就业的；已办理失业登记并有求职要求的。同时具备以上三个条件的城镇企事业单位的职工才有申请资格。同时，还规定失业人员在领取失业保险金期间有下列情形之一的，停发失业保险金及其他失业保险待遇：重新就业的；应征入伍服兵役的；移居境外的；享受基本养老保险待遇的；被判刑收监执行或者被劳动教养的；无正当理由，拒不接受当地人民政府指定的部门或者机构介绍的工作的；有法律、行政法规规定的其他情形的。

4. 待遇支付

待遇主要包括失业保险金、领取失业保险金期间的医疗补助金、领取失业保险金期间死亡的失业人员的丧葬补助金和其供养的配偶、直系亲属的抚恤金、领取失业保险期间接受职业培训、职业介绍的补贴以及与失业保险相关的其他费用。

失业保险金的给付标准，按照低于当地最低工资标准、高于城市居民最低生活保障标准的水平，由省、自治区、直辖市人民政府确定。

失业保险金的给付期限，最长为 24 个月，最短为 12 个月，其中累计缴费时间满 1 年不足 5 年的，领取失业保险金的期限最长为 12 个月；累计缴费时间满 5 年不足 10 年的，领取失业保险金的期限最长为 18 个月；累计缴费时间 10 年以上的，领取失业保险金的期限最长为 24 个月。重新就业后，再次失业的，缴费时间重新计算。

（三）制度特点

我国失业保险制度现行条例实施 17 年来，始终紧紧围绕党和国家中心工作，服务改革发展稳定大局，着力保障失业人员基本生活，在我国经济社会发展的不同历史阶段，都发挥了重要作用。我国失业保险制度既具有强制性、共济性等社会保险制度的共同特性，还具有自身的一些显著特性。制度的主要特点概括如下：① 强制性。失业保险是国家通过立法强制实施的社会保险制度。② 保基本。失业保险的保障原则是保障职工及其家属的基本生活需求。③ 统筹共济性。失业保险基金是参保人员统筹使用，具有互助共济功能。④ 综合性。失业保险不是单纯的经济救助，而是通过职业培训、职业介绍等方法共同提高失业人员就业能力。⑤ 阶段性。失业保险的待遇具有阶段性特点，超过一定期限后将转为其他层次的社会保障。

三、我国失业保险制度近期改革举措

我国基本养老保险制度自建立以来，不断完善，在覆盖广度、筹资机制、待遇调整机制、计发机制、投资管理、转移接续、制度统筹等方面都进行了积极有效的改革。在此，选取几个要点做介绍。

（一）失业保险基金支出范围扩大

为了支持就业创业工作，应对就业形势的新变化和新挑战，提高职工就业技能，相关部门先后出台系列文件，进一步扩大了失业保险基金的支出范围，用于实施更加积极的就业政策。

2017年5月人社部和财政部发布《关于失业保险支持参保职工提升职业技能有关问题的通知》，规定依法参加失业保险，累计缴纳失业保险费36个月（含36个月）以上的和自2017年1月1日起取得初级（五级）、中级（四级）、高级（三级）职业资格证书或职业技能等级证书的企业职工可以申请技能提升补贴。补贴标准经相关部门确定，应根据取得职业资格证书或职业技能等级证书有所区别。一般情况下，职工取得初级（五级）职业资格证书或职业技能等级证书的，补贴标准一般不超过1 000元；职工取得中级（四级）职业资格证书或职业技能等级证书的，补贴标准一般不超过1 500元；职工取得高级（三级）职业资格证书或职业技能等级证书的，补贴标准一般不超过2 000元。

以上政策切实有效地促进了职工技能提升和转岗转业，为解决我国结构性就业矛盾提供了资金支持，通过职业技能培训提高人员和岗位的匹配度，进一步改善就业结构，助力稳就业。

（二）阶段性降低失业保险费率

为了增强失业保险制度预防失业、促进就业功能，建立健全失业保险费率动态调整机制，进一步减轻企业和个人负担，人力资源和社会保障部、财政部接连发文，阶段性降低失业保险费率。

2015年3月，人力资源和社会保障部、财政部印发了《关于调整失业保险费率有关问题的通知》，明确失业保险费率整体下调1个百分点，暂由3%降至2%。2016年4月，人力资源和社会保障部、财政部下发《关于阶段性降低社会保险费率的通知》，从2016年5月1日起，失业保险总费率在2015年已降低1个百分点基础上可以阶段性降至1%~1.5%，其中个人费率不超过0.5%，降低费率的期限暂按两年执行。具体方案由各省（区、市）确定。2017年及以后，人社部和财政部相继发文，将失业保险费率降至1%，并分阶段延续。

阶段性降低失业保险费率的政策有效减轻了企业的负担，阶段性降低费率是在确保基金运行平稳基础上做出的决策，能够平衡好降成本与保发放之间的关系，不会影响失业保险金的发放和逐步提高。

（三）失业保险条例（修订征求意见稿）公开征求意见

为了健全失业保险制度功能，更好地发挥失业保险制度作用，根据《中华人民共和国社会保险法》等法律，人力资源和社会保障部起草了《失业保险条例（修订草案征求意见稿）》，并社会公开征求意见。

现行条例自1999年1月22日颁布实施以来，对促进就业发挥了积极的作用，但是现行条例已不能完全适应经济社会发展的需要。党的十九大明确提出要完善失业保险制度，增强其预防失业促进就业功能。2010年出台的《社会保险法》对现行条例部分内容已经作出修改，如将医疗补助金改为缴纳医疗保险费等。因此有必要修订现行条例。

本次修订主要在 8 个方面进行修改：① 健全功能，增加"预防失业"立法项目；② 扩大适用范围；③ 降低缴费费率，将固定费率修改为不超过 2%；④ 拓宽基金支出范围，将医疗补助金调整为代缴基本医疗保险费，新增代缴基本养老保险费；⑤ 提高失业保障水平；⑥ 扩大受益对象；⑦ 统一了农民工和城镇职工的参保办法；⑧ 完善了监督管理体系。

本次修订失业保险参保范围在地域和主体上"双拓展"，统筹考虑地区差异，降低了用人单位成本，确保广大参保主体的权益，兼顾了当前平稳运行和长远可持续发展，同时还为各地建立合理的费率调整机制预留了空间，体现了中央关于兜底线、织密网、建机制，全面建成覆盖全民、城乡统筹、权责清晰、保障适度、可持续的多层次社会保障体系的要求，进一步兜牢了民生底线。

小链接 7-5

从 1.0 到 4.0 走进就业"大时代"

2002 年，中共中央、国务院印发了《关于做好下岗失业人员再就业工作的通知》，以这个文件为标志，确立了中国特色的积极就业政策，我们把它比作积极就业政策 1.0 版，奠定了我国就业政策框架，重点解决再就业问题。2005—2008 年，相关的几个文件对积极就业政策 1.0 版进行拓展、充实和完善，形成了积极就业政策的 2.0 版，不断调整、充实、完善，就业政策走向法制化。到 2009 年，在应对金融危机时形成了更加积极的就业政策，首次提出稳定就业的政策措施，可以说是 3.0 版。2015 年国务院下发的《关于进一步做好新形势下就业创业工作的意见》，可以说是中国特色积极就业政策的 4.0 版，实施更加积极的政策，鼓励就业和创业更好地结合。

（资料来源：莫荣. 从 1.0 到 4.0 走进就业"大时代". 中国劳动保障报. 2015-06-12.）

链接7-3：
视频讲解

本章小结

失业保险是指国家通过立法集中建立起基金，对非自愿失业的人员提供基本生活保障并促进其再就业的一种社会制度。这种制度有两大功能，一是保障基本生活，二是促进就业，所以失业保险制度被称为是失业现象的"减震器""安全网"。

许多国家开始进行失业保险制度改革，工作重点由过去的失业保险、失业救济向就业援助和失业预防转变，全方位地思考和解决失业问题，着手构建集失业保险、失业预防、就业援助于一体的全方位失业保障制度，实现充分就业。

失业保险制度基本上可以归为三种基本类型：强制性失业保险、非强制性失业保险和失业救助。

失业保险待遇给付条件有：原因条件——是否属于非自愿失业；身份条件——是否有缴费记录；年龄条件——是否符合法定劳动年龄；主观条件——是否有就业愿望。

失业保险待遇的给付标准一般应遵循保障基本生活、待遇低于所得、权利与义务相对等的原则。

失业保险的发展趋势，主要有：一是失业保险的覆盖范围扩大；二是失业保险的目标越来越明确；三是失业保险向失业预防和失业补救相结合转变。

关键名词

就业与失业　失业保险　失业预防　就业援助　就业促进

复习思考题

1. 什么是失业和失业保险？失业保险相比其他的社会保险项目有什么特点？
2. 纵观各国规定的失业保险，其保险待遇享受的必备条件着重强调哪些内容？
3. 为什么各国的失业保险制度出现针对失业问题建立全方位失业保障制度？其特点是什么？
4. 失业保险给付为什么要规定给付期和等待期？
5. 国外失业保险制度的发展趋势如何？对此，如何看待我国失业保险制度的发展与完善？
6. 根据我国失业保险基金的支出结构，如何完善我国失业保险的促进再就业功能？
7. 我国的失业保障制度有哪些特色？
8. 结合我国失业保险的制度与实践，总结我国在失业保险方面还有哪些值得完善的地方。

案例分析

失业保险基金助力企业稳岗补贴

人力资源和社会保障部等部门于 2014 年 11 月 17 日发布了《关于失业保险支持企业稳定岗位有关问题的通知》，其中明确指出对采取有效措施不裁员、少裁员，稳定就业岗位的企业，由失业保险基金给予稳定岗位补贴（以下简称"稳岗补贴"）。

随后国务院办公厅在 2015 年 6 月 26 日发布的《关于印发进一步做好新形势下就业创业工作重点任务分工方案的通知》进一步指出，由省一级人民政府负责推行，将失业保险基金支持企业稳岗政策实施范围由兼并重组企业、化解产能过剩企业、淘汰落后产能企业三类企业扩大到所有符合条件的企业。随着失业保险基金支付稳岗补贴的范围进一步扩大，各省纷纷响应中央号召，推出了失业保险基金支付企业稳岗补贴的政策。

2019 年，人社部联合财政部、国家发改委、工信部发布《关于失业保险支持企业稳定就业岗位的通知》，提出加大稳岗支持力度，给予符合条件的企业最高上年度实际缴纳失业保险费 50% 的企业稳岗返还，同时还放宽技术技能提升补贴申领条件，加大对深度贫困地区的倾斜支持力度，发放价格临时补贴。

2020 年北京市规定，援企稳岗补贴政策主要面向符合首都功能定位和区域发展规划的科技创新、城市运行保障、生活性服务业等重点行业，且在北京市参加失业保险的中小微企业，同时企业还要满足"受疫情影响，2020 年 2—4 月生产经营收入同比下降 80%（含）以上"这一条件。企业援企稳岗补贴最高标准可达每人4 540 元。

企业稳岗补贴政策的出台，一方面加强了失业保险制度预防失业的功能，缓解企业压力；另一方面，还有利于盘活目前"沉睡"的巨额失业保险基金，提高基金使用效率，既有利于降低企业裁员率，在一定程度上确保职工安稳就业，维护社会稳定，还能以补贴的形式给予企业一定的资金奖励，切实减轻企业负担。尤其对政策针对的三类企业具有积极、有效的扶持作用，避免一些产能过剩、产能落后的企业发生为了提高企业利润，而一味地裁员、减员的情况，鼓励、引导企业寻求产业结构调整、转型升级发展之路，谋求强强联合之策，使企业发展真正重获生机。

为何我国的失业保险基金要如此助力企业稳岗补贴呢？企业稳岗补贴的政策能否真正地实现其作用呢？这些问题都值得我们思考。不管怎样，失业保险基金助力企业稳岗补贴，是我国失业保险转向就业保险的一次积极的改革，并且失业保险的"主动性"也要求失业保险制度对社会经济发展有更为直接有效的支持与保障，因此，失业保险基金助力企业稳岗补贴，也似乎是我国在失业保险政策上的一个必然选择。

（资料来源：郑秉文. 中国失业保险基金增长原因分析及其政策选择. 经济社会体制比较，2010（12）.）

案例思考：

1. 你认为失业保险基金应该支付企业稳岗补贴吗？为什么？

2. 通过资料查询，你认为我国失业保险还存在着哪些问题？

3. 我国失业保险基金大量结余的原因有哪些？有什么对策？

4. 企业稳岗补贴政策的实施效果如何呢？

本章实训

失业保险与经济补偿金可以同享吗？

胡某与某用人单位签订了劳动合同并缴纳了失业保险费。由于单位经营出现问题，因此决定暂停营业。当事人经协商后，胡某同意与单位提前解除劳动合同。单位劳资部门办理解除劳动合同的备案手续时，得知胡某可每月从失业保险经办机构领取失业保险金。单位遂以此为由不支付胡某的经济补偿金。3 个月后胡某再就业，失业保险经办机构也就此停发了他的失业保险金。胡某以单位承诺过他会逐月领取到一定数额的失业保险待遇为由，要求继续领取失业保险金。失业保险机构向胡某说明了停发他失业保险金的原因，胡某方才明白是单位以失业保险金替代了应支付给他的经济补偿金。

一、实训目的

1. 通过资料查阅了解经济补偿金的含义，以及失业保险金和经济补偿金的支付条件，并且两种补助金在什么情况下是可以共享的。

2. 锻炼学生的资料查阅与整理能力，以及个人的语言组织与表达能力。

二、实训内容

1. 任课老师布置"失业保险金与经济补偿金是否可以同享"的主题，组织学生讨论，并提示相关重点知识。

2. 将同学分成两组，首先以 PPT 的形式分别介绍失业保险金和经济补偿金的定义、领取条件等，并讨论失业保险金的发展会不会取代经济补偿金。

3. 最后由老师进行分组点评，并总结提炼相关的重点知识，让学生进一步了解失业保险金和经济补偿金的内容和含义。

即测即评

请扫描右侧二维码，进行在线测评。

引例

将灵活就业人员纳入工伤保险范围已迫在眉睫

老陈是某外卖平台北京的专送全职骑手。入职该平台时，老陈与北京某运输有限公司签订了劳动合同，"公司一直没有给我们缴纳五险一金，但每天强制扣除 3 元的商业保险费"。2020 年 5 月 20 日，老陈在送餐途中遭遇交通事故，交管部门认定老陈负主要责任。令老陈绝望的是，两万多元的住院费用保险公司仅支持报销低额医药费。"现在脚伤还没好，只能先回老家养着，公司既不给我做工伤鉴定，也不给其他补偿。"老陈希望养好伤后，能通过法律援助维护自身权益。

根据人力资源和社会保障部的统计，当前我国有 2 亿人处于灵活就业状态。我国根据现行法律体系《劳动法》《劳动合同法》《社会保险法》《就业促进法》等构建了劳动者权益的保护体系，但由于没有与用人单位形成固定的劳动关系，灵活就业人员的社会保障特别是工伤保险的参与一直是一个问题。

"十四五"规划提出，要健全多层次社会保障体系，放宽灵活就业人员参保条件，实现社会保险法定人群全覆盖。但就工伤保险制度来说，职工只有与用人单位形成劳动关系，才有资格享受工伤保险待遇。

部分省份先行开始灵活就业人员工伤保险缴纳。以广东省为例，2020 年 12 月 31 日，广东省人力资源社会保障厅、省财政厅、省税务局印发《关于单位从业的超过法定退休年龄劳动者等特定人员参加工伤保险的办法（试行）》（以下简称《办法》），规定：新业态从业人员通过互联网平台注册并接单，提供网约车、外卖或者快递等劳务的，其所在平台企业可参照本办法自愿为未建立劳动关系的新业态从业人员单项参加工伤保险、缴纳工伤保险费，其参保人员参照本办法的规定享受工伤保险待遇。

根据广东省人力资源和社会保障厅工伤保险处的统计，系统上线之后的第 4 个工作日就有约 1 600 家的企业申报了参保，为 1.45 万人申报参保成功。

评价：

　　由于工伤保险一般由工作单位缴纳，而灵活就业人员由于没有固定的工作单位和劳动关系，这也使得灵活就业人员的工伤保险缴纳成为亟须解决的问题。完善平台企业用工和灵活就业等从业人员社保政策，开展职业伤害保障试点，积极推进全民参保计划，引导更多平台从业人员参保，是体现社保公平性的有力尝试。

本章知识结构图

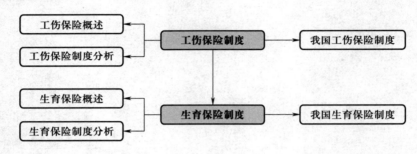

第一节　工伤保险制度

一、工伤保险概述

　　工伤保险是社会保险制度结构中具有独特位置的重要项目，为劳动者提供广泛、充分的工伤保险，是社会保险制度保障其基本生活和分散预期风险目标的重要体现。

（一）工伤和工伤保险

1. 工伤

　　"工伤"是职业性伤害的简称，内容包括工作意外事故和职业病所致的伤残及死亡。工伤的概念中包括伤、残、亡三种情况。工伤（含职业病）的基本概念源于 1884 年德国颁布的《工人灾害赔偿保险法》，初期的工伤仅指在工作中所发生的意外事故所致的伤害，之后逐步扩大到职业病所造成的伤害。1952 年国际劳工组织在《社会保障最低标准公约》中，用"职业伤害"代替"工伤"，职业伤害的范围包括工伤事故造成的伤害和职业病所造成的伤害。我国由于传统习惯，至今仍使用"工伤"的概念。

2. 工伤保险

工伤保险是指劳动者因工作原因遭遇意外事故，造成伤残、职业病、死亡等伤害，为劳动者提供医疗救治和康复服务，保持劳动者及其家属生活的制度安排。工伤社会保险为遭遇工伤事故的劳动者提供必要的物质保障，促进企业劳动条件的改善，解除工伤和职业病患者的痛苦，使其能够得到及时有效的医疗，并保障其在负伤、治疗、残疾期间基本生活能有稳定的来源。

（二）工伤保险特点

工伤保险属于社会保险的一种，但是与其他社会保险又有所不同，主要表现在以下几个方面：

1. 绝对的强制性

工伤保险由国家通过立法来强制执行，为保护劳动者受伤害后权利的实现，法律规定范围的用工单位及职工，都应参加工伤保险并由用人单位为职工缴纳保险费。由于工伤具有突发性，甚至还有不可逆转性，造成的损失往往难以挽回，给个人和家庭带来终身痛苦，于企业不利，对国家不利，所以，各国法律往往强制规定实施工伤保险。强制性实施，最大的好处是能使所有的劳动者获得工伤风险保障，而且能够最大限度地获得专业性保障。

2. 较强的保障性

工伤保险承担的风险种类最多、最全面，几乎涵盖了劳动者所面临的所有工伤风险。工伤保险注重对工伤职工及供养亲属的基本生活保障，并通过及时的救治和康复，给予一次性和长期待遇来实现。工伤保险项目众多，它要解决工伤职工医疗期的工资、工伤医疗费、伤残待遇、死亡职工的丧葬、抚恤及供养直系亲属的生活待遇。在医疗期，除免费医疗外，还有护理津贴、职业康复、伤残重建、生活辅助器具、伤残人员的转业培训与就业，以及工伤预防，等等。

3. 待遇较优厚

工伤保险个人不缴纳保险费，工伤保险待遇比医疗保险、失业保险和养老保险的待遇都要高。工伤保险费用不实行分担方式，全部费用由用人单位负担，劳动者个人不负担。养老保险保障的是受保对象的基本生活；失业保险虽也保障失业者的生活，但带有救济性质；工伤保险除了保障伤残人员的生活外，还要根据其伤残情况补偿因工受伤的经济损失。

4. 给付条件较宽泛

享受工伤待遇不受年龄、工伤条件的限制，只要具有所认定的劳动关系，且因工受伤，均可以享受相应的工伤待遇。

（三）工伤保险制度实施原则

1. 无责任补偿原则

无责任补偿原则，又称为"无过失补偿"原则。它有双重含义：① 劳动者在生产过程中遭受工伤事故，无论事故责任属于本人、企业（或雇主）或者相关第三者，均应依法按照规定的标准给付工伤保险待遇；② 从目前实行基金制度国家的工伤保险制度实施情况来看，无责任补偿原则的另一层理解，即企业或雇主不承担直接给付工伤补偿的责任，而是由掌握工伤保险基金的社会保险机构统一给付待遇，不必通过法律程序和法院的裁决。

这样做既可以及时、公正地保障工伤待遇，又能简化法律程序，提高补偿效率。从另一个角度看，雇主也能因此解脱工伤赔偿事务，集中精力搞经营。按照这一原则建立工伤保险，基本消除了雇主责任制的弊端。

2. 个人不缴费原则

工伤事故属于职业性伤害，是在生产劳动过程中，职工为社会和企业创造物质财富而付出的血的代价，因而工伤保险待遇具有明显的"劳动力修理与再生产投入"性质，属于企业生产成本的特殊组成部分。因此，个人不必缴费，而由企业负担全部保险费。

3. 待遇标准从优原则

工伤保险是对职工为企业付出的身体损失进行补偿，这是其他保险项目所不具有的特点。因此，工伤保险待遇在给付标准上，是按照从优原则确定的，较养老、失业、医疗等项目的待遇都更加优厚；而且只要符合因工负伤、残疾或职业病的资格条件，不论年龄、工龄、缴费期限长短，均应享受同等的待遇给付。

4. 补偿、预防及康复相结合原则

从单纯经济补偿向与事故预防、医疗康复及职业康复相结合的方向转变，是现代工伤保险的显著标志之一。工伤社会保险与其他项目一样，除了被动式的生活保障功能外，还应具有主动式的、积极的功能，这主要表现在为负伤、残疾和因工死亡职工提供必要的医疗、生活补贴之外，还应在加强安全生产、预防事故发生、减少职业危害、及时抢救治疗、有效的职业康复等方面发挥积极作用。

二、工伤保险制度分析

（一）工伤保险范围

工伤社会保险的范围包括两个方面的内容：一是工伤事故和职业病的范围；二是受保人的范围。

1. 工伤事故和职业病的范围

工伤保险建立初期，只包括工业生产中的意外事故，后来把由于工作原因造成的职业病等内容包括进去，许多国家还把一些非工作原因的事故纳入职业伤害的范围，如上下班途中发生的意外事故。现在，许多国家又进一步扩大了工伤保险的范围，如红十字救援和其他救援人员、消防灭火人员、协助警察工作人员（包括临时警察）、从事工会活动人员和就业培训人员，在工作中出现意外事故和为保卫国家安全而负伤致残人员，均包括在工伤范围之内。

职业病从广义上说，是指劳动者在劳动过程中及其他职业活动中，因接触职业性有毒有害物质和在不良气候、恶劣卫生条件下工作而引发的疾病。简言之，**职业病就是劳动者在生产劳动过程中由职业性有害因素所引起的疾病**。但从狭义上说，通常是国家主管部门明文规定了的才能称为职业病，即法定职业病。职业病的范围是由国家主管部门明文规定的，即工伤保险范畴内的职业病是国家认定的法定职业病。

2. 受保人的范围

工伤保险制度建立初期，受保人的范围仅仅包括那些靠工资收入、从事危险工作的工人，这部分人收入有限、工作环境危险性大，最需要受到社会的保护。有些国家的工伤保险的受保人至今仍然限制在面临最危险工作的工人范围内。

目前世界各国受保人范围有扩大的趋势。在发展中国家，工伤保险的限制在减少，有权享受待遇的人在增加；一些工业化国家现已把从事经济活动的人和从事非经济活动的人同样包括在一个工伤保险制度中。有些国家还把红十字救援和其他救援人员、义务消防人员、家庭雇工、家庭教师等均包括在工伤保险的范围之内。

（二）工伤保险基金筹集

社会保险制度下的工伤保险基金筹集主要有两种具体办法。

1. 社会统筹

社会统筹是指由政府立法规定企业必须参加工伤社会保险，按时、足额向社会保险管理机构缴纳工伤保险统筹费用，并由工伤保险机构负责进行工伤待遇的给付。企业应缴的统筹费用全部由企业或雇主负担，个人无须缴费。基金实行社会统筹时，一般采取"现收现付"的方式，根据大数定理，在一定的统筹范围内，预测分行业或地区综合性的工伤保险费用需求，在所有参加保险的企业之间实行合理分担，费用横向平衡调剂，当年提取，当年支付完毕。这种方式是符合社会保险本质要求的，是当今工伤社会保险费用筹集的发展方向。

2. 企业自行支付

这种方法不同于雇主责任制的地方，在于给付项目和标准由政府统一规定，企业无权更改，也不能向商业保险公司"再投保"。所需开支费用，由企业全部负担，记入成本，个人不缴费。严格分析，这种方式下的费用筹集并不属于"基金"的范畴，只是由企业实行"实报实销"，在产品成本中予以消化。这是一种较低层次上的社会保险方式。

（三）工伤保险费率确定

工伤保险基金的提缴，绝大多数国家都是以企业职工的工资总额为基数，按照规定的比例缴费。在费率的确定上，主要有三种方式。

1. 统一费率制

统一费率制即按照法定统筹范围内的预测开支需求，与相同范围内企业的工资总额相比较，求出一个总的工伤保险费率，所有企业都按这一比例缴费。这种方式是在最大可能的范围内平均分散工伤风险，不考虑行业与企业工伤实际风险的差别。

2. 差别费率制

差别费率制即对单个企业或某一行业单独确定工伤保险费的提缴比例。差别费率的确定，主要是根据对各行业或企业单位时间上的伤亡事故和职业病统计，以及工伤费用需求的预测而定。此种方式的目的是要在工伤保险基金的分担上，体现对不同工伤事故发生率的企业、行业实行差别性的负担，以保证该行业、企业工伤保险基金的收支平衡，并适当促进其改进劳动安全保护措施，降低工伤赔付成本。

差别费率是当今工伤保险基金社会统筹中费率确定上应用广泛、效果明显的方式，用公式表示为：

$$工伤保险差别费率 = \frac{行业或企业预测工伤保险费用需求 \times 调节系数}{计划期行业或企业工资总额} \times 100\%$$

3. 浮动费率制

浮动费率制是在差别费率制的基础上，每年对各行业或企业的安全卫生状况和工伤保险费支出状况进行分析评价，根据评价结果，由主管部门决定该行业或企业的工伤保险费率上浮或下浮。一般做法是在差别费率实施的 3~5 年后，在通过合理评价确定调控指标的基础上，开始实行费率浮动，浮动幅度为原费率的 5%~40%。

（四）工伤保险待遇给付

工伤保险待遇一般较其他类型的保险，如医疗保险、养老保险、失业保险待遇优厚；而且，工伤保险实行"无责任赔偿制"，受伤害者不承担任何费用。

1. 工伤鉴定

在支付工伤保险待遇前，首先必须对受伤者进行伤残鉴定，以确定其伤残等级，然后按照伤残等级支付保险待遇。伤残等级是根据受伤者丧失劳动能力的程度确定的，而要确定受伤者在多大程度上丧失劳动能力，涉及个人心理因素、家庭因素以及劳动力市场因素等。就工伤保险而言，丧失劳动能力必须是由工伤造成的，即在工作中或在与工作有关的场合中受到的伤害。工伤鉴定是工伤保险待遇给付的前提条件。

2. 待遇给付

工伤保险待遇的现金津贴包括医疗护理、暂时丧失劳动能力补助、永久丧失劳动能力补助和遗属待遇。

医疗护理，是指致残后的一系列治疗过程和措施。包括矫形器具的供给和维修、配镜和牙科治疗；对受伤人员提供的照顾不应受时间的限制，并且不向个人收取费用。

暂时丧失劳动能力补助，是指治疗期间支付给受伤人员的保险费用。补助标准在所有国家都是按照发生事故前若干时间内本人平均工资的一定比例发放。

永久丧失劳动能力补助，是指在伤情稳定、医疗终结后，根据专门的评残委员会的残疾等级予以支付。完全丧失劳动能力者，如双目失明、截瘫等，发给永久性伤残待遇，以年金形式定期支付。部分丧失劳动能力者，视伤残等级等因素，发给长期的或一次性的伤残补助金。在有些国家，不论是全部丧失劳动能力还是部分丧失劳动能力，都发给一次性待遇。

遗属待遇，是指家庭成员因工伤死亡，特别是那些家庭主要收入来源的成员死亡后，对其遗属支付一笔费用，用来弥补其精神上及经济上的损失。大多数国家都有向遗属支付津贴的规定，遗属津贴大都是以年金形式定期支付的。

（五）工伤预防与职业康复

1. 工伤预防

工伤预防，是指事先防范工伤事故和职业病的发生，减少工伤事故和职业病的隐患，改善和创造有利于劳动者健康的、安全的生产环境和工作条件，保护劳动者在生产和工作环境中的健康和安全。

工伤预防是国家政府和企业为防止和减少工伤事故的发生，对生产过程中可能发生的生产事故或职业伤害采取的积极防范措施。强化工伤预防工作既有利于促进安全生产，又能降低事故发生频率，保障职工的安全与健康，减少工伤保险金的支出，起到维护社会稳定的作用。

工伤预防是建立健全工伤预防、工伤补偿和工伤康复三位一体工伤保险制度的重要内容，是避免和减少工伤事故和职业病的发生，有效保障职工的生命安全，减少经济损失，促进企业稳定发展和社会稳定的关键手段。

2. 职业康复

职业康复，是指综合使用药物、器具、疗养、护理、就业咨询、职业能力测定、就业前的职业教育与训练、就业安置等多种手段，帮助因工伤残者基本恢复正常人所具备的工作、生活能力和心理状态的一项工作。

职业康复作为现代工伤保险制度的重要目标之一，其目的是使因公伤残的劳动者尽可能地恢复重新就业的能力，这不仅能增强他们的生活适应能力，而且有利于扩大他们的就业机会。

世界上大多数国家现行的工伤保险制度都是工伤预防、工伤补偿和职业康复三位一体的结合，它揭示的是工伤保险制度不可逆转的发展方向。随着社会经济发展水平的提高，工伤预防和职业康复工作越来越得到重视。工伤保险制度不能只有单纯的工伤事故赔偿，应当同时加强平时的安全生产管理与工伤预防，并重视事后的康复工作。只有做到事前预防、事故赔偿和事后康复相结合，才能真正全面保障劳动者的权益。不过，在发展中国家，由于工伤保险制度刚刚确立，大都需要先真正解决好工伤补偿的问题，之后才能逐步向工伤预防、工伤补偿和职业康复三位一体的制度安排迈进。

三、我国工伤保险制度

（一）工伤保险制度变迁

新中国成立以来，我国相继制定和颁布了一些有关工伤保险的制度与规定，如 1950 年内务部公布了《革命工作人员伤亡褒恤暂行条例》，1951 年颁布实施了《劳动保险条例》。

1996 年 8 月，劳动部制定了《企业职工工伤保险试行办法》，首次将工伤预防、工伤康复和工伤补偿三项任务结合并独立于其他社会保险制度，同时着重强调职业康复的重要意义。这些相关政策对保障劳动者合法权益、促进企业安全生产、维护社会稳定，都起到了积极的作用。

2003 年，我国颁布了《工伤保险条例》，这表明我国工伤保险制度的建设进入了体系化、规范化的新发展阶段，自 2004 年 1 月 1 日实施以来对保护工伤职工合法权益、分散用人单位工伤风险、规范工伤保险工作发挥了积极的作用。随着经济社会发展，该制度也面临了一些新情况、新问题，诸如事业单位、民办非企业单位、基金会等组织的职工工伤政策不明确，工伤认定范围不合理，工伤赔付标准偏低等。

2010 年，《国务院关于修改〈工伤保险条例〉的决定》公布，修订后的条例自 2011 年 1 月 1 日起实行，此为我国现行的工伤保险制度。修订后的《工伤保险条例》主要有以下改变：扩大了工伤保险的覆盖范围，把事业单位、民办非企业单位、社会团体、基金会、律师事务所、会计师事务所纳入进来；丰富了工伤保险的征缴方式，对难以按照工资总额缴纳工伤保险费的行业，其缴纳的具体方式由国务院社会保险行政部门规定；调整了工伤认定的情形，补充和完善了上下班途中交通事故的工伤范围；提高了工伤赔付标准，简化了工伤处理程序等。

2015 年 7 月，人力资源和社会保障部、财政部发布了《关于调整工伤保险费率政策的通知》，明确了单位费率确定与浮动办法。各统筹地区社保经办机构根据用人单位工伤保险费使用、工伤发生率、职业病危害程度等因素，确定其工伤保险费率，并可依据上述因素变化情况，每一至三年确定其在所属行业不同费率档次间是否浮动。初步测算，工伤保险费率调整，全国一年可减轻企业负担 150 亿元。调整费率后，工伤职工的工伤待遇水平不会受到任何影响。

在职业病的确定及处理方面，1957 年卫生部颁布了《关于试行"职业病范围和职业病患者处理办法"的规定》。2002 年，卫生部会同劳动和社会保障部发布《职业病目录》，将职业病增加到 10 大类 115 种。2013 年，卫生计生委等 4 部门印发《职业病分类和目录》的通知，将职业病增加到 10 大类 132 种，2002 年的《职业病目录》同时废止。

（二）工伤保险制度的现状与特点

1. 指导思想

随着我国国民经济由计划经济体制向社会主义市场经济体制的根本转变，我国工伤保险制度的指导思想发生了根本变化，已从原来纯粹的生活保障，逐步转向工伤保险、工伤预防和职业康复大环节的一体化保障，建立和完善适应社会主义市场经济体制需要的、统一的、普遍适用的、社会化的工伤保险制度，让工伤保险制度最大限度地发挥作用，从而保障因工作遭受事故伤害或者患职业病的职工获得医疗救治和经济补偿，促进工伤预防和职业康复，分散用人单位的工伤风险。

2. 覆盖范围

中华人民共和国境内的企业、事业单位、社会团体、民办非企业单位、基金会、律师事务所、会计师事务所等组织和有雇工的个体工商户应当依照本条例规定参加工伤保险，为本单位全部职工或者雇工缴纳工伤保险费。

小链接 8-1

工伤保险的"亡羊补牢"规则

应当参加工伤保险而未参加工伤保险的用人单位职工发生工伤怎么办？我国《工伤保险条例》规定，由该用人单位按照本条例规定的工伤保险待遇项目和标准支付费用。用人单位参加工伤保险并补缴应当缴纳的工伤保险费、滞纳金后，由工伤保险基金和用人单位依照本条例的规定支付新发生的费用。为了扩大工伤保险覆盖范围，保障因工作遭受事故伤害或者患职业病的职工获得医疗救治和经济补偿，分散用人单位的工伤风险，制度的设计并非将未依法缴纳工伤保险费的用人单位工伤职工弃之不管，而是规定在补缴本金和滞纳金后，工伤职工可以重新享受条例规定的由基金支付的新发生的费用，可谓"亡羊补牢"。

3. 待遇给付

工伤保险待遇的给付一般有以下四种形式：

● 工伤医疗待遇。职工治疗工伤应当在签订服务协议的医疗机构就医，情况紧急时可以先到就近的医疗机构急救。工伤职工治疗工伤所需费用以及到签订服务协议的医疗机构进行康复性治疗的费用，符合工伤保险诊疗项目目录、工伤保险药品目录、工伤保险住院服务标准的，从工伤保险基金支付。职工住院治疗工伤的伙食补助费，以及经医疗机构出具证明，报经办机构同意，工伤职工到统筹地区以外就医所需的交通、食宿费用从工伤保险基金支付，基金支付的具体标准由统筹地区人民政府规定。

● 工资待遇。工伤职工接受工伤医疗属停工留薪期，原工资福利待遇不变，由所在单位按月支付。停工留薪期一般不超过 12 个月。伤情严重或者情况特殊的，可以适当延长，但延长不得超过 12 个月。工伤医疗期满或者评定伤残等级后应当停发工伤津贴，改为享受伤残待遇。工伤职工在停工留薪期满后仍需治疗的，继续享受工伤医疗待遇。生活不能自理的工伤职工在停工留薪期需要护理的，由所在单位负责。

● 伤残待遇。包括：伤残津贴、一次性伤残补助金、工伤护理费、残疾辅助器具费，具体见表8-1。

● 死亡待遇。包括：丧葬补助，按省、自治区、直辖市上年度职工平均工资6个月标准发给；供养亲属抚恤金，发给由因工死亡职员生前提供主要生活来源、无劳动能力的亲属。配偶每月按职工本人工资的40%发给，其他亲属每人每月按30%发给，孤寡老人或者孤儿每人每月在上述标准的基础上增加10%。核定的各供养亲属的抚恤金之和不得超过死者本人工资；一次性工亡补助金，标准为上一年度全国城镇居民人均可支配收入的20倍。

小链接8-2

工伤保险补偿的"先行支付"原则

　　用人单位未缴纳工伤保险费，又不支付工伤职工保险待遇的怎么办？用人单位缴纳了工伤保险费，工伤是由于第三人原因导致的，第三人不支付工伤医疗费用或无法确定第三人的怎么办？《工伤保险条例》规定，职工所在用人单位未依法缴纳工伤保险费，发生工伤事故的，由用人单位支付工伤保险待遇。用人单位不支付的，从工伤保险基金中先行支付。从工伤保险基金中先行支付的工伤保险待遇应当由用人单位偿还。用人单位不偿还的，社会保险经办机构可以依法追偿。由于第三人的原因造成工伤，第三人不支付工伤医疗费用或者无法确定第三人的，由工伤保险基金先行支付。工伤保险基金先行支付后，有权向第三人追偿。虽然在先行支付的范围上仍然比较窄，但这种开创性的制度还是显示了我国社会化工伤保险制度正在逐渐走向成熟。

表8-1　伤残待遇内容

伤残津贴	因工致残被鉴定为1~4级的，应当退出生产、工作岗位，保留与企业的劳动关系，并从工伤保险基金按月收取伤残津贴，标准为本人工资的90%~75%
	被鉴定为5~6级的，保留与用人单位的劳动关系，难以安排工作的，由用人单位按月发给伤残津贴，标准为本人工资的70%~60%，伤残津贴不得低于当地最低工资标准
一次性伤残补助金	以本人月工资为标准，每级相差两个月工资水平
工伤护理费	生活完全不能自理，标准为统筹地区上年度职工月平均工资的50%
	生活大部分不能自理，标准为统筹地区上年度职工月平均工资的40%
	生活部分不能自理，标准为统筹地区上年度职工月平均工资的30%
残疾辅助器具费	工伤职工因日常生活或者就业需要，经劳动力能力鉴定委员会确认，可以安装假肢、矫形器、假眼、假牙和配置轮椅等辅助器具，所需费按照国家规定的标准从工伤保险基金中支付

链接8-1：
视频讲解

第二节　生育保险制度

一、生育保险概述

（一）生育保险

1. 生育

生育即人类的繁衍，没有生育，人类将无法继续存在。随着工业化时代的到来和社会的发展，女性就业者的人数越来越多。女性是社会生产劳动和人类生产的双重生产者，生育是具有再生产性质的高社会价值的神圣劳动，按照市场规则，应该给予经济补偿。此外，女职工因为生育付出了极大的身心代价，因为生育还面临着就业方面的风险与挑战。

2. 生育保险

生育保险是指在女性劳动者因生育子女而暂时丧失劳动能力时，由国家提供必要的经济补偿和医疗保健的制度安排。它是对广大女性劳动者和人类种族繁衍的关怀和爱护，是生育子女这一家庭事务得到社会承认和资助的国际性通行措施。生育保险具有双重性。生育保险既保障女性劳动者自身的简单再生产，又保障了整个社会劳动力的扩大再生产。

（二）生育保险特点

与其他社会保险项目相比，生育保险有其自身的特点，具体表现为：

1. 生育保险实施对象的特定性

生育保险的实施对象一般为已婚女性劳动者，随着社会和经济的发展，也有一些国家和地区给予男职工一定的带薪假期，以照顾生育后的妻子。我国的生育保险适用于达到法定结婚年龄的已婚女职工，并且其生育行为必须符合国家计划生育政策的规定。

2. 生育保险待遇的特殊性

生育保险包括产假、医疗服务和生育补贴等，覆盖了从生育前到生育后的一段时间，而且待遇往往高于其他社会保险待遇。产假包括产前和产后的假期。同时，生育保险所提供的医疗服务侧重于休养和营养补充。

3. 生育保险起因的正常性和阶段性

引起生育保险的原因是正常的生理风险，生育活动所引起的收入损失是由正常的生理变化造成的。因生育而中断收入是短暂的，因此生育保险具有阶段性。

4. 生育保险与人口政策的密切相关性

人口低出生率的国家往往提供优厚的生育保险待遇来鼓励生育；高出生率的国家，则以严格控制生育保险待遇的实施范围来限制生育。

小链接 8-3

我国全面推行三孩政策并将实施配套支持措施

为改善我国人口结构、落实积极应对人口老龄化国家战略、保持我国人力资源禀赋优势，2021 年 5 月 31 日召开的中共中央政治局会议指出，我国将实施一对夫妻可以生育三个子女政策，并将实施支持"三孩政策"的配套措施。这些配套措施包括：将婚嫁、生育、养育、教育一体考虑，加强适婚青年婚恋观、家庭观教育引导，对婚嫁陋习、天价彩礼等不良社会风气进行治理，提高优生优育服务水平，发展普惠托育服务体系，推进教育公平与优质教育资源供给，降低家庭教育开支。要完善生育休假与生育保险制度，加强税收、住房等支持政策，保障女性就业合法权益。对全面两孩政策调整前的独生子女家庭和农村计划生育双女家庭，要继续实行现行各项奖励扶助制度和优惠政策。要建立健全计划生育特殊家庭全方位帮扶保障制度，完善政府主导、社会组织参与的扶助关怀工作机制，维护好计划生育家庭合法权益。

（资料来源：中共中央政治局召开会议听取"十四五"时期积极应对人口老龄化重大政策举措汇报、审议《关于优化生育政策促进人口长期均衡发展的决定》.）

生育保险是一种对女职工表示关注的国际上通行的措施，这一措施是伴随着参与工业劳动的妇女数量急剧增长而被采纳的。在社会保障体系中，生育保险属于与职业相关联的保障计划，它的出现比工伤、养老、医疗、失业等其他社会保险要晚。因为只有在经济发展达到一定水平时，女性就业比较普遍后，才会产生生育保险。

（三）生育保险制度制定原则

1. 产假要以有利于生育女职工恢复健康为基础

必须给予生育女职工足够的生育假期，且产前产后都享受，才能保证生育女职工充分的休息和身体的恢复以及婴儿的健康成长。当然，享受多长时间的产假是以有利于生育女职工恢复健康为基础的，但同时要考虑人口政策和社会经济承受能力。

2. 生育津贴要保障女性生育时特殊的生活需要

母亲营养状况如何，直接影响到母亲的健康和胎儿、婴儿的生长发育。尤其是妊娠期后期和产褥期，需要充足而又全面的营养，所以，生育女职工的生活待遇标准就是为生育女职工提供基本生活保障。

二、生育保险制度分析

（一）享受条件

生育保险待遇的享受对象，除了在部分发达国家是覆盖一切妇女之外，在大多数国家均是面向女性工资劳动者。当然，按照社会保险制度固有的特性，并不是每个女性工资劳动者都有享受生育社会保险的权利，她们还必须为此尽到应有的社会义务。世界各国享受生育社会保险的规定大体可分为三种：

- 规定被保险人在享受生育保险补助金时，必须已经缴纳保险费达到规定的最低期限。一般规定投保期限为产前最近的 6 个月，到生育后即终止。有的国家规定产前投保可在一段期限之内，但按实际投保时间长短决定生育社会保险补助的多少。还有的国家在规定投保期限的同时，还要求参加工作达到一定时期。

- 规定由企业按照一定的比例缴纳生育保险基金，生育保险基金在一定的范围内实行社会统筹，并按照企业的实际需要及一定的标准，给付生育津贴。

- 不规定具体的投保条件，凡符合国家公民资格和财产调查手续的妇女，一律可以享受生育社会保险待遇。如澳大利亚、新西兰等国家。

从生育保险的享受条件看，生育保险基金的来源有个人、企业和国家三种渠道，各国因各自的人口政策、财力等不同，分担的方式各有特点。

（二）待遇给付

生育社会保险属于短期性补助。在具备享受生育保险待遇的条件下，可享受下列生育社会保险待遇：

1. 医疗服务

医疗服务即为妇女生育提供医疗帮助。该项目也可放在医疗保险的范围内，只不过是为妇女生育提供的医疗保险。

2. 假期

假期即为妇女怀孕、生育和产后照顾婴儿而设立的休假。无论是从保护妇女的健康出发，还是从保护新生一代安全问世和受到母亲精心照顾出发，都应该对生育妇女给予足够长的假期，而且，不仅包括生育假期，还要包括怀孕假期和产后照料婴儿的假期。

3. 收入补偿或生育津贴

这是为了补助生育造成的丧失劳动能力期间的工资收入损失。生育保险的收入补偿，依据妇女劳动者生育前期的工资标准，大多数国家为原工资的 100%，但也有的国家为原工资的 2/3 左右。

4. 生育补助

这是为补助由于生育带来的开支，又常称为子女补助。从一定意义上讲，生育补助即子女补助带有社会福利性质，但由于它同生育保险给付密切交织在一起，才被视为生育社会保险待遇的一种。

关于生育补助金和生育津贴的计算方式，大体上也有两种，即均一制（又叫定额制）和工资比例制。均一制是指生育补助金和生育津贴的发放，不论被保险人的具体情况有何不同，均规定发给相同的补偿金额。工资比例制是指生育补助金和生育津贴的标准，按照被保险人产前工资的一定比例发给。

5. 特殊补助

比如，对男工作者之妻——家庭妇女生育，给予一定的补助。女性难产或多胎生育，给予更长的带薪产假，等等。

在生育保险待遇中，医疗服务、假期和生育津贴是最重要的保险项目。

小链接 8-4

生育保险制度与女职工劳动保护制度

生育保险制度与女职工劳动保护制度有许多重合之处。女职工劳动保护制度包括对一般女职工的保护和对孕产妇的劳动保护，重合之处主要是指该制度中对孕产妇的劳动保护。比如：① 产前产后工时减免，如女职工孕期检查、产后哺乳时间计作劳动时间；② 孕期工作量减免，如不上夜班、减少工作量且不减工资等；③ 母婴保护设施，如哺乳室、托儿所、幼儿园等；④ 女性就业保障，即保障女职工不会因为怀孕、生育而遭受解雇等。以上这些项目应该包括在广义的生育保障制度之内。

（资料来源：潘锦棠. 社会保险原理与实务. 北京：中国人民大学出版社，2011.）

三、我国生育保险制度

（一）生育保险制度变迁

新中国成立初始，国家就着手把有关女职工权益的维护以立法的形式加以确定。

1951 年《劳动保险条例》规定女工人与女职工的产假和费用补助等问题，机关事业单位女职工的生育待遇依照 1952 年发布的《关于各级人民政府、党派、团体及所属事业单位的国家工作人员实行公费医疗预防的指示》和 1955 年发布的《关于女工作人员生育假期规定的通知》执行。

1994 年 12 月，劳动部颁发了《企业职工生育保险试行办法》。这些政策在当时都起到了维护妇女权益，促进经济生产顺利进行的作用，同时，也为之后生育保险制度的改革和完善奠定了基础。

2017 年之前，我国各地方的生育保险办法主要依照 1995 年实施的《企业职工生育保险试行办法》、1999 年发布的《关于妥善解决城镇职工计划生育手术费用问题的通知》、2004 年发布的《关于进一步加强生育保险工作的指导意见》和 2012 年发布的《女职工劳动保护特别规定》，并结合当地经济社会和人口发展的实际，制定出本地方的生育保险条例（办法），保障职工社会保险待遇、增强基金共济能力、提升经办服务水平的重要举措。

为适应社会经济发展新形势新要求，党的十八届五中全会和国家"十三五"规划纲要提出"将生育保险和基本医疗保险合并实施"。国务院办公厅于 2017 年 1 月印发了《生育保险和职工基本医疗保险合并实施试点方案》，遵循"保留险种、保障待遇、统一管理、降低成本"的总体思路，组织 12 个城市开展生育保险和职工基本医疗保险（以下简称"两项保险"）合并实施试点。在总结试点经验的基础上，2019 年 3 月 6 日，国务院办公厅印发了

《关于全面推进生育保险和职工基本医疗保险合并实施的意见》，通过整合两项保险基金及管理资源，强化基金共济能力，提升管理综合效能，降低管理运行成本，建立适应我国经济发展水平、优化保险管理资源、实现两项保险长期稳定可持续发展的制度体系和运行机制。

（二）生育保险与医疗保险合并实施现状

1. 指导思想

坚持以人民为中心，牢固树立新发展理念，遵循保留险种、保障待遇、统一管理、降低成本的总体思路，推进两项保险合并实施，实现参保同步登记、基金合并运行、征缴管理一致、监督管理统一、经办服务一体化。通过整合两项保险基金及管理资源，强化基金共济能力，提升管理综合效能，降低管理运行成本，建立适应我国经济发展水平、优化保险管理资源、实现两项保险长期稳定可持续发展的制度体系和运行机制。

2. 合并实施的主要内容

统一参保登记。参加职工基本医疗保险的在职职工同步参加生育保险。实施过程中要完善参保范围，结合全民参保登记计划摸清底数，促进实现应保尽保。

统一基金征缴和管理。生育保险基金并入职工基本医疗保险基金，统一征缴，统筹层次一致。按照用人单位参加生育保险和职工基本医疗保险的缴费比例之和确定新的用人单位职工基本医疗保险费率，个人不缴纳生育保险费。同时，根据职工基本医疗保险基金支出情况和生育待遇的需求，按照收支平衡的原则，建立费率确定和调整机制。职工基本医疗保险基金严格执行社会保险基金财务制度，不再单列生育保险基金收入，在职工基本医疗保险统筹基金待遇支出中设置生育待遇支出项目。探索建立健全基金风险预警机制，坚持基金运行情况公开，加强内部控制，强化基金行政监督和社会监督，确保基金安全运行。

统一医疗服务管理。两项保险合并实施后实行统一定点医疗服务管理。医疗保险经办机构与定点医疗机构签订相关医疗服务协议时，要将生育医疗服务有关要求和指标增加到协议内容中，并充分利用协议管理，强化对生育医疗服务的监控。执行基本医疗保险、工伤保险、生育保险药品目录以及基本医疗保险诊疗项目和医疗服务设施范围。促进生育医疗服务行为规范，将生育医疗费用纳入医保支付方式改革范围，推动住院分娩等医疗费用按病种、产前检查按人头等方式付费。生育医疗费用原则上实行医疗保险经办机构与定点医疗机构直接结算。充分利用医保智能监控系统，强化监控和审核，控制生育医疗费用不合理增长。

统一经办和信息服务。两项保险合并实施后，要统一经办管理，规范经办流程。经办管理统一由基本医疗保险经办机构负责，经费列入同级财政预算。充分利用医疗保险信息系统平台，实行信息系统一体化运行。原有生育保险医疗费用结算平台可暂时保留，待条件成熟后并入医疗保险结算平台。完善统计信息系统，确保及时全面准确反映生育保险基金运行、待遇享受人员、待遇支付等方面情况。

确保职工生育期间的生育保险待遇不变。生育保险待遇包括《中华人民共和国社会保险法》规定的生育医疗费用和生育津贴，所需资金从职工基本医疗保险基金中支付。生育津贴支付期限按照《女职工劳动保护特别规定》等法律法规规定的产假期限执行。

确保制度可持续。各地要通过整合两项保险基金增强基金统筹共济能力；研判当前和今后人口形势对生育保险支出的影响，增强风险防范意识和制度保障能力；按照"尽力而为、量力而行"的原则，坚持从实际出发，从保障基本权益做起，合理引导预期；跟踪分析合并实施后基金运行情况和支出结构，完善生育保险监测指标；根据生育保险支出需求，建立费率动态调整机制，防范风险转嫁，实现制度可持续发展。

本章小结

工伤社会保险也叫工业伤害保险、工人伤害补偿保险或因工伤害保险，是指劳动者因工作原因受伤、患病、致残或死亡，暂时或永久丧失劳动能力时，从社会保险制度中获得法定的医疗、生活保障、必要的经济补偿，以及对职工因工死亡后无生活来源的遗属提供物质帮助的制度。

工伤保险制度的原则包括无责任补偿原则，个人不缴费原则，待遇标准从优的原则，补偿、预防及康复相结合的原则。从单纯经济补偿向与事故预防、医疗康复及职业康复相结合的转变，是现代工伤保险的显著标志之一。

链接8-2：
视频讲解

对于工伤社会保险基金的提缴，绝大多数国家都是以企业职工的工资总额为基数，按照规定的比例缴费。在费率的确定上，主要有三种方式：统一费率制、差别费率制、浮动费率制。

生育保险是指在女性劳动者因生育子女而暂时丧失劳动能力时由国家、社会提供必要的经济补偿和医疗保健的一种社会保险制度。

生育保险制度的制定，要遵循下列原则：产假要以有利于产妇恢复健康为基础；生育津贴要保障女性生育时特殊的生活需要。

关键名词

工伤保险　生育保险　浮动费率　差别费率　无责任赔偿

复习思考题

1. 如何理解工伤保险的性质？
2. 生育社会保险的基本待遇有哪些？
3. 工伤保险与生育保险有何区别与联系？
4. 如何实现工伤预防与工伤保险补偿之间的有机结合？
5. 试述我国实际生育保险情况与制度规定存在的差异。
6. 我国现行生育保险制度的内容是什么？所依据的是哪些法规？
7. 请结合工伤保险发展历程，对未来工伤保险的发展方向做出分析。
8. 结合我国工伤保险的制度与实践，分析存在的问题与值得完善的地方。
9. 结合我国生育保险的制度与实践，分析存在的问题与值得完善的地方。

案例分析

工伤之殇：48 小时之外谁买单

2014 年 10 月 24 日，北京阜外医院麻醉科副主任医师昌克勤在手术室内晕倒。12 月 2 日，医治无效死亡。因死亡距离发病超过 48 小时，未能认定为工伤。此事报道后，引发了社会对工伤认定时效是否合理的巨大争议。

1996 年 10 月 1 日，我国颁布实施《企业职工工伤保险试行办法》（以下简称《办法》），正式将工作中的突发疾病纳入工伤范畴。该《办法》第 8 条第 4 项规定，在生产工作的时间和区域内，由于不安全因素造成意外伤害的，或者由于工作紧张突发疾病造成死亡或经第一次抢救治疗后全部丧失劳动能力的应当认定为工伤。到了 2003 年颁布的《工伤保险条例》，对工伤认定的规定更加严格，还在条文中加入了"48 小时"的认定时间限制。2004 年 11 月 1 日，劳动和社会保障部发布《关于实施〈工伤保险条例〉若干问题的意见》，其中写道："突发疾病"中的疾病包括各种类型的疾病，"48 小时"起算时间，以医疗机构初次诊断的时间为突发疾病的起算时间。将《企业职工工伤保险试行办法》中的"第一次抢救治疗"缩短为"第一次诊断后的 48 小时"。自此，工伤认定"48 小时"的规定正式建立并沿用至今。

为何要限定 48 小时？我国《工伤保险条例》将工伤分为典型工伤、视同工伤和不得认定为工伤三种情况，其中第 15 条规定，在工作时间和工作岗位，突发疾病死亡或者在 48 小时之内经抢救无效死亡的，可以"视同"工伤。中国政法大学民商经济法学院李教授说，如果工伤保险认定的范围过宽，对用人单位不利，认定的范围过窄，则对劳动者不利。在立法时，48 小时是整个抢救过程的黄金时间，为了便于操作，就规定 48 小时作为工伤认定的时间限制。李教授说，这条认定标准因其过分偏重死亡时间、缩小了工伤认定的范围、缺乏人道主义法律的导向作用等原因，自 2004 年实施起就存在极大争议。

有学者认为，工伤认定标准条款的制定既要以最大限度保护劳动者权益为出发点，又要考量用人单位利益的均衡，条款本身既要彰显现实中多元利益诉求，又要寻求社会公平与正义之间的平衡点。所以，劳动者享受工伤保险待遇必须有一定的条件约束，不能无限扩大工伤保险范围。于是，目前有部分理论与实践工作者认为，之所以将视同工伤的时间限制在 48 小时之内，是因为如果不设定一个时间点，那么很多并非因工而起的并发症便可享受到工伤保险待遇，增加了工伤保险待遇的支付压力，最终会使企业承受不起，将打击企业参加工伤保险的积极性，最终会背离工伤保险制度分散社会风险的制度安排，也不利于劳动者的权益保护。

"在司法实践中也出现了不少问题。"致诚农民工法律援助与研究中心王律师说，他在代理案件中发现，"工伤认定 48 小时"常常导致用人单位利用现代医学技术将病人的死亡时间拖至 48 小时以后和患者家属在近 48 小时时不再给予抢救的情况。受伤害职工家属和用人单位都可能恶意利用该条款造成人为悲剧。背后的原因是工伤与非工伤，赔偿金额存在巨大差别。

根据 2010 年的《工伤保险条例》，职工因工死亡可享受包括供养亲属抚恤金、抢救产生相关医疗费用、丧葬补助金以及上年度全国城镇居民人均可支配收入 20 倍的一次性工亡补助金。而非工伤死亡的相关待遇，包括供养直系亲属生活困难补助、抢救产生医疗费用（全部由死者医疗保险承担）、丧葬费（2 个月企业职工月均工资）以及一次性救济金（按照其最高标准，供养三人以上则为 12 个月死者工资）。

有业内律师认为，突发疾病抢救超过 48 小时死亡或者没有死亡，工伤认定部门理直气壮"不予认定"，也不论案情、诱发因素、法律原则的适用、各种原因的结合程度、社会的发展和法律的滞后，等等，这种"一刀切"的方式显然不利于职工合法权益的保护。

案例思考：

1. 工伤认定"48 小时"的规定是否确有失偏颇？在司法实践中存在哪些问题？

2. 你对工伤的认定范围有哪些看法和建议？

3. 你对破解工伤"48 小时"之限有哪些看法和建议？

4. 请查阅国外相关工伤保险的做法，并指出对我国有哪些借鉴意义。

本章实训

工伤的认定

孙某系某公司员工，2020 年 6 月受该公司负责人指派去首都机场接人。其从公司下楼时摔倒，经医院诊断身体多处受伤。孙某向园区劳动局提出工伤认定申请，园区劳动局认为没有证据表明孙某的摔伤事故是在工作场所、基于工作原因造成的，决定不认定为工伤。经市第一中级人民法院一审，市高级人民法院二审认为，该公司办公室是孙某的工作场所，而其完成去机场接人的工作任务需驾驶的汽车，是其另一处工作场所。故判决撤销被告园区劳动局所作的《工伤认定决定书》，限其在判决生效后 60 日内重新作出具体行政行为。

分组寻找身边有争议的工伤保险制度案例，每组针对自己的案例分析受伤者的情况是否可以认定为工伤。如果认定为工伤，是属于哪种情况？该享受何种待遇？

一、实训目的

1. 了解工伤认定的资格条件及工伤待遇，以及工伤保险制度的原则在真实案例中的应用。

2. 通过小组配合、小组展示，锻炼收集与分析材料、团队合作、个人表达等能力。

二、实训组织

将班级同学分为若干组，通过书刊、报纸、网络等渠道分组收集有关工伤保险制度的案例，并分组进行讨论分析案例中发生的情况是否可以认定为工伤。如果认定为工伤，是属于哪种情况？该享受何种待遇？将此汇总成小组报告，通过 PPT 的形式进行展示，最后全班同学对各组所展示案例进行讨论。

1. 任课教师布置讨论主题，提示相关注意事项及要点。

2. 根据班级人数将全班分为若干组，成员可自由组合，也可由教师指定组合，每组选出组长一名。小组人数划分视班级总人数而定。

3. 以小组为单位，通过书刊、报纸、网络等渠道收集材料。对于收集的材料，小组内部先组织课外讨论，选择合适的案例进行课堂展示。

4. 各小组在课上进行展示，每组展示时间为 10 分钟。

5. 各组的汇报展示结束后留出一定的时间供同学提问，发言代表及该组成员对所提问题进行解答。

6. 任课教师最后总结及点评。

即测即评

请扫描右侧二维码，进行在线测评。

第九章
社会救助制度

引例

脱贫攻坚战全面胜利

2021 年 2 月 25 日，中华民族的历史翻开崭新篇章。当天在京召开的全国脱贫攻坚总结表彰大会上，习近平庄严宣告：我国脱贫攻坚战取得了全面胜利！ 8 年来，近 1 亿人脱贫，832 个贫困县全部摘帽——我们向深度贫困堡垒发起总攻，啃下了最难啃的"硬骨头"。虽遭遇疫情影响，我国依然如期完成新时代脱贫攻坚目标任务，提前 10 年完成联合国 2030 年可持续发展议程的减贫目标。

1994 年，新中国第一个有明确目标、对象、措施和期限的扶贫开发工作纲领《国家八七扶贫攻坚计划》出台；进入 21 世纪，两个为期十年的农村扶贫开发纲要实施，两次提高扶贫标准。

党的十八大以来，以习近平同志为核心的党中央接过历史的接力棒，把脱贫攻坚作为实现第一个百年奋斗目标的底线任务和标志性指标，举全党全国之力向绝对贫困宣战。习近平亲自指挥、亲自部署、亲自督战，走遍 14 个集中连片特困地区，考察调研了 20 多个贫困村，以钉钉子精神一抓到底。

全党上下快速行动，在精准扶贫方略指引下，瞄准扶持谁、谁来扶、怎么扶、如何退等问题，构建了体现社会主义制度优势、行之有效的帮扶体系。每个贫困户脱贫背后，都是一套量身制定的脱贫方案、一个相互协同的系统工程、一场改变命运的硬仗——做到"六个精准"、实施"五个一批"，国家扶贫政策精准"滴灌"，贫困地区经济社会发展明显加快。经过全党全国各族人民共同努力，我国完成了消除绝对贫困的艰巨任务，创造了又一个彪炳史册的人间奇迹。

评价：

脱贫摘帽不是终点，而是新生活、新奋斗的起点。脱贫攻坚目标任务完成后，"三农"工作重心将转向全面推进乡村振兴。脱贫攻坚的胜利也不代表反贫困的政策措施全面取消，面向相对贫困，缩小收入差距，以及解决困难群众的实际问题，这都将是未来的长期任务。

（资料来源：改编自记者侯雪静. 脱贫攻坚战，全面胜利！ 新华每日电讯. 2021.2.26.）

本章知识结构图

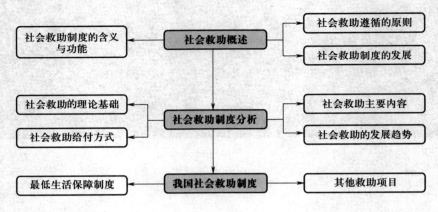

第一节　社会救助概述

社会救助制度是社会保障制度体系的重要组成部分，其产生于人类社会普遍存在的"济贫"思想。随着社会形态的变迁以及人们对"贫困"认识的逐渐深入，社会救助制度向深度和广度两方面不断推进。它是保障社会成员免于生存危机的"安全网"。

一、社会救助制度的含义与功能

（一）社会救助制度的含义

社会救助制度也称社会救济制度，是对因自然灾害或其他经济、环境、社会原因而无法维持最基本生活水平的社会成员，由政府主导或在政府的推动下，通过再分配的形式保障其最基本生活水平的一种社会制度。

关于社会救助的概念，可以从以下几个层面来理解：

● 社会救助是一种政府行为，其表现为政府在相应立法下，对社会救助的实施担负直接的财政责任与管理责任，或积极推动民间和社会团体自发性地组织社会救助。

● 社会救助的对象主要是遭受生活困境的社会弱势群体，即依靠自身能力难以摆脱生活困境的社会成员。

● 社会救助是一种补救性质的制度，其目标是满足社会成员的最低生活需要，避免社会成员陷入生存危机。

● 社会救助往往被认为是一种国家责任，因此，获得社会救助也是每个公民的一项基本权利。

总之，社会救助是保障社会成员基本生活的"最后一道安全网"，其制度设计目标就是帮助已经陷入贫困的社会成员维持其最基本的生活水平，并提供摆脱贫困的机会，从而保障社会政治、经济的平稳运行。

小链接 9-1

社会救助与慈善事业

福利多元主义认为，社会中的福利来源于多个部门：家庭、市场，国家志愿部门等。多元部门中国家的作用是有限度的，其他部门需要分担福利责任，使福利产品的来源多元化。从根本上来说社会救助是政府的责任，社会救助制度通常被视为纯粹的政府行为，是一种完全由政府运作的最基本的再分配或转移支付制度，其责任或义务通常以立法方式加以确认。《中华人民共和国慈善法》规定，慈善活动是自然人法人和其他组织以捐赠财产或者提供服务等方式自愿开展的下列公益活动：扶贫、济困、扶老、救孤、恤病、助残、优抚，救助自然灾害，事故灾难和公共卫生事件等突发事件造成的损害……相对于政府的社会救助，民间的慈善事业是一个重要补充。

（资料来源：李珍. 社会保障理论. 4 版. 北京：中国劳动社会保障出版社，2017.）

（二）社会救助制度的功能

1. 缓解贫困问题

在市场背景下，任何一个社会总会有一定比例的成员，由于自身所能支配的资源匮乏，或者受资源供应链条断裂以及恶劣自然因素的影响，而没有市场收入或仅有极低的市场收入，进而跌入贫困，甚至陷入贫困陷阱。社会救助通过及时地对处于贫困线之下的或者最低生活标准之下的贫困群体实施救助，帮助他们解决基本生活问题，使他们不致因此而危及生存，直接保障了贫困群体的生存条件。

2. 缩减贫困差距

社会救助在实现解除困难群体生存危机的目的的同时，在一定程度上也控制了贫富差距，有助于化解社会矛盾。社会救助由政府主办，其经费来源于税收。其实质就是将部分国民收入再分配给贫困者，它严格区别于以市场交换为基础的初次分配，体现按需分配，强调公平原则，保障最基本的人权。

3. 有利于实现社会公平

无论是发达国家还是发展中国家、无论是历史还是现代社会，对弱势群体的关注大都是出自人道主义与人文关怀。现代社会救助在面对社会发展进程中的社会分化和贫富冲突时，通过运用政府的公权力与公共资源来对收入分配进行调解，在一定程度上能弥补市场经济条件下效率对公平的损害，维护低收入阶层的生存权利，协调社会关系，维护社会稳定，体现社会公平与正义的价值追求。

二、社会救助制度遵循的原则

（一）保障基本生活原则

社会救助的目的是保障贫困人口的基本生活，满足其维持生存的基本需要。当社会成员的收入低于最低生活保障线，或其他社会方面的"最低需求"得不到满足时，由政府或社会对其施行救助行动，提供满足其最低日常生活或社会生活需求的现金、实物和服务，以保障其基本生活。

（二）与经济社会发展相适应原则

在制定与设计社会救助的救助标准、救助项目时，应考虑经济发展水平、财政状况和社会发展程度，并伴随着经济社会的发展进行及时、适量的调整。应根据不同地区的经济发展水平和政府财力等当地实际状况因地制宜地设定救助标准，并随着国家经济的发展，及时提高贫困线标准，扩大救助范围。

（三）与其他社会保障制度相衔接原则

社会救助制度与其他社会保障制度即社会保险和社会福利制度在标准、范围、水平和服务方面应形成梯次，充分发挥三种制度各自的优势，形成制度合力。只有在三类社会保障制度有机结合、综合作用的情况下，社会救助才能充分发挥应有的扶贫济困作用。

（四）公开、公正、公平原则

公开、公正、公平原则是指在社会救助实施过程中遵循与坚持信息公开、待遇公平、程序公开的原则。公开意味着要积极、有效、全面地向社会公开社会救助制度与社会救助工作信息，包括相关法律法规、经办机构、申请及审批程序、家庭调查结果与给付标准等；公平要求坚持以人为本，公民在社会救助法律法规面前一律平等；公正要求社会救助工作人员处以公心，一碗水端平，不分亲疏，不厚此薄彼，更不能借权力谋取非法利益。

（五）依法实施原则

依法实施原则强调法治精神和法制精神。国家通过立法的手段赋予政府承担社会救助的责任，社会团体、慈善组织、企事业单位以及爱心人士实施社会救助行动也应依法办事。同时，该原则还要求国家行使社会救助立法权，国家颁布有关社会救助的法律法规，建立社会救助各项工作制度，使社会救助工作走上制度化、法制化道路，提升社会救助工作水平。

三、社会救助制度的发展

综观历史，各国社会救助制度在产生、发展和演变过程中，呈现出不同的思想基础、制度背景和发展脉络，所展现的制度面貌也千姿百态。从世界各国的角度看，社会救助制度的发展脉络大致分以下几个阶段，不同阶段的救助行为存在时间上的交错或并存。

（一）慈善时期

社会救助是从慈善事业发展而来的，最初的救济活动包括宗教慈善事业、官办慈善事业和民间慈善事业，它们是现代社会救助的雏形。在当时，救助行为属于特定群体的无规定性的行为。例如，救助行为通常基于"怜悯"；救助通常发生在亲朋或邻里之间；施救者可能要求被救者予以某种形式的回报，等等。慈善时期的救助是实行大规模社会救助的萌芽状态，为社会救助提供了实践的基础。

（二）济贫时期

在自然经济向商品经济转化、农业社会向工业社会迈进的过程中，逐渐摆脱人身依附关系的一部分农业劳动者开始进入城镇，由于没有财产和工作而变成城镇的流动和失业人口。应社会生产力发展的要求，国家开始直接介入济贫事务，逐渐形成了确定性"济贫"行为。在这一阶段，1601 年英国颁布的《济贫法》可以称得上西方最早以法律形式确定的社会救助措施，它虽然在一定程度上保障了部分贫困人口的最低生存，却因带有"惩戒性"和损害受惠者个人尊严的弊端引起了贫民的极大不满。1834 年议会通过《济贫法（修正案）》，确定了新的救济原则，因此又被称为新《济贫法》。新《济贫法》原则上不再无条件向有工作能力的人提供救济，贫困劳动者能够得到救济的唯一办法就是通过工作得到救济。

（三）社会救助建立时期

19 世纪，欧洲国家先后迈入工业社会，工人阶级逐渐成为社会结构中的主体，从而形成了一个庞大的无产者阶层。每个劳动者都有可能因为年老、疾病、工伤、失业等特定事件而失去收入来源和生活保障，从而成为社会的不稳定因素。在这种情况下，仅靠以往的济贫措施已难以解决问题。政府在继续对贫民、灾民进行救助的同时，不得不建立新的安全机制和保障机制。

真正具有现代意义的社会救助制度产生于 20 世纪初。进入现代社会，人们已经认识到贫困并非万恶之源，接受物质帮助的贫困者不再低人一等，社会救助理应是国民的一项基本权利，给贫困者提供物质援助是政府和社会应尽的责任。尤其是 1929—1931 年欧美各国爆发严重经济危机，各国政府为应对危机，不得不提供范围较宽的社会救助（在当时被称作"公共救助"）。美国于 1935 年制定《社会保障法》，开始实施社会救助。英国于 1948 年通过《国民救助法》，建立了单一的社会救助制度，它不是建立一套新的制度，而是把过去的各种救助纳入一个统一的制度，同时设立国民救助委员会作为新的管理机构。

（四）社会救助改革时期

20 世纪 70 年代，资本主义各国开始对社会救助制度进行改革和调整，原因是当时发达国家的经济增长进入滞胀时期。曾经使福利国家引以为傲的社会保障制度，包括社会救助在内，已成为相当沉重的社会负担。除此之外，原先社会救助造成的一系列问题也被人们所诟病，如原制度造就了一批懒汉、社会救助管理机构存在冗员情况，管理效率低下，公众满意度下降。资本主义国家对社会救助的改革方向有两个：其一，强调社会救助的保障水平要适应国民经济的发展，具体措施是降低社会救助支付水平，严格限制社会救助享受条件；其二，强调社会救助中的个人责任，无责任即无权利，很多国家采取"胡萝卜加大棒"的社会政策，迫使受助者外出工作。

链接9-1：
视频讲解

第二节　社会救助制度分析

一、社会救助的理论基础

（一）贫困与贫困度量

社会救助制度源自济贫思想与实践。对于贫困的认识和再认识始终伴随并指引着社会救助制度的变迁。

1. 贫困的界定

贫困是一个多维度的概念，它既属于社会学范畴，又属于经济学范畴，甚至还涉及心理学领域。因此，从不同的角度都可以对其进行界定和描述。社会学领域的"社会排斥""机会剥夺"，经济学领域的"要素禀赋""贫困陷阱"，心理学领域的"人际关系认知""群体行为"等，都是学者们对贫困进行阐述的重要理论工具。

目前，从"需要欠满足"角度对贫困进行界定，被理论界广泛认可，应用也最为广泛。即指如果社会成员感觉到不能从其赖以生存的各种资源中获得足够的回报，从而不能满足其最基本的生活需要，就会陷入贫困。这种说法关注的是贫困的表象，其定义的外延既包括单纯的"物质需要的欠满足"，还拓展到无所不包的"社会需要的欠满足"或"精神需要的欠满足"。社会救助主要解决的是物质需要的欠满足，即经济方面的贫困问题。

小链接 9-2

贫困的界定——理论发展历程

从 20 世纪初，英国学者布斯和朗特里开始研究工业化社会的贫困问题算起，对贫困的认识在理论上已经有 100 多年的历史。从最开始的"生存说"发展到了"缺乏说""能力说""剥夺说"或"排斥说"，这反映了经济社会的发展变迁和对贫困概念的不断反思。"生存说"，是针对贫困而言，当个人或家庭的经济状况低于生存需要或难以维持生存时被认为是贫困；"缺乏说"认为贫困不仅涉及物质生活的缺乏，还包括社会的，精神的，文化的缺乏。"能力说"是在"缺乏说"上的进一步探讨，是缺少达到最低生活水平的能力；"剥夺说"或"排斥说"是探讨导致贫困的深层次原因，即贫困被认为是个人、家庭和人的群体的资源有限，以至其被排除在他们可以接受的最低限度的生活方式之外。"生存说"与"缺乏说"侧重贫困现象，"能力说"与"排斥说"则进一步探寻缺乏说的深层次原因，即个人家庭和群体的致贫原因，当然，能力说偏向致贫原因的内在性，主观性和主动性，即贫困是由于个人缺乏能力造成的；"排斥说"比较强调致贫原因的外在性、客观性和被动性，即贫困是由于被社会排斥或剥夺造成的。

（资料来源：张浩淼，发展型社会救助研究：国际经验与中国道路，北京：商务印书馆，2017.）

2. 贫困的度量

常用的度量贫困的方法源于"需要欠满足"说，社会成员为购买维持最低生活水平或满足基本生活需要的物品或服务，就必须获得或花费一定数量的货币金额。贫困线是根据"维持最低生活水平或满足基本生活需要所必需的物品或服务支出"来测算的。在家庭收入调查基础上，对照政府确定的贫困线，就可以度量贫困了，人均收入水平低于贫困线标准的成员均属于贫困者。常用的贫困线的测算方法有恩格尔系数法、市场菜篮子法、生活形态调查法等：

恩格尔系数法即依据统计局测算的恩格尔系数，征询营养专家或通过调查得到维持个人基本生存所需的食品数量，按食品的价格换算为食品支出，然后用个人食品支出除以恩格尔系数得到贫困线。恩格尔系数值越大，说明人们总支出中用于食品消费等基本生活支出的比重越高，边际消费倾向特别是基本生活边际消费倾向就越高，因而用于其他结构提升型消费或投资领域的比重就越低，人们的生活水平也就越低；反之则说明越高。贫困人口恩格尔系数的经验取值为60%。

市场菜篮子法又称"标准预算法"，即依据低收入家庭日常消费中的吃、穿、住、用、医、教、服务等方面的生活必需品清单，再根据物价部门提供的相应物品的市场平均代表价格，求出贫困线。

生活形态调查法是指从人们的生活方式、消费行为等"生活形态"入手，列出社会公认的最低收入阶层合理的生活形态指标，提出一系列有关贫困家庭生活形态的问题，让被调查者回答，然后选择出若干"剥夺指标"，再根据这些剥夺指标和被调查者的实际生活状况计算出"贫困门槛"，从而确定哪些人属于贫困者。

（二）社会救助其他相关理论

链接9-2：
视频讲解

1. 发展性福利理论

发展性福利理论是在20世纪70年代"福利国家危机"的背景下由以美国社会福利学者詹姆斯·米奇利（James Midgley）为代表的社会学家提出的。该理论克服传统福利思想重消费、轻发展的不足，认为国家有必要进行适当的社会救助，但是要注重对受助者能力的培养。他们反对传统对受助对象的维持性救助，认为应该注重培养受助者参与社会经济活动的能力，通过自立自强来摆脱贫困。贫困的弱势群体在社会、政治、心理三方面都处于去权状态，社会救助要着眼于"赋权"的视角，着重于提升贫困者个人和社会的能力，来实现自身发展和逃离贫困。

2. 资产建设理论

资产建设理论是由美国华盛顿大学迈克尔·谢若登（Michael Sherraden）教授，在他出版的《穷人与资产》一书中首次提出的。该理论认为穷人缺乏资产是导致持续贫穷的重要因素，认为社会救助政策不应该以收入为基础而应该以资产建设为基础，引导和帮助穷人进行资产积累，而非简单地直接增加其收入和消费，穷人依靠自身积累的资产进行特定目的的投资，从而实现自身发展，走出贫困困境。

3. 积极反贫困理论

所谓积极反贫困理论是西方发达国家在长期与贫困斗争中总结出来的。在以往的反贫困过程中，主要通过收入转移手段从制度化角度来保障贫困群体的最基本生活水平。但是实践证明，这种反贫困的思路和手段并不能真正减少贫困，反而维持着一个数量庞大的低收入群体，且可能造成福利依赖等不良后果，尤其在 20 世纪后期，随着经济全球化及经济结构的变迁，前社会主义阵营的瓦解，欧洲政治经济一体化阵营的形成和意识形态与福利政策的变化等，在这种背景下出现的贫困与原来的贫困有较大区别，学者称之为"新贫困"。新贫困其实和 20 世纪 90 年代后"排斥说"或社会排斥的研究联系紧密。新贫困是社会成员没有实现其社会权利，且没有充分参与社会造成的。贫困的社会成员，在某个向度上因被社会排斥而具有边缘性。可以说社会排斥理论的兴起，强调从参与的角度研究新贫困问题，这给反贫困提出了新的思路，积极反贫困理论正是这种新思路的体现。

积极反贫困理论认为，为了应对新贫困并改变贫困者被排斥的情况，除了要保障贫困群体的基本生活外，还要促使其积极融入社会，实现经济社会的协调发展，因此积极反贫困理论不像传统反贫困理论那样仅关注对贫困者的收入维持，而是倡导通过提高贫困者的生存和发展能力，以及从体制和政策上来促进社会公平并减少排斥。

二、社会救助给付方式

（一）货币给付

货币给付指以发放货币、费用的减免和核销等形式为救助对象提供帮助的社会救助形式，这是现代社会救助的主要模式，也是最广泛的模式。其优点在于受助者可以根据实际需要来将其转换为各种物质或服务，从而更有利于按需保障。

（二）实物给付

实物给付指以发放物资的形式对救助对象提供帮助的社会救助形式，现代社会将其作为灾害救助的主要救助模式。其优点在于所发的物资针对性较强，救助的效果快捷直接，也因此，实物给付并不适用于所有的救助项目。

（三）服务给付

服务给付指针对特殊的救助对象提供生活照顾和护理服务等。这主要包括对高龄老年人的护理服务，对孤儿群体的关照服务以及对残疾人群体的帮助服务等。

（四）以工代赈

以工代赈指通过提供相应的工作或就业机会并发放劳动报酬的社会救助形式，现代社会中以工代赈被广泛用于灾害救助和扶贫开发。其优点在于可以在社会救助的过程中同时拉动就业，既保障了社会经济的发展，又有利于维护社会稳定。

三、社会救助主要内容

（一）按照救助时间的长短划分

1. 定期救助

定期救助是指在相对较长的一段时间里，社会救助机构依照相关规定，连续、定期地为救助对象提供援助的一种制度安排。定期救助主要面对的是特殊困难人群，如孤寡老人、孤儿、农村"五保户"，以及长期生活在贫困线以下的社会成员。

2. 临时救助

临时救助是指在相对较短的一段时间，社会救助机构为帮助社会成员解决临时的生活困难所提供的短期援助。临时救助在时间上没有连续性，并且往往针对的是短期的困难，当困难解除，救助自然会停止。因此，临时救助主要包括灾害救助、失业救助、流浪乞讨人员救助等。

（二）按照救助内容划分

1. 生活救助

生活救助是指对家庭人均收入低于贫困线或当地最低生活保障标准的贫困人口实行差额补助的一种社会救助。中国的最低生活保障制度即一种生活救助，其最显著的特点就是解决保障对象的最低生活保障问题，而不是改善其生活。

2. 医疗救助

医疗救助是指贫困人口在患病时，为其提供一定的医疗费用补助的一种社会救助制度。医疗救助的对象一般分为医疗保险制度参与者与非医疗保险制度参与者两类。有些人虽然参加了医疗保险，但是其享受的待遇也是有限的，医疗救助对于防止因病致贫、因病返贫方面仍有着不可替代的作用，因此在世界范围内，医疗救助仍然是社会救助的重要内容之一。

3. 教育救助

教育救助是指国家为了保障适龄人口能够获得教育机会，在不同阶段向贫困地区和贫困学生提供援助的一种社会救助项目。教育救助的主体不仅有国家，还有社会和个人等民间力量的广泛参与，其救助的贫困学生范围十分广泛，既包括中小学生，也包括大学生。教育救助具有很强的反贫困功能，是减轻甚至消除贫困的最有效方法之一。

4. 住房救助

住房救助是指国家以提供现金补贴或者直接提供住房的形式向低收入家庭或其他需要保障的家庭提供住房保障的一种社会救助。国际上通常以提供保障性廉租房，出售低于市场价格的经济适用房，或直接发放住房补贴等形式为中低收入者提供住房保障。

5. 灾害救助

灾害救助是指国家和社会对因遭受自然灾害而陷入生活困境的社会成员提供抢救和援助的一种社会救助项目。灾害救助的内容主要包括在灾害发生后，抢救灾民和物资，转移灾民并妥善安排其生活，以及对灾害的预防和预警。其主要目的是通过救助帮助灾民摆脱生存危机，尽快恢复灾区的生产、生活秩序。

四、社会救助制度的发展趋势

（一）从单纯物质救助向多元化救助转变

传统的社会救助对象往往是"三无"人员和少数特殊人群，救助内容和救助方式往往以单一的现金和实物救助来维持其基本生存。随着社会转型时期社会问题和社会矛盾的日益凸显，人们在救助实践中逐渐认识到，仅仅靠单纯的物质救助，并不能从根本上解决贫困问题，更不能增强被救助者自身的能力。因而，应改变基本救助理念和基本目标，把单纯物质救助发展成为多样化的多元救助，如精神救助、能力救助、权利救助等新的救助类型，以期在保证被救助者基本生活的同时，注重"人的发展"，变"输血"为"造血"。

（二）从补救型向发展型救助理念转变

传统的社会救助一般是消极意义上的事后补救性措施，即在社会成员遭受贫困后，给予基本生活救助。改变社会救助的基本理念，强调"以人为本""自助助人"，从消极、单一的补救型社会救助向积极、多元的发展型社会救助转变，其目的就在于提高被救助者自身的能力，帮助他们最终摆脱贫困。以发展的观念推行社会救助，注重弱势者的能力提升、资产建设与资本积累，以增强其克服困难的能力。

小链接 9-3

社会救助中的"工作福利"理念

根据社会工作百科全书的概念，有劳动能力的受助者，在接受援助时应当提供相应劳动，这种政策一般被称为"工作福利"。20 世纪 80 年代末，随着全球化进程的加快，西方国家的失业和受助人口增多，为了应对福利国家的危机，并减少受助群体对福利的依赖，如何使受助者参与劳动力市场成了福利国家的关注热点。为此，经合组织提出，应该把社会福利中那些提供消极的收入救助的部分，转化为可以刺激就业和其他相关事业的措施，以促进积极社会福利的形成。20世纪90年代开始，众多发达福利国家相继实施了社会救助改革变消极福利为积极福利，引入了不同的工作导向型救助措施，目的是使受助者摆脱依赖重返劳动力市场并积极融入社会，这种改革被称为工作福利。

（资料来源：张浩淼，发展型社会救助研究：国际经验与中国道路，北京：商务印书馆，2017.）

第三节 我国社会救助制度

一、最低生活保障制度

最低生活保障制度是指按照法定的标准，为生活在最低生活保障线之下的社会成员提供满足其最低生活需要的物质援助的制度安排。 我国长期以来的二元经济结构，将社会救助体系分割为城镇社会救助体系和农村社会救助体系两部分。我国最低生活保障制度是针对城乡贫困居民而设计的一项社会救助制度。制度的主要目标是减缓城乡范围内的贫困现象，保障城乡社会的平稳运行。

（一）城市最低生活保障制度

1. 城市最低生活保障制度发展历程

城市最低生活保障制度是伴随着我国经济体制改革的不断深入而产生和发展起来的，其发展大致经历了四个阶段：

第一阶段：试点阶段（1993—1995年）。1993年6月1日，上海市率先建立了城市居民最低生活保障线制度。这一做法得到了民政部门的肯定和推广。这一时期，最低生活保障制度的创建和实施基本上是各城镇地方政府的自发行为，制度形成处于试点、摸索阶段。

第二阶段：推广阶段（1995—1997年）。1995年5月民政部在厦门、青岛分别召开了全国城市最低生活保障工作座谈会，号召将最低生活保障制度推向全国。到1997年5月，全国已有206个城市建立了最低生活保障制度，约占全国建制市的1/3。这一时期民政部门成为创建和推行最低生活保障制度的领导者。

第三阶段：普及阶段（1997—1999年）。1997年9月，国务院颁发了《关于在全国建立城市居民最低生活保障制度的通知》。随后，中共十五大报告中再次强调要"实行保障城镇困难居民基本生活的政策"。至此，建立城市低保制度已经成为中共中央、国务院的重大决策，这是低保制度得以在全国迅速推广的重要前提。到1999年年底，我国668个城市和1 638个县政府所在地的建制镇全部建立了最低生活保障制度。

第四阶段：规范化阶段（1999—2011年）。1999年9月，国务院发布了《城市居民最低生活保障条例》（以下简称《条例》），从此，城市居民最低生活保障工作走上规范化、法制化管理的轨道。之后，各地继续完善城市居民最低生活保障制度，逐步形成了保障人数大体稳定、财政投入逐年增加、保障水平不断提高的态势。政府采取措施，积极应对物价因素对城镇低保家庭的影响；推行分类施保、分类救助；探索将最低生活保障制度与教育、医疗、住房、司法等专项救助制度相结合；大力提高基层低保管理水平和服务质量。

第五阶段：深化与融合阶段（2012 年至今）。2012 年，国务院及其各部委集中发布了《关于进一步加强和改进最低生活保障工作的意见》等一系列最低生活保障相关政策，这在我国低保制度发展历程上既是一个规范化管理的高峰，同时也开启了一个更加讲求统筹兼顾、政策配合、制度衔接及精细化信息化管理的新阶段。可以看出，第一，近年来最低生活保障制度的文件很多是将城乡居民放在一个框架下加以管理和规范，体现了户籍分割的逐步弱化和城乡统筹的逐渐加强。第二，很多新政策体现了最低生活保障与养老、医疗等各个民生领域的衔接与配合。第三，管理与信息技术的发展为低保精细管理与流程控制提供了更优越的条件。因此这一时期是城市与农村、低保政策与其他民生保障政策互相融合与深化发展阶段。

2. 我国现行城市最低生活保障制度

当前我国城市最低生活保障工作主要依照 1999 年国务院发布的《城市居民最低生活保障条例》开展的。

● 保障对象界定。低保对象为家庭人均收入低于当地最低生活保障标准的持有非农业户口的城市居民。主要包括以下三类人员：无生活来源、无劳动能力、无法定赡养人或抚养人的居民；领取失业救济金期间或失业救济期满仍未重新就业，家庭人均收入低于最低生活保障标准的居民；在职人员和下岗人员在领取工资、基本生活费后以及退休人员领取退休金后，其家庭人均收入仍低于最低生活保障标准的居民。

● 保障标准确定。城市居民最低生活保障标准按照当地维持城市居民基本生活所必需的衣、食、住费用，并适当考虑水电燃煤（燃气）费用以及未成年人的义务教育费用确定。城市居民最低生活保障标准需要提高时，依照规定重新核定。

● 保障资金来源。城市居民最低生活保障所需资金，由地方人民政府列入财政预算，纳入社会救济专项资金支出项目，专项管理，专款专用。国家鼓励社会组织和个人为城市居民最低生活保障提供捐赠、资助；所提供的捐赠资助，全部纳入当地城市居民最低生活保障资金。

小链接 9-4

何为"精准扶贫"？

"精准扶贫"的重要思想最早是在 2013 年 11 月，习近平到湖南湘西考察时首次提出的。2015 年 6 月，习近平在贵州就加大推进扶贫开发工作时又全面阐述"精准扶贫"概念，提出"六个精准"，即"扶贫对象精准、项目安排精准、资金使用精准、措施到户精准、因村派人精准、脱贫成效精准"。2015 年 10 月，习近平在减贫与发展高层论坛上强调，中国扶贫攻坚工作实施精准扶贫方略，增加扶贫投入，出台优惠政策措施，坚持中国制度优势，注重六个精准，坚持分类施策，因人因地施策，因贫困原因施策，因贫困类型施策，通过扶持生产和就业发展一批，通过易地搬迁安置一批，通过生态保护脱贫一批，通过教育扶贫脱贫一批，通过低保政策兜底一批，广泛动员全社会力量参与扶贫。

（资料来源：张艳玲. 习近平扶贫新论断：扶贫先扶志、扶贫必扶智和精准扶贫. 中国经济网. 2016-01-03.）

（二）农村最低生活保障制度

1. 农村最低生活保障制度发展历程

与城市最低生活保障制度相比，我国农村最低生活保障事业起步较晚，其建立与发展大致经历了三个阶段：

第一阶段：试点阶段（1992—1995年）。1992年，农村最低生活保障制度在山西省左云县首次建立试点；1994年，山西、山东、浙江、河北、湖南、河南、广东等省被列入了开展农村社会保障体系建设首批试点省份；1995年12月，广西壮族自治区武鸣县颁布了《武鸣县农村最低生活保障线救济暂行办法》，并于1996年1月1日起正式实施，这是我国第一个县级农村最低生活保障制度实施办法。

第二阶段：逐步推进阶段（1996—2006年）。1996年，民政部办公厅下发《关于加快农村社会保障体系建设的意见》，上海、北京、广东、辽宁等省市纷纷提出"整体推进城乡最低生活保障制度建设"的政策设想；2002年，党的十六大提出了探索建立农村最低生活保障制度的要求，到2002年年底，全国有27个省份在有条件的地区初步建立了农村最低生活保障制度；2005年11月，民政部要求在有条件的地区建立农村居民最低生活保障制度，将家庭人均收入低于当地最低生活保障标准的农村居民全部纳入救助范围；截至2006年年底，全国有23个省份建立了农村最低生活保障制度。

第三阶段：规范与普及阶段（2007—2009年）。2007年国务院发布了《关于在全国建立农村最低生活保障制度的通知》。截至2007年年底，全国31个省区市都已经建立了农村最低生活保障制度；2008年7月民政部制定了《全国基层最低生活保障规范化建设暂行评估标准》，从制度设计、具体的操作、监督机制等方面设定了最低生活保障工作规范标准。

第四阶段：深化与融合阶段（2010年至今）。一方面，这一时期是低保政策与扶贫政策衔接与配合的十年。2010年，国务院办公厅转发扶贫办等五部门联合制定的《关于做好农村最低生活保障制度和扶贫开发政策有效衔接扩大试点工作意见》，开启了农村低保与扶贫开发政策衔接的探索。另一方面，这一时期是农村低保政策进一步深化细化的十年，也是城乡进一步融合的十年。国家对城乡低保资金管理、工作绩效评估、信息系统的建设都进行了统一规划与设计。

2. 我国现行农村最低生活保障制度

当前我国农村最低生活保障工作是依照2007年国务院发布的《关于在全国建立农村最低生活保障制度的通知》开展的，坚持"应保尽保、标准适度、量力而行、动态调整"的原则。制度设计主要包括以下内容：

● 保障对象界定。农村最低生活保障对象是家庭年人均纯收入低于当地最低生活保障标准的农村居民，主要是因病残、年老体弱、丧失劳动能力以及生存条件恶劣等原因造成生活常年困难的农村居民。

● 保障标准确定。农村最低生活保障标准由县级以上地方人民政府按照能够维持当地农村居民全年基本生活所必需的吃饭、穿衣、用水、用电等费用确定，并报上一级地方人民政府备案后公布执行。农村最低生活保障标准要随着当地生活必需品价格变化和人民生活水平提高适时进行调整。

●保障资金来源。农村最低生活保障资金的筹集以地方为主，地方各级人民政府要将农村最低生活保障资金列入财政预算，省级人民政府要加大投入。地方各级人民政府民政部门要根

链接9-3：
视频讲解

据保障对象人数等提出资金需求，经同级财政部门审核后列入预算。中央财政对财政困难地区给予适当补助。同时，地方各级人民政府及其相关部门要鼓励和引导社会力量为农村最低生活保障提供捐赠和资助。

二、其他救助项目

社会救助涵盖内容广泛，在此选择灾害救助、城市流浪乞讨人员救助和城乡医疗救助进行重点介绍。

小链接 9-5

国务院公布并实施《社会救助暂行办法》

2014 年 2 月 21 日，国务院公布《社会救助暂行办法》，自 2014 年 5 月 1 日起施行。《社会救助暂行办法》将"托底线、救急难、可持续"作为社会救助工作的基本原则，全面确立了以最低生活保障与特困人员供养制度、受灾人员救助以及医疗救助、教育救助、住房救助、就业救助和临时救助为主体，以社会力量参与为补充的社会救助制度体系框架。这是我国第一部统筹各项社会救助制度的行政法规，是我国社会救助事业发展新的里程碑，对保障公民的基本生活、促进社会公平、维护社会和谐稳定具有重大现实意义和深远历史意义。

（资料来源：中国社会保障学会. 2014 年中国社会保障十大事件.）

（一）城乡医疗救助

医疗救助是社会救助体系的重要组成部分。在我国，医疗救助的提出是医疗保障制度变迁的必然结果。

20 世纪 80 年代，医疗救助的概念和做法首先出现在农村扶贫和加强农村初级卫生保健的政府文件中。20 世纪 90 年代，随着城市贫困人口的剧增，一些地方开始通过政府下发专门文件以及地方立法等方式开展医疗救助，医疗救助逐渐成为地方政府的一项职责。2005 年，国务院办公厅转发了民政部、卫生部、劳动和社会保障部、财政部《关于建立城市医疗救助制度试点工作意见》，提出用两年的时间在各省、自治区、直辖市的部分县（市、区）进行试点，再用 2~3 年在全国建立起管理制度化、操作规范化的城市医疗救助制度。此后，城市医疗救助试点陆续在全国展开。

在制度设计之初，我国医疗救助制度分为两大块，一是城市医疗救助制度，二是农村医疗救助制度。

然而，2013 年 12 月，财政部、民政部联合发布《城乡医疗救助基金管理办法》（以下简

称《办法》),《办法》要求,合并原来在社会保障基金财政专户中分设的"城市医疗求助资金专账"和"农村医疗救助基金专账",因此该文件的发布可以看作城乡医疗救助逐步走向整合的开端。

(二) 城市流浪乞讨人员救助

我国自 20 世纪 80 年代以来,在社会救助领域进行了一系列的改革和探索。其中,城镇最低生活保障制度和农村扶贫计划的救助对象分别涵盖了城镇和农村的贫困人口。对处于制度空隙的流浪于城市并且生活无着的特殊人群,我国一直按照 1982 年颁布的《城市生活无着的流浪乞讨人员收容遣送办法》来实行社会救助。该办法明确规定,被收容人员必须服从收容、遣送,其从诞生之日起,就打上了"强制"的烙印,也同时埋下了日后引起类似侵犯受助对象权利事件的隐患。

2003 年 6 月 20 日,国务院颁布了《城市生活无着的流浪乞讨人员救助管理办法》(以下简称《办法》)。坚持自愿原则,保证救助对象的人格尊严不受侵犯,人身自由权不受限制。《办法》明确规定,城市生活无着的流浪乞讨人员是基本的救助对象,保障其基本的生活权益是救助的目标。救助站应当根据受助人员的需要提供下列救助:提供符合食品卫生要求的食物;提供符合基本条件的住处;对在站内突发急病的,及时送医院救治;帮助与其亲属或者所在单位联系;对没有交通费返回其住所地或者所在单位的,提供乘车凭证。

(三) 灾害救助

我国的灾害救助制度有一个从不健全、不完善到逐步规范化、健全化的过程。1949 年 12 月,中华人民共和国政务院颁布了《关于生产救灾的指示》,这是新中国成立以来我国政府颁布的第一部

链接9-5:
视频讲解

关于灾害救助的规范性文件。随后,我国政府又颁布了一系列法律法规,不断完善我国的灾害救助制度,对于保证灾害救助工作的顺利开展,保障灾民的基本生存权利发挥了重要作用。

2010 年 7 月,国务院发布《自然灾害救助条例》(以下简称《条例》),该《条例》是第一个自然灾害救助的行政法规,对于全面做好灾害救助工作具有十分重大的意义。2019 年,依据《国务院关于修改部分行政法规的规定》,修正了 2010 年《自然灾害救助条例》的部分内容。

根据《条例》,自然灾害救助工作不仅涉及政府部门,而且需要社会各方面的支持和参与。《条例》明确了各级政府在自然灾害救助工作中的职责,村委会、居委会以及红十字会、慈善会和公募基金会等社会组织依法协助政府开展自然灾害救助工作的责任。针对一些地方对自然灾害救助准备不足、灾害发生后应对不力等情况,《条例》对自然灾害救助准备措施做出了规范;为更好地应对自然灾害,减少损失,《条例》明确了自然灾害预警响应机制和应急响应机制;为保障受灾人员的基本生活,《条例》在总结实践经验的基础上,规范了灾后生活救助制度;为减少乃至杜绝自然灾害救助工作中违法侵占和骗取救助款物的现象,确保救助款物用于自然灾害救助,《条例》强化了对救助款物的监督措施。对于行政机关工作人员违反本条例规定的,《条例》明确了其法律责任。

三、我国社会救助制度改革新趋势

2020 年，中共中央办公厅、国务院办公厅印发了《关于改革完善社会救助制度的意见》，提出按照保基本、兜底线、救急难、可持续的总体思路，以统筹救助资源、增强兜底功能、提升服务能力为重点，完善法规制度，健全体制机制，强化政策落实，不断增强困难群众的获得感、幸福感、安全感。近期目标是用两年左右，健全分层分类、城乡统筹的中国特色社会救助体系，在制度更加成熟更加定型上取得明显成效。中长期目标是到 2035 年，实现社会救助事业高质量发展，改革发展成果更多更公平惠及困难群众，民生兜底保障安全网密实牢靠。

我国社会救助制度建设的发展方向是：① 构建综合救助格局。以基本生活救助、专项社会救助、急难社会救助为主体，社会力量参与为补充，建立健全分层分类的救助制度体系，实现精准救助、高效救助、温暖救助、智慧救助。② 积极发展服务类社会救助，形成"物质+服务"的救助方式。依据困难类型、困难程度实施类别化、差异化救助。③ 夯实基本生活救助，规范完善最低生活保障制度，规范基本生活救助标准调整机制。④ 健全专项社会救助。健全医疗、教育、住房和就业救助机制。⑤ 完善急难社会救助。对遭遇突发性、紧迫性、灾难性困难，生活陷入困境，靠自身和家庭无力解决，其他社会救助制度暂时无法覆盖或救助之后生活仍有困难的家庭或个人，通过临时救助或生活无着的流浪乞讨人员救助给予应急性、过渡性生活保障。

链接9-4：
视频讲解

本章小结

社会救助制度也称社会救济制度，是对因自然灾害或其他经济、环境、社会原因而无法维持最基本生活水平的社会成员，由政府主导或在政府的推动下，通过再分配的形式保障社会成员最基本生活水平的一种社会制度。

社会救助还遵循保障基本生活原则，与经济发展相适应原则，与其他社会保障制度相衔接原则，公开、公平、公正原则和依法实施原则。

贫困线的测算方法包括：恩格尔系数法、市场菜篮子法、生活形态调查法。

社会救助理论包括贫困理论、发展性社会救助理论和资产建设理论。

社会救助的给付方式主要包括货币给付、实物给付、服务给付和以工代赈等。

社会救助的发展趋势是从单纯物质救助向多元化救助转变，从补救型向发展型救助理念转变。

关键名词

社会救助　贫困　贫困线　市场菜篮子法　生活形态调查法　恩格尔系数法

复习思考题

1. 简述社会救助的功能、特点、目标和原则。

2. 简述社会救助制度的发展与演变。

3. 简述贫困线的常用测算方法。

4. 简述发展性社会救助理论和资产建设理论的内容。

5. 结合我国社会救助的制度与实践，总结我国在社会救助方面还有哪些值得完善的地方。

案例分析

防止扶贫资金跑冒滴漏

近日，根据区惠民惠农领域腐败和作风问题集中治理小组安排，纪检调查组在同财政、审计等部门同志，对低保补贴、残疾人"两项补贴"等惠民惠农财政补贴资金原始数据碰撞比对时，发现辖区黄家湾村村民李某在领取企业养老保险的同时还享受农村低保补贴，极有可能存在问题。

"李某这 22 条比对数据，从 2018 年 9 月份开始，每月领取 1 451.65 元的企业养老保险（编者注：指城镇职工养老保险）；与此同时，夫妻每月领取 540 元的农村低保，是否存在违规现象？"

"李某属于失地农民，2018 年 8 月，根据被征地农民社会保障实施办法有关文件要求，自筹资金 3 万余元购买了企业养老保险，2018 年 9 月起，每月发放 1 451.65 元。"调查组来到区民政局对问题线索开展核查。李某，现年 69 岁，肢体三级残疾；他妻子精神二级残疾，夫妻双方无劳动能力。根据城乡居民最低生活保障工作规程，在核算申请对象家庭收入时，每月维持患病对象基本医疗所必需的医疗费用支出可以予以扣减。李某夫妻每月医疗费用需花费 2 000 多元，领取的企业保险抵扣医疗费用后符合申请农村低保要求。"确实很困难，领取农村低保应该是没有问题的。"看完全部资料，我说道。

"先不要着急下结论，我们再去实地走访一下。"组长说。调查组一行又辗转来到黄家湾村。在路上，我们先后与路过的村民聊起来。"李某家就在村委会边上，一直往前走，那栋 7 层高的楼房就是他家的。""他家房屋门面就有 3 个，6 层房屋均在出租，比我们位置好多了，一个门面一个月就可以租 800 块钱呢。"如果村民所说属实，李某是绝对不符合低保申请标准的。

"李大爷，这栋楼的房屋和门面听说都是你家的？"我们随即来到李某家，并亮明纪检干部身份。"不是的，不是的，我们家只有你看到的这么点地方，门面楼房是别人家合伙建的。"李某有些惊慌。"刚刚我们已经和村民们了解过情况，要不我们一起再去下村委会？""纪委同志，我们家真的很困难，我和我老婆常年需要吃药和住院，儿子也没有工作，我求求你们通融一下。"说完，李某连忙跑进卧室，拿出一大堆药品摆到桌上。"李大爷，我们知道你们的家庭情况，但是你们的家庭收入抵扣医疗费用后，已经高出低保认定的收入标准了。按照文件规定，家庭有商业门面、住房出租的，不予受理或不予认定为低保对象。惠民政策是应该帮助那些更需要帮助的人，请您和家人多多理解。"组长耐心地说。"我不能退出低保呀！今年碰上疫情，门面租不起价钱，我儿子没有工作，30 多岁还没有结婚，我要多攒点钱留给他。"李某情绪激动起来。

"您先别急，我们区里为推进复工复产复市，搭建了多个就业平台，稍后我们了解一下您儿子情况，帮助他找工作。""门面的事您也别太着急，我们帮您放到网上，找找有谁愿意租，我听说有好多人想租门面开店铺还找不到地方哩！"调查组的几个人你一言我一语，纷纷帮李某出主意。

"纪委同志，瞒报收入领取低保补贴是我不对，感谢你们现在还愿意替我们分忧，我明天就向村委会申请退出低保。"李某感激又带有一丝惭愧地说道。几天后，"包租公"终于退"保"了，并清退了前期违规领取的低保补贴。他儿子也在政府为用工企业和务工人员搭建的信息对接平台上求职成功。

（资料来源：改编自黄文颖. 不让扶贫资金跑冒滴漏. 中国纪检监察报，2020-8-25）

案例思考：

1. 如何看待"骗保""漏保""关系保"等现象？此类现象反映了什么问题？

2. 查阅相关政策，结合案例思考，低保标准由收入扩展到资产有什么好处？可能产生什么问题？

3. 请查阅资料，说明国外的救助制度如何设计，是否存在这类问题。

本章实训

国外社会救助的经验和中国社会救助的未来发展

社会救助作为一种重要的社会政策和制度安排，在任何社会制度和社会形态下都有一个共同的功能和目标，就是国家要帮助生活困难的人，为他们提供生存的最后一道安全网。由于政治制度、经济发展水平等诸多因素的影响，社会救助在各国建立的时间、救助标准、实施内容以及立法层次等都有很多不同。

20 世纪 90 年代以来，包括中国在内的很多国家，都在主动或被动地对本国社会救助制度进行改革，既有英美等发达国家基于减少财政负担的改革，也有拉美中等发展中国家的社会救助扩张，并且在改革过程中形成了各具特色的社会救助模式和实践经验。

20 世纪 90 年代初，我国陆续建立起城市最低生活保障制度，至今中国的社会救助制度已经走过了 20 多年的发展历程。当前，我国已初步形成低水平、广覆盖的社会救助体系，并取得良好的反贫困效果。但其自身也存在制度不完善、管理机制不健全等问题。完善我国的社会救助制度，需要基于国情的实践探索，也离不开国际经验的参考和启发。

你是否了解国外社会救助制度的发展历程及实践情况？ 你认为哪些国际经验值得我国参考和借鉴？ 我国社会救助制度又存在哪些问题，未来如何发展？ 请以"国外社会救助的经验和中国社会救助的未来发展"为主题开展课堂展示讨论。

一、实训目的

1. 从理论层面了解世界范围内各国社会救助制度的发展和实践情况，分析我国可借鉴的理论及实践经验。

2. 深入了解当前我国社会救助制度的发展情况、存在的问题。

3. 锻炼收集与分析材料、团队合作、个人表达等能力。

二、实训组织

1. 将全班同学按 4~6 人一组分为若干组，通过查阅资料了解典型国家（2~3 个）社会救助制度的发展历程及改革现状，分析其制度建设存在的优点与不足，哪些值得我国参考与借鉴。查阅资料，了解当前我国社会救助制度存在的问题，分析我国社会救助的未来发展趋势。

2. 同学们将资料及自身体会与想法通过 PPT 的形式在课堂上展示。

3. 每组派一名代表对本次讨论的内容做总结发言。

即测即评

请扫描右侧二维码，进行在线测评。

第十章
社会福利制度

引例

"靠敲盆获救"背后是空巢老人的困境

"独居老人家中摔倒 4 天靠敲盆获救"的新闻让很多人感到揪心。据老人介绍，他在 4 天前不慎摔倒在地，之后他发现自己无法起身，于是就这样在阳台上躺了四天，多日未进食，后来靠敲击脸盆发出声音才被人发现。经过家属允许，消防员破门进入，民警发现厨房里的饭菜已发霉生虫。

老人的这一遭遇，反映的是空巢老人生活不易的普遍难题。生活中，在年轻人看起来是举手之劳的小事，对老人来说可能会有极大的安全隐患。据新华社此前的报道显示：在中国，老年人每年跌倒 2 500 万次，60% 的老年人意外跌倒发生在家中。一根电线、一条加热毯、一个水杯，都有可能给行动不方便的老人带来危险。一旦未被及时发现，就会酿成难以挽回的悲剧。

而中国老龄人口数量庞大的现实，又让这些问题不容忽视：中国是世界上老龄人口数量最多的国家，每天有 2 万余人步入老年，60 岁以上老人近 2.5 亿。中国老年人数量庞大的背后，是空巢老人多、困难老人多、老年抚养比高的显著特征。空巢老人和留守老人，更是成为老龄化浪潮中首当其冲的群体。不愿出门、不敢生病，成为许多老人的集体意识。

独居老人的问题不是中国独有的，也是世界性难题。这些年在日本，就出现了不少老人"孤独死"的可悲现象：他们死去的时候悄无声息，遗体直到很长时间后才被外人发现。

据全国老龄办发布的消息，2050 年前后，中国老龄人口将达到 4.87 亿人。为老人的幸福做出更多努力，是为了他们，也是为了我们自己。"最美不过夕阳红，温馨又从容"，希望我们每个人都能实现这一目标。

评价：

随着我国人口老龄化、家庭核心化的发展趋势，独居老人、空巢老人的比例逐步提升已成为不争的事实，面对这一问题，家庭、社会、政府都应做出不同的准备与应对。目前，对居家环境的适老化改造、医养结合社区的建设、独居老人水表预警等智慧化服务设施都为破解老人居家养老难题提供有益思路。

（资料来源：改编自姬贺礼."靠敲盆获救"背后是空巢老人的困境. 中国青年报，2020-8-7.）

本章知识结构图

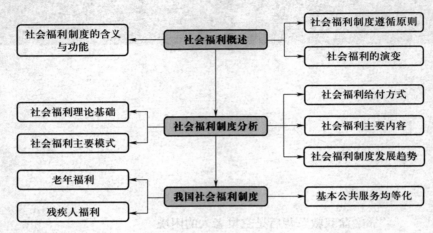

第一节　社会福利概述

一、社会福利制度的含义与功能

（一）社会福利制度的含义

"福利"（Welfare）一词的本意是幸福、美满，是指一个人获得的满足，或者是一个人的需要得到满足的程度。既然是一个人所获得的满足，应该是一种心理感受，所以相同的物品给不同的人带来的福利是不同的，人与人间的福利很难衡量与比较。

"社会福利"（Social Welfare）一词，最早见于 1941 年美国总统罗斯福与英国首相丘吉尔所签订的《大西洋宪章》和 1945 年签订的《联合宪章》中。按其字面含义和一般性理解，社会福利是指改善全体社会成员物质和文化生活，提高其生活质量。由于人们在不同层次上使用社会福利这个概念，因而对社会福利的定义也难以统一。

社会福利概念有广义和狭义之分。广义的社会福利包含两个层次的含义，一是指人类生活中的幸福和正常的状态，即社会福利状态；二是为了实现上述社会状态而做出的集体努力，即社会福利制度。① 狭义的社会福利，是指对社会弱势人群所提供的带有福利性质的服务与保障措施，以提高他们的生活水准和自立能力，如老年福利、未成年人福利、残疾人福利等。

小链接 10-1

社会福利概念的复杂性

社会福利是一个多元、模糊而又复杂的概念，理论界往往回避给出一个定义。原因之一是社会福利的产品、对象、功能或目标等属性往往不确定、不清晰，并且经常处于变化之中。对其进行定义既可以从广义，也可以从狭义的角度出发，但无论是广义的还是狭义的解释似乎都有一定的局限性。对于社会福利活动，有国外学者将其看作是市场活动的对立面，如英国现代社会政策理论的创始人理查德·蒂特马斯（Richard Titmuss, 1963）说过，所有的社会活动可以分为两大类：以营利为目的的市场活动和以提供福利为目的的、集体性的对市场进行干预的活动。根据这一定义，所有非市场性活动都属于社会福利活动。

（资料来源：徐月宾. 社会福利的概念及其演变：社会政策是生产力. 社会福利（理论版），2012（1）.）

中国的社会福利制度是社会保障制度的一个方面，社会福利制度除了对弱势人群提供一定的福利服务与保障外，还致力于提高全体社会成员的生活质量。我国的社会福利制度是指由国家、社会或集体为立法或政策范围内的所有公民普遍提供旨在保证一定的生活水平和尽可能提高生活质量的资金、服务和福利设施的社会保障制度。

我们可以从三个方面来理解社会福利的概念：第一，社会福利是国家的一项社会政策。社会福利的目的在于保障社会成员的一定生活水平并尽可能提高他们的生活质量。它在国家财力允许的范围内，在既定的生活水平的基础上，提高服务对象的生活质量。社会福利不仅要保障人们的基本生活水平，更重要的是不断满足人们日益增长的物质文化和精神文化需要。第二，社会福利是由国家、社会、集体共同兴办的事业。国家、社会和集体向社会成员提供社会福利的方式有资金（货币）形式、实物形式和服务形式，其中以实物和社会服务形式居多。第三，社会福利属于社会保障制度体系的一项制度。社会福利、社会保险、社会救济、社会优抚等都是社会保障制度的组成部分，社会福利是社会保障制度的一项子制度，并且是最高层次的社会保障制度。

（二）社会福利制度的功能

1. 保障功能

社会福利为社会成员提供一定的收入补偿、福利设施和社会服务，不仅保障了社会成员的基本生活需要，而且保证了社会成员在现有的经济发展水平下，生活质量能够得到不断改善和提高。国家除提供福利院、精神病院、养老院、托儿所及大众文体活动场所等社会福利设施外，还提供一些专门为残疾人就业而兴办的社会福利企业，国家对其实行免税或税收优惠政策。这些有形的福利设施，使社会成员能感受到国家和社会提供的福利，特别是对社会弱势群体来说，更是其基本生活和身心健康的有效保障。

2. 稳定功能

社会福利通过一种公平的机制向社会成员提供各种福利设施和服务，使社会成员能够分享

---

① 尚晓媛.“社会福利”与“社会保障”再认识. 中国社会科学，2001（3）.

社会发展的成果，满足其物质生活和精神生活的需要，从而能够激发劳动者的生产积极性和创造性，提高劳动生产率，最大限度地提高劳动力资源的效率，促进经济的发展。同时，社会福利制度的实施，减少了收入差距，减少了社会矛盾，从而有利于调节社会转型时期的各种利益矛盾，促进社会的稳定与和谐发展。

3. 促进社会经济发展功能

社会福利是政府调节总供给与总需求的工具。社会福利通过提供福利设施和社会服务来增加社会总供给，在总供给不足的情况下，通过提高社会福利开支来增加总供给。社会福利既可以通过社会津贴直接影响总需求，也可以通过福利设施投资和社会服务来间接影响总需求。社会福利还改善了社会成员的生活质量，提高了社会成员的综合素质，使其能更好地投入经济建设中去。

4. 促进精神文明进步功能

社会福利面向广大社会成员，为社会成员提供改善生活质量的物质帮助和服务项目。社会福利资金不仅来自国家财政，还有一些是来自社会团体、企业捐助和个人捐助，这有助于形成全社会互助互济的好局面，极大地促进了全社会精神文明的进步。

二、社会福利制度遵循原则

（一）与经济发展水平相适应原则

社会福利支出过多，超出政府的承受能力，可能导致财政赤字，不利于经济的长远发展；社会福利支出过少，对社会成员的实际保障能力会降低，也不利于社会的发展和稳定。因此，国家、社会和集体要根据经济发展状况来决定向公民提供的社会福利待遇。

（二）提高生活质量原则

社会福利的宗旨是为了提高保障对象的生活质量，即社会成员的基本生活因为社会保险和社会救助制度而得到国家和社会的保障以外，国家通过社会福利使社会成员的生活得到进一步的改善，并使其生活质量得到提高。社会救助是对全体社会成员最低生活水平的保障，社会保险是对劳动者及其家属基本生活水平的保障，而社会福利除了保障服务对象一定的生活水平之外，还着力于提高服务对象的生活质量。所以社会福利是较高层次的保障制度，是评价一个国家或地区文明状况的重要指标。

（三）贯彻公平、平等、效率原则

社会福利作为收入再分配的方式，其目的主要是追求公平与平等，但过分公平，又会牺牲效率，助长社会成员的"懒汉"思想及对国家的过分依赖。所以，国家、社会和集体应正确处理社会福利所带来的公平和效率问题。社会福利具有较大的机会均等的特征，无论"贫富贵贱"均是一个待遇标准。社会福利作为一种国民收入再分配方式，通过对全体社会成员或部分社会群体提供福利设施和服务，共同分享社会发展的成果，满足社会成员的需要。享受社会福利与每个人的经济地位、职业背景等无关，也无须与其贡献挂钩。因此，在"人人有份"的社会福利原则下，更多体现为追求社会平等的目标。

（四）保障对象普遍性原则

社会福利是为全体社会成员提供的，其对象具有全民性和无选择性。凡是符合社会福利享受条件的人，不分性别、年龄、职业、信仰，都可以享受社会福利的保障待遇，即"人人有份"。在社会福利项目中，有些是向全体社会成员提供的，如国家提供的义务教育、各种公共福利设施；有些是向特殊社会群体提供的，如残疾人福利、儿童福利、老年人福利等。总之，只要是社会成员，或某一特定范围的福利成员，就可以享受这些福利待遇。

三、社会福利的演变

（一）社会福利制度的初期

西方社会福利制度最初是与"走向现代"和资本主义文明相联系的。经历了18世纪的英国产业革命和法国政治革命，经济市场化创造了空前的物质产品，同时也创造了空前的报酬两极化和贫富差距，由此而来的社会不平等以及尖锐的阶级对立、社会冲突、工人运动的兴起，各国政府为维持资本主义秩序做出了一个选择，即以社会保障和福利对劳动者收入给予"非商品化"的补偿。可以说，正是当时严重的社会问题和激烈的矛盾冲突，将社会福利制度推向了西方历史的前台。因此，从英国1601年《济贫法》出台，到德国系列社会保险法出台，再到美国颁布社会保障的相关法律，西方国家社会保障制度逐步产生和发展，同时也为社会福利制度的产生奠定了基础。

（二）"福利国家"的第一步

在第二次世界大战中，战事的发展促使西方国家需要进一步激励士气和增强社会团结，这也推动了西方社会福利制度的确立。一般认为，英国著名的《贝弗里奇报告》是社会福利制度的奠基性文献。报告涉及了全方位的社会福利问题，着力形成一个完整的福利体系，设计了一整套"从摇篮到坟墓"的社会福利制度，其中许多新的福利项目是福利制度发展的根本性突破。报告设计的福利制度打破了传统的家庭扶养职能，由国家直接代替家庭向非劳动人口承担部分扶养责任，这被一些学者视为福利国家的核心。此后，社会福利成为英国的一项国家制度和社会政策，开启了欧洲各国建设福利国家的制度发展历程。

第二次世界大战结束后至20世纪70年代中期，这一时期西方经济持续繁荣，社会观念自由开放，社会福利覆盖面的全民化，几乎使所有的群体都逐渐变得越来越依赖于政府的帮助。在这一时期，欧洲国家的社会福利计划得到了持续扩张。

（三）福利国家危机与改革

从 20 世纪 70 年代中后期开始，石油危机标志着战后经济发展的黄金时代已经终结。这个时期收入和财富分配不均的状况不断扩大，阶级之间的冲突扩大，税收和开支系统入不敷出。在经济出现滞胀的同时，因为人口老龄化和失业问题严重，人们对社会福利的需要急剧增加，而与此同时出现的庞大的社会福利开支成为福利国家沉重的负担。

这一社会背景唤起了一些持中间道路的改革声音，其中最为著名的是以吉登斯为代表提出的"第三条道路"。"第三条道路"是在分析和概括左右两派的社会福利思想分歧的基础上，提出的一种介于左右两派社会福利道路之间的中间道路主张。吉登斯主张"积极福利"，他指出，我们应当倡导一种积极的福利，公民个人以及政府以外的其他机构也应当为这种福利做出贡献。主张变福利政策为福利投资，提高接受福利者进入市场的能力，帮助他们适应就业。

 链接10-1：
视频讲解

在不断加剧的经济低增长、人口老龄化、社会风险提高等打击下，西方经济学家认识到"我们争取的真正的社会进步受经济资料限制"，需要"进行某些巧妙的社会手术"，西方国家似乎重新走上了"再商品化"的轨道。

第二节　社会福利制度分析

一、社会福利理论基础

（一）社会福利政策分析框架

加利福尼亚州立大学伯克利分校教授尼尔·吉尔伯特（Neil Gilbert）在 2003 年出版的《社会福利政策导论》一书中，结合大量西方社会福利发展的实例，深入阐述了社会福利政策分析框架在实际社会中的运用，具有很高的参考价值。

吉尔伯特认为，福利政策设计中的四个维度是：社会分配的基础，所分配的社会福利的类型，提供福利的策略，福利筹集资金的方式。社会分配的基础解释了社会福利政策的对象，是指将社会福利分配给社会中特定群体时的不同选择。社会福利的类型决定得到了什么，即分配内容。提供福利的策略决定了输送服务的方式，是指在地方社区系统（即邻里、城市和农村）中，社会福利的提供者和消费者之间可供选择的组织安排。福利筹集资金的方式是指资金的来源和渠道，说明资金来源及其从起始点到服务点转移支付的方式问题。

社会分配、福利形式、输送策略和筹资方式的选择，每个都有其各自的选择范围。但在绝大多数社会福利政策设计中是相互依赖的，在吉尔伯特的社会福利政策框架中，四要素是相互依存的。

一个良好的社会福利政策，其四个维度的发展趋势特点为：社会分配的基础：从选择性到普遍性；社会福利的类型：从不确定、有限到具体、多样化；输送系统：从公共的及与收入维持相关的到公共的、私人的和独立的；资金筹集：从无限制的类别补助到固定数量的整笔拨款。而且这种发展趋势不是一蹴而就的，是需不断完善的过程。

综上所述，**社会福利政策可简单地概括为：确定资金来源并采取一定的形式为特定的目标人群提供福利**。社会福利政策分析框架解释了社会福利政策的规划与制定方式，清楚界定了各项社会福利制度的选择及实施后可能造成的后果。

（二）福利多元主义理论

福利不一定要由国家包揽，民间社会也应该参与，福利产品的供应可以来自四方面：国家、家庭、商营部门和志愿机构，而且来源是越多越好。学术界将这种模式概括为"福利多元主义"，也称为混合福利经济。

福利多元主义主要指福利的规则、筹资和提供由不同的部门共负责任，共同完成。但由于各国的经济环境、意识形态的差别，福利多元主义的构成及其功能的侧重点有所差别，如安德森的福利模式的三分法中，在自由福利国家模式中，国家主张市场介入社会福利；在保守主义的福利国家模式中，则强调传统家庭的价值，国家介入的原则只有当家庭能量枯竭时才被允许；在社会民主主义福利国家模式中，则强调国家对福利的承诺和责任，公民享有高水平的福利。尽管如此，福利多元主义观点得到了广泛的认同，它不仅有利于对福利国家危机现状做出解释，而且提出了福利国家转型的发展方向。

福利多元主义是社会政策的一个宏观分析范式，它关注福利的多元来源、供给、传输的结构。在福利国家陷入困境之时，福利多元主义给社会政策吹来了一股新鲜的风。它纠正了过分强调国家提供福利的错误认识，提出国家、家庭、市场、志愿组织等多元福利提供者的职责并重，建立多元福利提供者的结构，从福利的国家提供模式到福利的多元提供模式转型等重要观点。

二、社会福利主要模式

（一）剩余型社会福利

剩余型社会福利和制度型社会福利的划分是由威伦斯基和莱博克斯在1958年出版的《工业社会和社会福利》一书中提出的。剩余型社会福利的观点认为，在通常情况下，家庭和市场是满足个人需求的自然渠道，但当家庭和市场都不能满足个人的正常需求时，就需要第三种社会机制即社会福利制度的介入来满足个人需求，当通常的制度恢复正常以后，社会福利制度就会撤回。这些通常是富人对于穷人提供的有限的慈善性的物质援助，是在社会机制出现问题的情况下提供的一种应急的措施。剩余型社会福利的局限性在于，其认为福利仅仅是对穷人提供的服务。

（二）制度型社会福利

从制度型社会福利的角度看，社会福利不是在家庭和市场满足不了个人需求时才介入的，而是社会结构中常规化的和永久性的重要组成部分，是一种不同于家庭和市场的再分配利益机制。社会福利的对象从弱势群体扩展到社会全体公民，从而实现了选择性社会福利到普遍性社会福利的转变。

在西方国家，半个世纪以来广泛的社会福利体制的实施，取得了众所周知的社会效果。首先，它缩小了社会贫富的差距，维护了社会的稳定。其次，有助于将个人从僵化的制度中解放出来，从而扩大了公民的个人自我设计和自我选择的自由。其消极后果表现在以下四个方面：一是国家社会福利开支大、负担重，造成政府财政赤字的增加；二是高福利高税收转为生产成本，必然影响产品的竞争力；三是高税收严重削弱了投资者的热情，影响了经济的发展；四是增加了个人对国家和社会的依赖，使整个社会缺乏活力。

20世纪70年代以来的福利国家显现出越来越深刻的危机，对福利国家进行重新改造是在所难免的。由于社会福利制度关系到千百万居民的切身利益，在实行两党制或多党制的西方国家，各党为争取更多的选民，都不敢贸然削减社会福利计划。社会福利制度的改革举步维艰，进退两难。

（三）发展型社会福利

20世纪90年代末，伦敦经济学院院长安东尼·吉登斯在《第三条道路社会民主主义的复兴》一书中明确提出，应当以"积极的"或"主动的"福利政策代替目前传统的福利模式，使传统的福利国家现代化。

积极的社会福利政策，倡导福利国家把原来消极被动的保障服务转变为提供积极的技能服务，变被动的恩惠式福利为主动进取式的福利，变事后补救型福利为事前预防型福利，变生活福利为工作福利。

西方国家福利模式经历了从剩余型、制度型到发展型的变迁。在这过程中，西方国家总是在寻求一种适应本国经济社会发展的福利模式。

（四）普惠型社会福利

普惠型社会福利实际上来自对于社会福利模式的最初划分。格拉兹（Glazer）提出，社会福利分为一类福利和二类福利。一类福利是为每位社会成员提供的分配性的服务制度；二类福利表示选择性的、补救性的服务制度。这里的一类福利就是普惠型的社会福利。可以说，普惠型社会福利的提出实际上反映了福利国家的基本价值。

在我国，不管是社会保障还是社会福利都是有限的。学者们面对中国社会保障的城乡二元分割和狭义的社会福利的选择性，提出建立"普遍性、基本性、差别性的社会福利制度"。显然，相对于扩大范围的普惠型社会福利来说，这种贯通城乡的社会福利是一种质的进步。

三、社会福利给付方式

（一）货币形式

社会福利的货币形式是指政府通过发放货币的形式来实施社会福利制度。它一般分为两种，一种是政府在实施某项可能会影响居民物质利益的经济政策时，为了让居民不会因为新政策的出台使生活水平降低而为居民普遍提供的一种货币津贴；另一种是政府为了让全体社会成员分享到经济和改革的成果而向其提供资金补助。货币形式是一种次要的、辅助性的形式。

（二）实物形式

社会福利的实物形式是指政府和社会通过提供实物的形式来体现社会福利的待遇。政府通过提供疗养院、社会福利院、精神病院、养老院、托儿所及大众文体活动等场所，提高居民的生活质量，为居民的基本生活和身心健康提供有效保障。实物给付形式是社会福利的一种主要形式。

（三）服务形式

社会福利的服务形式是指政府和社会通过向社会成员提供社会服务的方式来实施社会福利制度。社会服务主要是通过社区组织和福利机构来实现的，它通过举办各类福利院、福利卫生医疗机构、福利性娱乐场所等来为社会成员提供服务，以提高他们的生活水平。社会服务是现代社会福利的一种重要形式，随着社会的进步，服务形式发挥着越来越重要的作用。

四、社会福利主要内容

（一）公共福利

公共福利，也称为国家福利、财政福利或一般福利，是指国家通过直接投资、税收减免、财政补贴等手段举办的各种旨在提高全体社会成员的生活质量和福利水平的社会福利项目。它把福利设施和服务提供给社会所有成员，并且社会成员能够重复性地使用社会公共福利设施和接受公共服务。公共福利以全体人民为授予对象，其目的是提高全民的身体素质和生活质量、丰富人民群众的文化生活。

公共福利的内容十分广泛，涉及住房、教育、卫生、文娱等生活的各个方面，主要包括保健方面的福利、教育方面的福利、住房方面的福利、文娱方面的福利、生活环境方面的福利和生活服务方面的福利等。

公共福利具有以下基本特性：

1. 外部性

公共福利是一种特殊机制，它具有广泛的外部性。这需要政府制定政策，完善公共福利制度，以提高它的外部收益，降低由于其不完善所带来的外部成本。

2. 公共物品性

公共物品具有两个特性：非竞争性和非排他性。公共福利之间不存在竞争性，是向公众免费提供的；社会福利具有非排他性，所服务的对象是一般社会成员，不存在排斥其他社会成员的现象。

3. 供求的非均衡性

总体来说，社会福利一般是供不应求的。一方面，人们的需求水平越来越高，越来越呈现出多样性；另一方面，公共福利的建设由于投资大、建设周期长，供应量的增加速度往往跟不上需求的增长速度。

（二）特惠福利

特惠指给予特别优惠待遇的，特惠福利是国家和社会针对特殊群体提供的专项福利，主要包括老年福利、儿童福利、残疾人福利等内容。

老年福利指的是国家和社会通过社会化的福利措施和有关福利津贴，满足老年人的生活服务需要并促使其生活质量不断提高的一种社会政策。儿童福利包括一切与儿童有关且有利于儿童发展的福利措施和福利制度。残疾人福利是指国家和社会在保障残疾人基本物质生活需要的基础上，为残疾人在生活、工作、教育、医疗和康复等各方面所提供的设施、条件和服务。

五、社会福利制度发展趋势

（一）提供方式社会化

随着社会经济的发展，人们的福利需求呈现出多样化的发展趋势。以需求为出发点，以最终提高生活质量为目标，社会福利提供主体必须走多元化的发展道路。随着福利国家的出现及社会保障制度的不断完善，金钱不能解决的生活困难越来越多。特别是在人口老龄化问题日益突出的今天，老人的护理及生活照料等困难不断增加，同时，家庭内部成员之间的支援功能逐渐弱化，家庭内部无法解决各种需求的问题越来越突出，即社会福利的需要呈现多样化、社会化的发展趋势。

（二）公共服务均等化

实现公共服务均等化，是现代政府追求的目标。从 19 世纪末期到 20 世纪 70 年代末期，西方发达国家为克服自由资本主义的弊端，强化政府对公共经济领域的垄断地位，推动公用事业等重要行业的国有化，建立和完善公共财政体制，基本实现了公共服务均等化或均质化。20 世纪 80 年代以来，为进一步提高公共服务水平，世界各国政府积极探索国有公共企业私有化、政府与私人企业合作制等改革举措。百余年来，各国为实现公共服务均等化积累了丰富的经验，为推动政治文明起到了重要作用。

（三）保障水平适度化

福利水平要与经济发展水平相适应，应避免理想化、高水平的"结果平等"。福利国家的经验表明，经济发展水平及经济增长速度是一个国家构建社会保障制度的决定性变量，如果社会福利的范围、内容和规模超过条件的允许，就会演变成经济发展的制约因素。因此，在构建社会福利制度时应从国情出发、量力而行，避免理想化、高水平的"结果平等"，切不可国家包办一切，建立大而全的社会福利体系。

小链接 10-2

荷兰告别 20 世纪的福利国家，推行紧缩政策

作为典型的福利国家，荷兰在金融危机和欧债危机的影响下，难以继续维持其高福利的制度而必须进行改革。2013 年 9 月 17 日荷兰国王威廉一亚历山大宣布告别 20 世纪下半叶的福利国家。荷兰将推行财政紧缩政策，削减公共支出和养老金水平，同时呼吁扩大国民储蓄，加强国民对社会保障的贡献与参与。荷兰的福利模式的转变说明社会保障的发展水平需要与国家的经济和社会发展相适应，保持合理的福利水平。

（资料来源：2013 年世界社会保障十大事件发布. 人民网，2014-02-22.）

链接10-2：
视频讲解

第三节　我国社会福利制度

一、老年福利

老年福利是指国家和社会通过社会化的福利措施和有关福利津贴，满足老年人的生活服务需要并促使其生活质量不断提高的一种社会政策。在中国，老年社会福利的概念与老龄工作、老年人福利和老年社会保障的概念等同。

伴随着我国经济社会的发展，我国老年福利事业也展现出了新的面貌。主要表现在引入市场力量和社会力量，通过推进养老方式的社会化转变和养老服务体系的发展，建立保障老年人基本生活权益的社会保障网络。

（一）"9073"养老格局

"9073"养老格局最早是在上海"十一五"时期提出的。2011 年 2 月民政部发布《社会养老服务体系建设"十二五"规划》，提出"以居家养老为基础、社区养老为补充、机构养老为支撑"的养老服务格局，也明确指出"十二五"末要实现每千名老人拥有 30 张机构养老床位。由此，很多城市都发布了"9073"的养老格局政策目标。

"9073"养老格局是指 90％身体状况比较好的，愿意和子女在一起的老年人，采取以家庭

为基础的居家养老（以下简称"居家养老"）；7%的老年人依托社区的养老服务中心，提供日间照料（以下简称"社区养老"）；3%的老年人通过机构养老予以保障（以下简称"机构养老"）。

这一养老格局设计包含了以下内容：第一，养老格局是普惠型的，面向所有老年人，100%全覆盖；第二，养老方式是多样化的，主要形成居家养老、社区养老和机构养老三种主要养老方式，通过分类建设、抓住重点、多元供给的方式，提供满足老年人需求的多样化养老方式；第三，养老服务是社会化的，无论是居家养老还是专业照料服务，提供全方位、针对性、便捷的、高效的、优质的社会化养老服务均是不可或缺的内容。具体如图 10-1 所示。

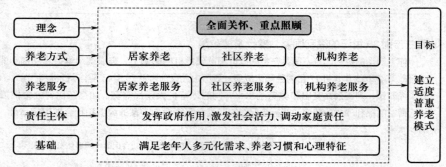

（资料来源：张琪，张栋等. 北京市"9064"养老格局的适应性研究. 北京：中国劳动社会保障出版社，2014.）

图 10-1　养老格局总体概况

（二）社会养老服务体系

为积极应对人口老龄化，建立起与人口老龄化进程相适应、与经济社会发展水平相协调的社会养老服务体系，实现"老有所养"的战略目标和"优先发展社会养老服务"的要求，国务院办公厅 2011 年发布《社会养老服务体系建设规划（2011—2015 年）》，着眼于构建体系建设的基本框架，对社会养老服务体系的建设背景、内涵定位、指导思想、目标任务、保障措施做了完整阐述。

社会养老服务体系是与经济社会发展水平相适应，以满足老年人养老服务需求、提升老年人生活质量为目标，面向所有老年人，提供生活照料、康复护理、精神慰藉、紧急救援和社会参与等设施、组织、人才和技术要素形成的网络，以及配套的服务标准、运行机制和监管制度。

社会养老服务体系建设应以居家为基础、社区为依托、机构为支撑，着眼于老年人的实际需求，对居家养老服务、社区养老服务、机构养老服务的功能定位进行细化，优先保障孤老优抚对象及低收入的高龄、独居、失能等困难老年人的服务需求，兼顾全体老年人改善和提高养老服务条件的要求。

为全面贯彻党的十八届五中全会决定提出的"建设以居家为基础、社区为依托、机构为补充的多层次养老服务体系"的精神，落实 2016 年政府工作报告中提出的"开展养老服务业综合改革试点"的要求，中央财政决定安排中央专项彩票公益金，通过以奖代补方式，选择一批地区进行居家和社区养老服务改革试点，至 2020 年，"居家和社区养老服务改革试点"已开展到第五批。

社区养老实践：打造"长者饭堂"

近年，随着老龄化社会的到来，养老难、老人吃饭难等问题日益凸显。对此，肇庆在全市建成 16 间长者饭堂，为 60 周岁以上的老年人提供价廉物美的"长者餐"：如肇庆户籍老人 60 周岁至 79 周岁户籍老人，每餐只需 7 元；80 周岁及以上和肇庆户籍特困、低保及低收入困难家庭老年人只需 5 元；外籍户口 60 周岁及以上老人也可享受每餐 11 元的惠民价。事实上，近年一些地方都在探索养老为老服务模式，"长者饭堂"就是其中之一，有的不仅为独居老人提供营养丰富的一日三餐，而且还提供文体活动等富足的"精神食粮"。据报道，武汉市汉阳区民政局 2018 年 4 月份与美好志愿服务站合作签约，确定该区今后将建设更多"幸福食堂"，65 岁以上老人三餐只需 10 元，90 岁以上老人可免费就餐。整合撬动各级、各方面资金，采取政府购买服务方式设立"幸福食堂"公益性岗位，并以公益性捐赠补贴用餐成本不足部分。

（资料来源：改编自把"长者饭堂"打造成新型养老公益品牌. 西江日报 2019 年 12 月 30 日第 F02 版.）

（三）养老服务发展新趋势

2021 年，《"十四五"民政事业发展规划》提出"全要素构建养老服务体系"。

在养老服务保障方面：① 加强基本养老服务。制定并实施全国统一的老年人能力综合评估标准，开展老年人能力综合评估，评估结果作为领取老年人补贴、接受基本养老服务的参考依据。② 完善兜底性养老服务，做好城乡特困人员集中供养工作，以重残、失能、留守、空巢、计划生育特殊家庭等特殊困难老年人为重点，建立特殊困难老年人定期探访制度、农村留守老年人关爱服务制度。③ 发展长期照护保障，配合有关部门稳妥推进长期护理保险制度试点，推动完善长期护理保险制度。

在优化居家社区机构养老服务网络方面：① 进一步完善居家和社区养老支持。发展"家庭养老床位"，推动失能失智和高龄老年人家庭成员照护培训纳入政府购买养老服务目录，推进经济困难高龄老年人家庭适老化改造，推动构建城市地区"一刻钟"居家养老服务圈，努力解决大城市养老难问题。② 推动养老机构提质并推进医养结合服务。引导养老机构依托新兴技术手段，构建"互联网+养老服务"和智慧养老模式，健全养老机构与医疗卫生机构合作机制。③ 提出推进养老服务适度普惠，为中低收入家庭老年人提供价格适中、方便可及、质量可靠的养老服务。

二、残疾人福利

残疾人福利是指国家和社会在保障残疾人基本物质生活需要的基础上，为残疾人在生活、工作、教育、医疗和康复等各方面所提供的设施、条件和服务。

（一）残疾人"两个体系"建设

2010 年国务院办公厅转发中国残联等部门和单位的《关于加快推进残疾人社会保障体系

和服务体系建设的指导意见》（简称"两个体系"），并明确了到 2015 年和 2020 年的任务目标，希望通过残疾人"两个体系"建设，残疾人保障水平和服务能力大幅度提高，缩小残疾人生活状况与社会平均水平的差距，实现残疾人事业与经济社会协调发展。

残疾人"两个体系"，即残疾人的社会保障体系和服务体系，指面向残疾人设计提供的社会保障与服务的框架、项目、载体、机制、政策等的系统集成，是全社会的社会保障体系和公共服务体系的有机组成部分。"两个体系"是一个互相支撑、互有侧重的整体，是实现和维护残疾人生存、发展等各项权益的主要途径与根本依托。

1. 残疾人社会保障体系

残疾人社会保障体系是国家为了保障残疾人从国家和社会获得必要的物质帮助而建立起来的援助系统。它是对身患残疾的公民这一特殊对象的社会保障制度的总成，主要包括两个方面的含义：一方面，残疾人与健全人一样，均是社会中平等的一员，在覆盖社会全体成员的社会保障中，残疾人理所当然应当享有平等的社会保障权利和待遇；另一方面，残疾人由于特殊的身心条件，面临更多的困难、风险和不确定因素，需要追加特定的保障措施。

2. 残疾人服务体系

残疾人服务体系在服务内容上主要包括维系生存、促进发展、改善环境三个层次。其中，康复、托养服务是维系残疾人基本生存、改善残疾人生命质量的根本手段，属于残疾人服务中的第一层次；教育、就业、扶贫、文化体育服务是帮助残疾人提升素质、改善生活的核心内容，属于残疾人服务中的第二层次；法律维权、无障碍服务是塑造残疾人平等参与社会环境的重要保障，属于残疾人服务中的第三层次。残疾人服务体系在服务支撑上则包括以残疾人为服务对象的服务设施和网络、专业服务队伍、服务运行机制、监督管理机制、政策保障机制等。

小链接 10-4

科技助力残障外卖骑手就业

记者近日从某外卖平台获悉，在外卖骑手队伍中有超过 2 000 名的残障人士。为帮助他们更好地适应工作，平台使用智能调度系统，根据残障骑手的身体状况匹配接单，提升效率。针对"无声外卖骑手"，平台还专门为他们上线了无障碍沟通系统，方便他们和商户、用户沟通。在一些人看来，送外卖需要和商户、客户沟通，残障人士尤其是有听力和语言障碍的残障人士是不适合从事这一行业的。然而，在外卖骑手团队中，很多残障骑手通过这份职业成家立业，甚至成为青年人奋斗的榜样。在新华社主办的"中国网事·感动 2019"年度颁奖典礼上，"90 后"残障外卖骑手董洪喜就作为年度人物之一站上领奖台。然而，从总体形势来看，我国残疾人就业形势仍不容乐观。《中国残疾人事业发展报告（2018）》指出，2016 年全国持证残疾人就业人数为 896.1 万人，就业率只相当于健全人就业率的 62% 左右。这说明解决残疾人就业困难问题，还需要全社会共同努力。

（资料来源：改编自"科技助力残障外卖骑手就业"应成范本. 中国人口报，2020-5-25. 记者　王琦.）

（二）政府购买残疾人服务

2014 年 4 月，财政部、民政部等 6 部门以财社印发《关于做好政府购买残疾人服务试点工作的意见》（以下简称《试点工作的意见》）。《试点工作的意见》指出，政府购买残疾人服务应按照政府主导、部门负责、社会参与、市场推动、共同监督为原则，突出残疾人服务的公共性和公益性，优先设立受益面广、受益对象直接的政府购买服务项目。《试点工作的意见》初步划定了购买残疾人公共服务试点的基本内容和项目范围，明确了残疾人购买服务工作机制，有助于创新残疾人公共服务供给方式、优化残疾人服务资源配置、提高残疾人公共服务的供给水平。

1. "购买主体""承接主体"的界定

在残疾人公共服务领域，购买主体应当包括：具有残疾人公共服务职能的行政机关、参公事业单位、事业单位，以及纳入行政编制管理、经费由财政负担的群团组织。即包括了具有残疾人公共服务提供职能的政府机关、事业单位以及各级残联组织。残联组织之所以可以作为残疾人购买服务的主体，是由于根据《关于加快推进残疾人社会保障体系和服务体系建设的指导意见》，各级残联组织可以受政府委托，承办和管理残疾人康复、就业、职业教育、托养等服务项目。

承接主体方面，《试点工作的意见》主要提出，各地可按照《国务院办公厅关于政府向社会力量购买服务的指导意见》确定的框架确定，但提出鼓励各级残联组织所属的残疾人服务机构作为承接主体参与购买服务工作，这一规定的目的是推动这些机构逐步按照市场导向原则，进行职能转变。

2. "购买内容""购买机制"的界定

购买内容包括：残疾人康复辅具配置（辅助器具适配）服务、残疾儿童抢救性康复服务、残疾人照料服务、残疾人就业培训与岗位提供服务、残疾人家庭无障碍改造服务，这些内容涵盖了残疾人康复、照料、就业、无障碍环境等残疾人基本公共服务领域。

购买机制方面，《试点工作的意见》提出要制定政府购买残疾人服务的指导性目录，明确服务种类、性质和内容，细化目录清单。根据所购买项目特点，制定统一明确、操作性强、便于考核的基本服务标准，并要求购买主体对服务标准的执行情况进行梳理，完善服务标准体系。

小链接 10-5

对贫困残疾儿童进行抢救性康复训练

一般认为，6 岁以前是残疾儿童康复的黄金期，在此期间对残疾儿童开展科学的康复，能最大限度地补偿儿童生理和心理的缺陷，发挥他们的潜能，为其今后入学、就业、融入社会创造条件，对残疾儿童的一生发展具有决定性的作用。因此，中央财政安排专项补助资金，支持各地实施"贫困残疾儿童抢救性康复项目"，2009—2011 年期间项目资金达 7.11 亿元，为听力、言语、肢体、智力等低保或困难家庭的残疾孩子提供医疗康复训练救助或适配辅助器具，救助儿童达 5.88 万人，是迄今为止中央财政针对贫困残疾儿童实施的资金量最大、受益人数最多的专项康复项目。

（资料来源：改编自张稚，陈曦. 让孩子像花儿一样绽放——记"中国残联贫困残疾儿童抢救性康复项目". 中国残疾人，2011（6）.）

三、基本公共服务均等化

在我国，公共服务是政府的四大基本职能之一，建立服务型政府要求把公共服务放在更加重要的位置。2006年3月，《国民经济和社会发展第十一个五年规划纲要》首次提出了"基本公共服务均等化"的政策目标，为基本公共服务指明了方向。

（一）基本公共服务及基本公共服务均等化含义

公共服务也被称为公共产品、公共物品或公共财物，它是一个与私人服务相对应的概念。基本公共服务是公共服务中最核心、最根本的部分，是政府回应社会基本公共需求而提供的产品和服务，关系到公民基本的生存权与基础性的发展权，因而政府应当承担主要的责任。

基本公共服务均等化是指政府要为社会成员提供基本的、与经济社会发展水平相适应的、能够体现公平正义原则的大致均等的公共产品和服务，是人们生存和发展最基本的条件的均等。

基本公共服务均等化是公共财政的基本目标之一，主要实现手段是政府间转移支付制度，通过转移支付，政府要为社会公众提供基本的、在不同阶段具有不同标准的、最终大致均等的公共物品和公共服务，实现公共服务均等化。

（二）基本公共服务均等化的内容与目标

随着我国经济快速增长和社会急剧转型，我国经济社会的基本需求发生了深刻变化，这不仅要求尽快转变经济发展方式，以应对生态环境恶化和能源资源短缺引发的严峻挑战，而且要求加快建立覆盖全体社会成员的基本公共服务体系，逐步实现基本公共服务均等化，以应对基本公共需求全面快速增长所带来的新的挑战。

从我国的现实情况出发，基本公共服务均等化的内容主要包括：一是基本民生性服务，如就业服务、社会救助、养老保障等；二是公共事业性服务，如公共教育、公共卫生、公共文化、科学技术、人口控制等；三是公益基础性服务，如公共设施、生态维护、环境保护等；四是公共安全性服务，如社会治安、生产安全、消费安全、国防安全等。

社会发展的基本宗旨是人人共享、普遍受益。而推进基本公共服务均等化，是实现人人共享社会发展成果的必然选择。换句话说，基本公共服务均等化是过程，共享社会发展成果是结果，它们在本质上是一致的，都是要维护社会公平。在当前，通过实现基本公共服务均等化，让人民共享改革发展成果，是解决民生问题、化解社会矛盾、促进社会和谐、体现社会公平的迫切需要。

链接10-3：
视频讲解

本章小结

社会福利包含两个层次的含义：一是社会福利状态；二是社会福利制度。

社会福利的功能可以分为社会保障的功能、社会稳定的功能、促进经济发展、促进精神文明的进步。

社会福利的原则主要包括与经济发展水平相适应原则，提高保障对象生活水平原则，贯彻公平、平等、效率的原则，保障对象普遍性原则。

社会福利的主要模式包括剩余型社会福利、制度型社会福利、发展型社会福利、普惠型社会福利。

社会福利的给付方式主要有：货币形式、实物形式、服务形式。

社会福利的主要内容有公共福利和特惠福利。

社会福利的发展趋势是提供方式社会化、公共服务均等化、保障水平适度化。

关键名词

社会福利　剩余型社会福利　制度型社会福利　发展型社会福利　普惠型社会福利

复习思考题

1. 简述社会福利制度的发展与演变。
2. 社会福利的资源分配方式有哪些？
3. 社会福利制度的功能有哪些？
4. 社会福利制度的主要内容有哪些？
5. 我国为特殊人群制定了哪些福利政策？
6. 比较中外住房福利制度。国外哪些住房福利政策是我们可以借鉴的？
7. 结合我国社会福利的制度与实践，总结我国在社会福利方面还有哪些值得完善的地方。

案例分析

医养结合的新式机构与社区

85 岁的王奶奶胰腺癌手术后第 6 天，就从山东省立第三医院住院部转到了同在一个院区的康复护理院。王奶奶的女儿下班后来看母亲，发现照护人员正在为母亲进行腹部按摩。女儿工作繁忙，每隔两三天来看望一次母亲，每次来母亲都有新变化。老人告诉女儿："下午给我做手术的专家来查房了，说我恢复得很好，过段时间就可以回家了。"

山东省立第三医院是山东省卫生健康委直属的三级甲等综合医院，前身是山东省交通医院。作为一家行业医院，加之方圆 3 公里内有 6 家三甲医院，转型发展成为医院必须直面的课题。在调研医养结合时我们发现，"医"解决的是治病问题，"养"解决的是生活问题，医和养之间还应该有一个"康"的过程，也就是医康养相结合。

因此，医院借鉴国内外经验，构建了"1+4+H 多层联动，综合医养"模式，使医疗卫生与养老服务融合程度更深、结合更加紧密。"1"指医院内的康复护理院项目，为失能、半失能、失智人群提供康复和长期照护服务，衔接医院、养老机构和家庭；"4"指 4 个依托社区卫生服务中心的医养结合养老试点，负责辖区内的基层卫生工作，对居家和养老机构进行医疗支持；"H"指 Home，居家医养结合服务，建立延续护理服务团队，为养老机构和居家慢病患者提供延续护理服务。

医院还全方位推进"互联网+医康养"工作，基于互联网技术，搭建医疗救护、健康咨询等医养健康服务平台。2019 年 12 月，该模式被评为山东省首批医养结合典型案例。

医院依托省级康复重点学科，整合三甲医院的医疗资源，打造康复护理院项目。康复护理院于 2019 年 9

月正式运行，开放床位 252 张，至 2019 年 12 月底入住率达到 90%，入住者 98% 以上表示满意。 服务对象以残障人士为主，设有医养结合部、康复医学部、心肺康复中心等部门，配备了医生、护士、康复治疗师、医养护理员、营养师、心理医师、社工等专业人员，服务内容包括疾病康复、慢病管理、长期照护等。

同时，康复护理院能有效承接医院各科室进入恢复期的患者，将稳定期的患者转入养老机构和家庭。

自 2016 年起，医院与周边二级医院、社区卫生服务机构及乡镇卫生院建立了医联体。 医联体内包括 1 家三级医院、1 家二级医院、14 家社区卫生服务机构和 43 家村卫生室。 医院在医联体内进行了各具特色的医养结合探索，主要有 4 种方式。

第一，城市新建型医养结合社区。 济南市天桥区宝华社区卫生服务中心推行"互联网+医养结合"服务方式，打造涉及居家养老、社区养老、康复护理、生物医疗、远程医疗、家政服务等多项内容的医养结合综合体，2018 年 11 月建设的医养结合中心已正式投入运行，共设 7 个房间，床位 30 余张，并配套有健康小屋、老年活动室、专业护理间等。 由宝华社区卫生服务中心组成医养结合医疗团队，开展门诊预约、健康评估、健康指导、健康查体、社区巡诊、日常查房、用药指导等服务。 依托医院的专家队伍，成立医疗服务专家团队，为社区老人定期开展疑难病例会诊、社区巡诊、分级转诊、远程医疗等服务。

第二，改造型医养结合社区。 济南市天桥区新城社区卫生服务中心是集医疗、公共卫生服务、养老、康复为一体的综合社区卫生服务机构，配备养老床位 100 张。 中心依托医联体集团化服务模式和"互联网+健康服务"技术，以家庭医生签约服务为抓手，实行社区现代化综合养老，为养老机构中老年人建立档案，定期查体，对辖区内 1 000 余位老年人进行精准评估，并开展家庭照料和居家康复等服务。

第三，"美丽乡村"医养结合服务。 将济南市天桥区桑梓店敬老院与卫生院一体化管理，为敬老院老人提供医疗每日巡诊、健康管理、大病转诊服务。

第四，与养老机构签约合作。 为医联体覆盖范围内的部分养老机构提供巡诊、健康咨询、转诊、延续护理等医疗服务，养老机构也承接了从医院和康复护理院转出的患者。

医院心内科、内分泌科等科室的 50 余名专科医生与医联体内多个基层医疗卫生机构的全科医生、护士等，组成"1+1+X"家庭医生服务团队，即 1 名专科医生、1 名全科医生、多名其他专业技术人员，为社区居民和养老机构老年人量身定制"家庭医生签约服务包"。 通过家庭医生签约服务系统，进行签约和签约后的管理服务工作，开展个人、家庭、社区、医院四级协同健康分级管理服务体系建设。

2019 年，医联体内上转 1 760 人，下转 1 877 人，转诊人数同比增长 28.8%；开展互联网慢病及 MDT 服务1 100 余人次；提供延续护理服务 500 余人次，其中更换胃管占 56%，更换尿管占 22%，伤口换药占 15%，PICC（经外周静脉穿刺中心静脉置管）换药占 7%，服务总量同比增长 98.4%；规范化培训社区护士 102 人，培训医养护理员 200 余人；开展居家康复与生活能力训练 156 人次。

（资料来源：健康报. 2021-1-11，第 006 版.）

案例思考：

1. 我国当前的老年人状况怎样？ 老年人面临哪些养老风险？

2. 我国养老面临的主要困境有哪些？ 对此你有何意见和建议？

3. 医养结合的养老方式有什么优点？ 可能存在什么问题？

4. 你认为医养结合的社区养老模式是否适合在我国全面推广？ 你认为社区居家养老服务模式能否成为我国养老服务体系的发展方向？

本章实训

自我国正式步入老龄化国家行列以来，失能老人的增加产生了巨大的养老护理需求，加之"4∶2∶1"家庭的普遍化以及空巢老年家庭进一步增多，使得老年人的照料和护理问题日益凸显。

全国政协委员、对外经济贸易大学保险学院副院长孙洁表示，美国于 20 世纪 70 年代、以色列于 1986 年、德国于 1995 年、日本于 2000 年均已建立老年护理保险。 国际经验证明，建立老年长期护理保险制度是缓解老龄化社会带来的诸多社会问题的一条行之有效的途径。

2016 年，《人力资源社会保障部办公厅关于开展长期护理保险制度试点的指导意见》发布，确定了 14 个试点城市，以探索长期护理保险制度的建立。 2020 年，国家医保局和财政部又联合出台了《关于扩大长期护理保险制度试点的指导意见》，将试点城市扩大到 28 个。

你是否了解上述试点城市的经济条件、社会背景及其试点运行情况？ 你从不同城市的试点中能总结出什么经验？ 其尚存在哪些问题？ 你是否了解国外长期护理保险制度运行情况？ 你认为试点推广需要什么条件？ 你是否赞成将长期护理保险推广至全国？ 请以"现阶段我国是否应将老年护理保险推广至全国"为主题开展课堂辩论。

一、实训目的

1. 从理论层面了解当前国外老年护理保险的建立及实施情况。

2. 从现实出发深入分析现阶段我国是否应推广老年护理保险，以及可能面临的问题。

3. 锻炼收集与分析材料、团队合作、个人表达等能力。

二、实训组织

1. 将班级同学分为正反两组，每组选出一名组长，由组长负责小组内部的具体分工。 主持人一名，控制时间与进程。

2. 以小组为单位，通过书刊、报纸、网络等渠道收集材料。 对于收集的材料，小组内部先组织课外讨论，选择能充分反映课堂讨论主题的材料。

3. 正反双方在课上进行辩论，辩论时间为 30 分钟。

4. 辩论结束后留出一定的时间供同学提问，发言代表及该组成员对所提问题进行解答。

5. 主持人根据各方观点做最后总结。

即测即评

请扫描右侧二维码，进行在线测评。

参考文献

［1］贝弗里奇. 贝弗里奇报告. 劳动和社会保障部社会保险研究所，译. 北京：中国劳动社会保障出版社，2008.

［2］蔡昉. 退休年龄：世界难题与中国国情. 今日中国论坛，2012（8）.

［3］邓大松. 社会保险. 3 版. 北京：中国劳动社会保障出版社，2015.

［4］邓大松. 社会保障概论. 北京：高等教育出版社，2019.

［5］关信平. 当前我国社会政策的目标及总体福利水平分析. 中国社会科学，2017（6）.

［6］胡晓义. 医疗保险和生育保险. 北京：中国劳动社会保障出版社，2011.

［7］胡晓义. 新中国社会保障发展史. 北京：中国劳动社会保障出版社，中国人事出版社，2019.

［8］金维刚，李珍. 中国社会保障 70 年. 北京：经济科学出版社，2019.

［9］李玲. 健康强国. 北京：北京大学出版社，2010.

［10］李珍. 社会保障理论. 4 版. 北京：中国劳动社会保障出版社，2017.

［11］林闽钢. 社会救助理论与政策比较. 北京：人民出版社，2017.

［12］林闽钢，梁誉. 我国社会福利 70 年发展历程与总体趋势. 行政管理改革，2019（7）.

［13］穆怀中. 社会保障国际比较. 3 版. 北京：中国劳动社会保障出版社，2014.

［14］潘锦棠. 社会保险原理与实务. 北京：中国人民大学出版社，2011.

［15］孙光德，董克用. 社会保障概论. 4 版. 北京：中国人民大学出版社，2012.

［16］肖力伟，吕国营. 新时代基本医疗保险 依然必须坚守"保基本". 中国医疗保险，2019（4）.

［17］徐月宾. 社会福利的概念及其演变：社会政策是生产力. 社会福利（理论版），2012（1）.

［18］杨燕绥. 中国老龄社会与养老保障发展报告 2013. 北京：清华大学出版社，2014.

［19］张浩淼. 发展型社会救助研究：国际经验与中国道路. 商务印书馆，2017.

［20］张浩淼. 中国社会救助 70 年（1949—2019）：政策范式变迁与新趋势. 社会保障评论，2019（3）.

［21］张琪，张栋，等. 北京市"9064"养老格局的适应性研究. 北京：中国劳动社会保障出版社，2014.

［22］郑秉文. 从做实账户到名义账户——可持续性与激励性. 开发研究，2015（3）.

［23］郑秉文. "十四五"时期医疗保障可持续性改革的三项任务. 社会保障研究，2021（4）.

［24］郑功成. 社会保障学——理念、制度、实践与思辨. 北京：商务印书馆，2020.

［25］郑功成. "十四五"时期中国医疗保障制度的发展思路与重点任务. 中国人民大学学报，2020（4）.

教学支持说明

  建设立体化精品教材，向高校师生提供整体教学解决方案和教学资源，是高等教育出版社"服务教育"的重要方式。为支持相应课程教学，我们专门为本书研发了配套教学课件及相关教学资源，并向采用本书作为教材的教师免费提供。

  为保证该课件及相关教学资源仅为教师获得，烦请授课教师填写如下开课证明并拍照后发送至下列邮箱，我们将尽快回复：

  wangwei2@ hep.com.cn，jingguan@ pub.hep.cn

  QQ 咨询：756891806，525472494

  咨询电话：010-58581020，编辑电话：010-58581843

证　　明

  兹证明_____大学_____学院/系第_____学年开设的_____课程，采用高等教育出版社出版的《　　　　　　　　》（主编）作为本课程教材，授课教师为_____，学生_____个班，共_____人。授课教师需要与本书配套的课件及相关资源用于教学使用。

  授课教师联系电话：_____　　　E-mail：_____

学院/系主任：_____（签字）

（学院/系办公室盖章）

20 ____年____月____日

读者意见反馈

为收集对教材的意见建议，进一步完善教材编写并做好服务工作，读者可将对本教材的意见建议通过如下渠道反馈至我社。

咨询电话　400-810-0598
反馈邮箱　gjdzfwb@pub.hep.cn
通信地址　北京市朝阳区惠新东街 4 号富盛大厦 1 座
　　　　　高等教育出版社总编辑办公室
邮政编码　100029

防伪查询说明

用户购书后刮开封底防伪涂层，使用手机微信等软件扫描二维码，会跳转至防伪查询网页，获得所购图书详细信息。

防伪客服电话　（010）58582300